DIREITO ADUANEIRO

COLEÇÃO
sinopses
PARA CONCURSOS
Coordenação
Leonardo Garcia

53

Tatiana Scaranello

DIREITO ADUANEIRO

2022

EDITORA
JusPODIVM
www.editorajuspodivm.com.br

EDITORA *Jus*PODIVM
www.editorajuspodivm.com.br

Rua Canuto Saraiva, 131 – Mooca – CEP: 03113-010 – São Paulo – São Paulo
Tel: (11) 3582.5757
• Contato: https://www.editorajuspodivm.com.br/sac

Copyright: Edições *Jus*PODIVM

Diagramação: Lupe Comunicação e Design *(lupecomunicacao@gmail.com)*

Capa: Ana Caquetti

S617 Sinopses para Concursos – v. 53 – Direito Aduaneiro / Tatiana Scaranello – Salvador: Editora JusPodivm, 2022.
240 p. (Sinopses para Concursos / coordenador Leonardo Garcia)

Bibliografia.
ISBN 978-85-442-3452-5

1. Comércio Externo. 2. Direito Aduaneiro. I. Scaranello, Tatiana. II. Título.

CDD 382

Dedico essa obra, com todo o meu amor e toda
a minha admiração, ao meu marido Luciano,
que sempre está ao meu lado me dando todo
o apoio necessário para realizar meus sonhos.
Sem você nada seria possível!

Apresentação

Com imensa alegria recebi o honroso convite para apresentar a obra *Direito Aduaneiro*, de autoria de Tatiana Scaranello. A autora, de notável fomação acadêmica e conhecimento jurídico, de espírito curioso e audaz, incansável estudiosa, consagrou-se como professora e mentora nas disciplinas de Direito Aduaneiro, Tributário e Ambiental. Confesso que muito me orgulho de seu crescimento desde que fui sua professora no curso de pós-graduação em Direito Marítimo. Não tinha qualquer dúvida do brilhante caminho que estaria a sua frente.

Com clareza e objetividade, peculiares ao seu método de escrita, analisa, na presente obra, os principais assuntos do Direito Aduaneiro e destaca aspectos práticos atinentes aos regimes aduaneiros, controle aduaneiro, infrações e penalidades previstas na legislação aduaneira. É uma obra atual e sistematizada, com entendimentos atuais e com destaques para as questões de provas.

De forma didática, a autora oferece conceitos teóricos e interpreta a normativa vigente, de forma objetiva, temas imprescindíveis à perfeita compreensão do que é o direito aduaneiro e o processo aduaneiro de mercadorias. Destacam-se, por toda a obra, as referências jurisprudenciais extremamente atualizadas.

Nos primeiros capítulos, são tratados temas iniciais à matéria, como jurisdição aduaneira, alfandegamento de portos, aeroportos e pontos de fronteira, zonas primária e secundária e controle aduaneiro, em várias vertentes.

Especial destaque para os Capítulo 9 – "Regimes Aduaneiros Especiais" e Capítulo 10 – "Regime Aduaneiro Aplicado às Áreas Especiais", que não só tipifica os casos em que o crédito tributário terá sua exigibilidade suspensa, mas conceitua, exemplifica e demonstra como ocorrem na prática tais hipóteses.

Em capítulo subsequente, as infrações e penalidades aduaneiras, e seu agente competente para a aplicação, são abordadas de forma detalhada e com grande proficiência, contendo importantes orientações procedimentais aos estudantes e advogados do setor.

Sem dúvida, trata-se de obra indispensável não só aos que se preparam para realizar provas em concursos públicos, como também aos advogados iniciantes que atuam ou pretendem atuar na área aduaneira, preenchendo uma lacuna da doutrina brasileira. Parabenizo a autora, uma vez mais, por nos brindar com esta valiosa contribuição.

Carla Adriana Comitre Gibertoni Fregona
Advogada militante na área de direito empresarial
e marítimo e Professora do curso de Pós-Graduação em
Direito Marítimo e Portuário. Membro da Comissão Especial
de Direito Marítimo Portuário e Aduaneiro da OAB/ES.
Mestre pela Universidade de Barcelona, Espanha.
Autora de obras e artigos jurídicos na área
do direito marítimo.

Prefácio

Mais uma vez tenho a honrosa satisfação de prefaciar um livro da talentosa Tatiana Scaranello.

Impossível traduzir a alegria que sinto com a singular incumbência.

Pouco tempo depois de ter publicado seu primeiro livro, a jovem advogada e professora de Direito apresenta um segundo.

Isso não é pouca coisa e a coloca, definitivamente, no seleto rol dos juristas.

Desta vez, trata de um tema árido, importantíssimo, que não dispõe de grande acervo literário no Brasil: o Direito Aduaneiro.

Em *Sinopse de Direito Aduaneiro*, Tatiana Scaranello surpreende.

Surpreende porque não se limitou ao que se espera de uma sinopse, permitindo-se ir além.

A estimada autora deixou de lado o lugar-comum e apresentou ao leitor não apenas um conjunto de conceitos, de princípios e de teses resumidas, mas, justificando sua vocação de jurista, opinou, marcou posição e esgrimiu aspectos mais substanciosos da disciplina que chamei e chamo de árida, porque difícil.

Enfim, a autora cumpriu tudo o que se espera de uma sinopse, ou seja, a apresentação ordenada dos temas, o cuidado orgânico, o didatismo, porém fez questão de deixar sua marca pessoal, posicionando-se.

O Direito é dialético por excelência e não basta ao autor expor temas e conceitos. Não, definitivamente não basta. Muito importante que o autor se posicione e apresente soluções naqueles pontos mais conflituosos, aqueles em que existe o que ouso chamar de dialética além da dialética.

Impossível, portanto, não elogiar o livro. Afirmo isso não como amigo e admirador da autora, mas como alguém convicto de ter lido uma obra muito boa e que tem tudo para transcender seus objetivos iniciais ou fundamentais.

Não exagero de modo algum ao dizer que o livro poderia ser intitulado Ensaios de Direito Aduaneiro ou Introdução do Direito Aduaneiro.

Nasceu como sinopse, mas cresceu, se avolumou durante a elaboração e se transformou, ainda que involuntariamente, em espécie de guia seguro da disciplina.

Ao terminar este prefácio lanço um desafio à querida autora. Transforme, em um futuro não muito distante, esta magnífica sinopse em um compêndio. Conhecimento e talento não faltam para tanto e todos os que trabalham com o universo aduaneiro desde já agradecem sua adesão ao que é ora proposto.

Parabéns, Tatiana Scaranello, pelo trabalho de grande fôlego. Obrigado por me confiar o prefácio de tão boa obra ao público.

Rogo a Deus que continue a lhe abençoar e a iluminar sua inteligência, animando-a na arte de escrever e escrever bem.

Santos, 25 de março de 2020

Paulo Henrique Cremoneze

Coleção Sinopses para Concursos

A *Coleção Sinopses para Concursos* tem por finalidade a preparação para concursos públicos de modo prático, sistematizado e objetivo.

Foram separadas as principais matérias constantes nos editais e chamados professores especializados em preparação de concursos a fim de elaborarem, de forma didática, o material necessário para a aprovação em concursos.

Diferentemente de outras sinopses/resumos, nos preocupamos em apresentar ao leitor o entendimento do STF e do STJ sobre os principais pontos, além de abordar temas tratados em manuais e livros mais densos. Assim, ao mesmo tempo em que o leitor encontrará um livro sistematizado e objetivo, também terá acesso a temas atuais e entendimentos jurisprudenciais.

Dentro da metodologia que entendemos ser a mais apropriada para a preparação nas provas, demos destaques (em outra cor) às palavras-chaves, de modo a facilitar não somente a visualização, mas, sobretudo, a compreensão do que é mais importante dentro de cada matéria.

Quadros sinóticos, tabelas comparativas, esquemas e gráficos são uma constante da coleção, aumentando a compreensão e a memorização do leitor.

Contemplamos também questões das principais organizadoras de concursos do país, como forma de mostrar ao leitor como o assunto foi cobrado em provas. Atualmente, essa "casadinha" é fundamental: conhecimento sistematizado da matéria e como foi a sua abordagem nos concursos.

Esperamos que goste de mais esta inovação que a Editora Juspodivm apresenta.

Nosso objetivo é sempre o mesmo: otimizar o estudo para que você consiga a aprovação desejada.

Bons estudos!

Leonardo Garcia

leonardo@leonardogarcia.com.br

www.leonardogarcia.com.br

Guia de leitura da Coleção

A Coleção foi elaborada com a metodologia que entendemos ser a mais apropriada para a preparação de concursos.

Neste contexto, a Coleção contempla:

- **DOUTRINA OTIMIZADA PARA CONCURSOS**

Além de cada autor abordar, de maneira sistematizada, os assuntos triviais sobre cada matéria, são contemplados temas atuais, de suma importância para uma boa preparação para as provas.

> **Importante!**
>
> Nesta situação específica, a apuração do valor aduaneiro será com base em método substitutivo ao valor de transação, caso exista dúvida quantc ao valor aduaneiro declarado.

> **Atenção!**
>
> Se houver um desconto, o qual foi concedito pelo exportador, a tributação, em regra incidirá sobre o valor líquido, isto é, levando em consideração o desconto deferido, salvo se o desconto for oriundo de transações anteriores ("desconto fidelidade"), nos termos da IN SRF n. 327, de 9 de maio de 2003.

> **Cuidado:**
>
> Acaso a mercadoria importada esteja enquadrada no Regime de Tributação Simplificada, considera-se ocorrido o fato gerador na data do lançamento do crédito tributário, por previsão do parágrafo único do mesmo dispositivo.

• PALAVRAS-CHAVES EM OUTRA COR

As palavras mais importantes (palavras-chaves) são colocadas em outra cor para que o leitor consiga visualizá-las e memorizá-las mais facilmente.

> Esta possibilidade da **diminuição ou majoração das alíquotas sendo dispensável lei** para tanto é decorrente **da característica extrafiscal** do imposto de importação, cujo intuito principal é a regulação do comércio internacional, como bem pontua o art. 21, do CTN. No entanto, a referida majoração deve ser anterior ao fato gerador do imposto.

• QUADROS, TABELAS COMPARATIVAS, ESQUEMAS E DESENHOS

Com esta técnica, o leitor sintetiza e memoriza mais facilmente os principais assuntos tratados no livro.

• QUESTÕES DE CONCURSOS NO DECORRER DO TEXTO

Por meio da seção *"Como esse assunto foi cobrado em concurso?"* é apresentado ao leitor como as principais organizadoras de concurso do país cobram o assunto nas provas.

> **▸ Como esse assunto foi cobrado em prova?**
>
> Na prova de Auditor Fiscal da Receita Federal do Brasil/2012 – ESAF, a banca considerou incorreta a seguinte assertiva sobre o assunto: "O Acordo de Valoração Aduaneira estabelece seis métodos para o procedimento de valoração aduaneira, cuja utilização deve ser sequencial, de modo que, na impossibilidade de se pautar pelos anteriores, deve ser adotado o método subsequente. São eles: 1. método do valor de transação ajustado; 2. método do valor de transação de produtos similares ao importado; 3. método do valor de transação de produtos idênticos; 4.método dedutivo. 5. método computado; 6. método dos critérios razoáveis ou método razoável".

Sumário

1. INTRODUÇÃO

Para compreender o que é **jurisdição aduaneira**, tema de relevância para fins de provas de concurso público. Para tanto, destaca-se o Decreto n. 6759/09, o conhecido regulamento aduaneiro (RA), objeto de estudo durante toda nossa disciplina. Em seu artigo 3º há a definição de jurisdição aduaneira como o **poder de fiscalização e controle sobre as operações do comércio exterior, a qual se estende por todo o território aduaneiro**, como regra. Vide:

> "Art. 3º A jurisdição dos serviços aduaneiros estende-se por todo o território aduaneiro e abrange:
>
> I – a zona primária, constituída pelas seguintes áreas demarcadas pela autoridade aduaneira local:
>
> *a)* a área terrestre ou aquática, contínua ou descontínua, nos portos alfandegados;
>
> *b)* a área terrestre, nos aeroportos alfandegados; e
>
> *c)* a área terrestre, que compreende os pontos de fronteira alfandegados; e
>
> II – a zona secundária, que compreende a parte restante do território aduaneiro, nela incluídas as águas territoriais e o espaço aéreo."

Não apenas no território aduaneiro é exercida a jurisdição aduaneira, mas também, a jurisdição dos serviços aduaneiros e**stende-se ainda às Áreas de Controle Integrado (ACI) criadas em regiões limítrofes dos países integrantes do Mercosul com o Brasil**, onde há uma elevada concentração de autoridades fiscais, sanitárias, e imigração, podendo ser instalada em território brasileiro ou de país vizinho, fruto do **Acordo de Recife**, celebrado no ano de 2000.

Acaso a ACI esteja instalada em país vizinho ao do Brasil, as autoridades aduaneiras brasileiras estarão atuando no território estrangeiro, portanto, haverá uma extensão da jurisdição, ultrapassando os limites do território aduaneiro brasileiro.

Um exemplo muito contumaz de ser cobrado, principalmente em provas da Receita Federal do Brasil é se ocorrer o exercício da jurisdição por um auditor em uma Área de Controle Integrado fora do Brasil, não estará configurada a expansão do território aduaneiro, mas apenas a jurisdição aduaneira que transcenderá as fronteiras.

> **▸ Como esse assunto foi cobrado em concurso?**
>
> Foi considerado incorreto no concurso para Auditor Fiscal da Receita Federal do Brasil/ 2014 – ESAF: "O território aduaneiro compreende todo o território nacional, exceto as Áreas de Livre Comércio, sujeitas à legislação específica."

Vale a pena conhecer dois termos importantes empregados pelo Código Aduaneiro do Mercosul (CAM), legislação que será estudada adiante, já cobrados em prova discursiva do concurso de auditor da Receita Federal do Brasil: **enclave e exclave.** Nos termos do art. 3º, do CAM, entende-se por **enclave aduaneiro** comunitário, a parte do território de outro país, em cujo âmbito geográfico é permitida a aplicação da legislação aduaneiras comunitária, ao passo que por **exclave aduaneiro**, a parte do território do MERCOSUL, em cujo âmbito geográfico não se aplica a legislação aduaneira comunitária.

Enclave aduaneiro seria uma área em território de outro Estado em que se permite a aplicação da legislação brasileira. Como exemplo, suponha que, em certa área do Uruguai, seja permitida a aplicação da legislação aduaneira brasileira. Exclave aduaneiro, por sua vez, seria uma área em território nacional na qual é permitida a aplicação da legislação aduaneira estrangeira. Seria o caso, por exemplo, de aplicação da legislação do Uruguai em território brasileiro.

Código Aduaneiro do Mercosul (CAM)	
Enclave	**Exclave**
Área em território de outro Estado em que se permite a aplicação da legislação brasileira.	Área em território nacional na qual é permitida a aplicação da legislação aduaneira estrangeira.

2. TERRITÓRIO ADUANEIRO

Consoante dispõe o art. 2º do RA, território aduaneiro **compreende todo o território aduaneiro nacional, e não apenas, nas aduanas, onde é exercida a jurisdição aduaneira pelas autoridades aduaneiras.** Isto é, abrange a zona primária, cujas áreas serão demarcadas pela autoridade aduaneira local, e a zona secundária.

A **zona primária** é o primeiro ponto de entrada de veículos, bens e pessoas, bem como de saída do território aduaneiro. É constituída pelas seguintes áreas demarcadas pela autoridade aduaneira: a) a área terrestre ou aquática, contínua ou descontínua, nos portos alfandegados; b) a área terrestre, nos aeroportos alfandegados; e c) a área terrestre, que compreende os pontos de fronteira alfandegados.

Conforme será visto no próximo ponto, nem todos aeroportos, portos ou pontos de fronteiras compõe a zona primária, mas somente aqueles onde houver instalada uma unidade aduaneira (arts. 5º ao 7º e 13 ao 14, RA).

▸ **Importante:**

Define-se como zona primária a área: Terrestre ou aquática, contínua ou descontínua, ocupada pelos portos alfandegados, a área terrestre ocupada pelos aeroportos alfandegados e a área terrestre que compreende os pontos de fronteiras alfandegados.

Já a zona secundária, que compreende a parte restante do território aduaneiro, nela incluídas as águas territoriais e o espaço aéreo. Portanto, conclui-se que, os aeroportos não alfandegados, compõe a zona secundária. E, sempre, o espaço aéreo irá compor a zona secundária.

Nos portos alfandegados, acaso haja ou não continuidade, não importando se é área terrestre ou aquática, se for alfandegado, irá compor a zona primária. Se o porto não for alfandegado, irá compor a zona secundária.

Vale a pena destacar que, o §1º do art. 3º do RA dispõe que as **zonas de processamento de exportação (ZPEs)**, para efeito de controle aduaneiro, constituirão zona primária.

Primeiramente, as ZPEs **não fazem parte da zona primária para todos os efeitos**, uma vez que consistem em um regime aduaneiro aplicado em áreas especiais (arts. 534 ao 541, RA), onde empresas voltadas à exportação se instalam, assumindo um compromisso de exportação dos produtos ali produzidos. Visam à redução de desequilíbrios regionais, bem como o fortalecimento do balanço de pagamentos, promover a difusão tecnológica e o desenvolvimento socioeconômico do Brasil. A regulamentação das ZPEs está na Lei n. 11.508, de 20 de julho e 2007, a qual "dispõe sobre o regime tributário, cambial e administrativo das Zonas de Processamento de Exportação, e dá outras providências".

Importante destacar os **Portos Secos**, cujas finalidades são as mesmas dos portos tradicionais, de armazenagem, movimentação de mercadorias e despacho aduaneiro, mas "secos", dado que não se localizam na orla marítima. São locais de uso público, explorados por concessão ou de permissão, precedidos de uma licitação pública. Se instalado em imóvel pertencente à União, o regime será de concessão, caso contrário, o regime será o de permissão.

Somente compõe a zona secundária, não podendo ser instalados em zonas primárias.

> **Como esse assunto foi cobrado em concurso?**
> Foi considerado correto no concurso para Auditor Fiscal da Receita Federal do Brasil/ 2012 – ESAF: "Os portos secos não poderão ser instalados na zona primária de portos e aeroportos alfandegados."

Os Portos Secos possuem **natureza de recintos alfandegados** e poderão ser autorizados a operar com carga de importação, de exportação ou ambas, tendo em vista as necessidades e condições locais.

> "Art. 11, RA. Portos secos são recintos alfandegados de uso público nos quais são executadas operações de movimentação, armazenagem e despacho aduaneiro de mercadorias e de bagagem, sob controle aduaneiro.
>
> § 1º Os portos secos não poderão ser instalados na zona primária de portos e aeroportos alfandegados.
>
> § 2º Os portos secos poderão ser autorizados a operar com carga de importação, de exportação ou ambas, tendo em vista as necessidades e condições locais."

Alguns exemplos importantes de Portos Secos no Brasil: a) Franca/SP; Brasília/DF e Uruguaiana/RS.

Por fim, destacam-se as **zonas de vigilância aduaneira na orla marítima ou na faixa de fronteira**, as quais compõe a **zona secundária**, demarcadas por ato do Ministro da Fazenda, atual Ministro da Economia, compreendendo a totalidade do município atravessado pela linha de demarcação, ainda que parte dele fique fora da área demarcada.

Como no exemplo: se uma zona de vigilância for demarcada numa região do município de Santos/SP, litoral paulista, todo o município santista será considerado pertencente à zona de vigilância.

> "Art. 4º, RA. O Ministro de Estado da Fazenda poderá demarcar, na orla marítima ou na faixa de fronteira, zonas de vigilância aduaneira, nas quais a permanência de mercadorias ou a sua circulação e a de veículos, pessoas ou animais ficarão sujeitas às exigências fiscais, proibições e restrições que forem estabelecidas."

O ato que demarcar a zona de vigilância aduaneira poderá ser geral em relação à orla marítima ou à faixa de fronteira, ou específico em relação a determinados segmentos delas, estabelecer medidas específicas para determinado local e ter vigência temporária.

Na orla marítima, a demarcação da zona de vigilância aduaneira levará em conta, além de outras circunstâncias de interesse fiscal, a existência de portos ou ancoradouros naturais, propícios à realização de operações clandestinas de carga e descarga de mercadorias, consoante dispõe o §2°, do art. 4°, do RA.

Portanto, **não é área de entrada e saída de bens, pessoas, animais e mercadorias**, mas sim, um local estratégico de fiscalização para coibir estas práticas clandestinas, uma vez que com a criação das zonas de vigilância aduaneira, há restrições específicas, proibições e exigências fiscais.

> ▸ **Importante:**
> Vale destacar que a zona de vigilância aduaneira não é uma área alfandegada.

> ▸ **Como esse assunto foi cobrado em concurso?**
> Foi considerado incorreto no concurso para Analista Tributário da Receita Federal do Brasil/ 2012 – ESAF: "Compreende-se na Zona de Vigilância Aduaneira a totalidade do Estado atravessado pela linha de demarcação, ainda que parte dele fique fora da área demarcada."

3. PORTOS, AEROPORTOS E PONTOS DE FRONTEIRA ALFANDEGADOS

Conforme exposto no ponto anterior, os portos, aeroportos e ponto de fronteiras, quando alfandegados, constituem a **zona primária**, onde o controle exercido pela autoridade aduaneira é mais rígido, para que neles possam, sob controle aduaneiro:

a) Estacionar ou transitar veículos procedentes do exterior ou a ele destinados;

b) Ser efetuadas operações de carga, descarga, armazenagem ou passagem de mercadorias procedentes do exterior ou a ele destinados;

c) Embarcar, desembarcar ou transitar viajantes procedentes do exterior ou a ele destinados.

Sobre o **alfandegamento**, no próximo ponto, será abordada algumas peculiaridades importantes, principalmente para fins de prova da Receita Federal do Brasil.

Importante salientar que, conforme dispõe o art. 8°, do RA, somente nos portos, aeroportos e pontos de fronteira alfandegados poderá efetuar-se a entrada ou a saída de mercadorias procedentes do exterior ou a ele destinadas. Na verdade, esta é a regra, porém, há exceções, muito cobradas em provas.

> **▸ Importante:**
> Nada impede que haja a entrada e a saída de mercadorias do território aduaneiro brasileiro por meio de dutos e linhas de transmissão de energia elétrica, ambos ligados ao exterior, além de hipóteses estabelecidas em instruções normativas da Receita Federal, conforme dispõe o art. 8º, II, do RA. Essas são as exceções já cobradas em prova! Um exemplo é no que tange ao gás boliviano importado pelo Brasil, o qual entra no território aduaneiro por meio de gasodutos. Logo, essa mercadoria não entra pela zona primária.

> **▸ Como esse assunto foi cobrado em concurso?**
> Foi considerado correto no concurso para Auditor Fiscal da Receita Federal do Brasil/ 2014 – ESAF: "Somente nos portos, aeroportos e pontos de fronteira alfandegados poderá efetuar-se a entrada ou a saída de mercadorias procedentes do exterior ou a ele destinadas, mas isso não se aplica à importação e à exportação de mercadorias conduzidas por linhas de transmissão ou por dutos, ligados ao exterior, observadas as regras de controle estabelecidas pela Secretaria da Receita Federal do Brasil, a outros casos estabelecidos em ato normativo da Secretaria da Receita Federal do Brasil."
>
> O mesmo assunto foi cobrado na prova de Analista Tributário da Receita Federal do Brasil/2012 – ESAF, sendo considerada correta a seguinte assertiva: "Com exceção da importação e exportação de mercadorias conduzidas por linhas de transmissão ou por dutos, ligados ao exterior, observadas as regras de controle estabelecidos pela Secretaria da Receita Federal do Brasil, somente nos portos, aeroportos e pontos de fronteiras alfandegados poderá efetuar-se a entrada ou a saída de mercadorias e de bagagens, sob controle aduaneiro."

4. ALFANDEGAMENTO

O **alfandegamento** de portos, aeroportos e pontos de fronteira consistem num **ato declaratório da autoridade aduaneira competente**, cuja finalidade é o exercício de determinadas atividades, nas áreas alfandegadas, sob controle aduaneiro.

Tais atividades são: I. estacionar ou transitar veículos procedentes do exterior ou a ele destinados; II. ser efetuadas operações de carga, descarga, armazenagem ou passagem de mercadorias procedentes do exterior ou a ele destinadas; e III. embarcar, desembarcar ou transitar viajantes procedentes do exterior ou a ele destinados.

Somente nas áreas alfandegadas de portos, aeroportos e pontos de fronteira, é que tais atividades poderão ser exercidas. Nas demais áreas do mesmo local que não foram alfandegadas, tais atividades estão vedadas. Isto é, no aeroporto internacional de Guarulhos, o embarque e o desembarque de pessoas e mercadorias cujo destino é um país estrangeiro ou são provenientes do estrangeiro, somente ocorrerá num ponto alfandegado. Nem todo o aeroporto internacional de Guarulhos é alfandegado, como por exemplo, a área de embarque e desembarque doméstico, ou o estacionamento do aeroporto, nos termos do § 3º, do art. 13, do RA que dispõe que "o alfandegamento poderá abranger a totalidade ou parte da área dos portos e dos aeroportos".

O **procedimento de alfandegamento** está presente nos artigos 5º ao 7º e 13 e 14 do RA, devendo ser precedido da habilitação ao tráfego internacional pelas autoridades competentes em matéria de transporte, as quais noticiarão à Secretaria da Receita Federal do Brasil (SRFB), a quem compete declarar o alfandegamento.

Nos termos do art. 7º, do RA, o ato que declarar o alfandegamento estabelecerá as operações aduaneiras autorizadas e os termos, limites e condições para sua execução.

Destaca-se:

> "Art. 13, RA. O alfandegamento de portos, aeroportos e pontos de fronteira somente poderá ser efetivado:
>
> I – depois de atendidas as condições de instalação do órgão de fiscalização aduaneira e de infraestrutura indispensável à segurança fiscal;
>
> II – se atestada a regularidade fiscal do interessado;
>
> III – se houver disponibilidade de recursos humanos e materiais; e
>
> IV – se o interessado assumir a condição de fiel depositário da mercadoria sob sua guarda."

5. RECINTOS ALFANDEGADOS

Os **recintos alfandegados** serão assim declarados pela autoridade aduaneira competente, na zona primária ou na zona secundária, sendo locais propícios para a armazenagem, movimentação e despacho aduaneiro, sob controle aduaneiro, de mercadorias procedentes do exterior, ou a ele destinadas, inclusive sob regime aduaneiro especial; bagagem de viajantes procedentes do exterior, ou a ele destinados e remessas postais internacionais.

Um exemplo são as lojas de *duty free* shop, existentes na **zona primária** de um aeroporto alfandegado. Mas também, temos os Portos Secos, já estudados em ponto anterior, que compõe a zona secundária.

> "Art. 9º Os recintos alfandegados serão assim declarados pela autoridade aduaneira competente, na zona primária ou na zona secundária, a fim de que neles possam ocorrer, sob controle aduaneiro, movimentação, armazenagem e despacho aduaneiro de:
>
> I – mercadorias procedentes do exterior, ou a ele destinadas, inclusive sob regime aduaneiro especial;
>
> II – bagagem de viajantes procedentes do exterior, ou a ele destinados; e
>
> III – remessas postais internacionais.
>
> Parágrafo único. Poderão ainda ser alfandegados, em zona primária, recintos destinados à instalação de lojas francas."

6. ADMINISTRAÇÃO ADUANEIRA

Nos termos do art. 237, da CF/88 a fiscalização e o controle sobre o comércio exterior, essenciais à defesa dos interesses fazendários nacionais, serão exercidos pelo Ministério da Fazenda.

Embora seja tratado em ponto próprio, importante é distinguir fiscalização aduaneira de controle aduaneiro.

A fiscalização aduaneira consiste em uma **ação individual realizada pela Receita Federal em face de um determinado sujeito passivo** visando a detectar uma infração aduaneira, ao passo que o controle aduaneiro possui um caráter geral, mais amplo, de definir normas e de fazer com que a legislação aduaneira seja aplicada e observada, cujo intuito é prevenir contra fraudes.

No que tange às atividades de fiscalização de tributos incidentes sobre as operações de comércio exterior, estas serão supervisionadas pelo auditor da Receita Federal do Brasil, sendo **ininterrupta, em horários determinados ou eventual,** nos termos do art. 16 do RA.

A autoridade aduaneira possui **precedência** em relação às demais autoridades, inclusive nas zonas de vigilância aduaneira, devendo, as demais autoridades, quando solicitadas, prestarem auxilio imediato, quando solicitado pela autoridade aduaneira.

> "Art. 17, RA. Nas áreas de portos, aeroportos, pontos de fronteira e recintos alfandegados, bem como em outras áreas nas quais se autorize carga e descarga de mercadorias, ou embarque e desembarque de viajante, procedentes do exterior ou a ele destinados, a autoridade aduaneira tem precedência sobre as demais que ali exerçam suas atribuições."

Ademais, o importador, o exportador ou o adquirente de mercadoria importada por sua conta e ordem têm a obrigação de manter, em boa guarda e ordem, os documentos relativos às transações que realizarem, pelo prazo decadencial estabelecido na legislação tributária a que estão submetidos, e de apresentá-los à fiscalização aduaneira quando exigidos. Tais documentos consistem em documentos de instrução das declarações aduaneiras, a correspondência comercial, incluídos os documentos de negociação e cotação de preços, os instrumentos de contrato comercial, financeiro e cambial, de transporte e seguro das mercadorias, os registros contábeis e os correspondentes documentos fiscais, bem como outros que a Secretaria da Receita Federal do Brasil venha a exigir em ato normativo.

As pessoas físicas ou jurídicas exibirão aos Auditores-Fiscais da Receita Federal do Brasil, sempre que exigidos, as mercadorias, livros das escritas fiscal e geral, documentos mantidos em arquivos magnéticos ou assemelhados, e todos os documentos, em uso ou já arquivados, que forem julgados necessários à fiscalização, e lhes franquearão os seus estabelecimentos, depósitos e dependências, bem assim veículos, cofres e outros móveis, a qualquer hora do dia, ou da noite, se à noite os estabelecimentos estiverem funcionando.

Também, deverão ser conservados, pelo **prazo prescricional do crédito tributário**, os livros obrigatórios de escrituração comercial e fiscal e os comprovantes dos lançamentos neles efetuados, nos termos do art. 21, do RA, além de serem exibidos livros, mercadorias, documentos e arquivos magnéticos e permitir o livre acesso a quaisquer pendências do porto e às embarcações, atracadas ou não, aos locais onde se encontram mercadorias procedentes ou destinadas ao exterior.

> "Art. 24, RA. No exercício de suas atribuições, a autoridade aduaneira terá livre acesso:
>
> I – a quaisquer dependências do porto e às embarcações, atracadas ou não; e
>
> II – aos locais onde se encontrem mercadorias procedentes do exterior ou a ele destinadas.
>
> Parágrafo único. Para o desempenho das atribuições referidas no caput, a autoridade aduaneira poderá requisitar papéis, livros e outros documentos, bem como o apoio de força pública federal, estadual ou municipal, quando julgar necessário."

No mais, consistem como **prerrogativas das autoridades aduaneiras**:

a) direito de examinar mercadorias, livros, arquivos, documentos, papéis dos comerciantes;

b) intimar sujeitos que detenham informações referentes a terceiros;

c) lavrar o termo de início do PAF (procedimento administrativo fiscal).

Capítulo 2

CONTROLE ADUANEIRO

1. CONTROLE ADUANEIRO DE VEÍCULOS

Conforme estudado no capítulo anterior, os veículos precedentes do exterior somente podem adentrar pelo território aduaneiro por meio da **zona primária**, ou seja, por meio de porto, aeroporto ou ponto de fronteira alfandegado, assim como a sua saída. Nada obsta, porém, que a autoridade aduaneira, nos termos do § 2º, do art. 26, do RA, **autorize a entrada ou a saída de veículos por porto, aeroporto ou ponto de fronteira não alfandegado**, em casos justificados.

Estende-se às embarcações e aeronaves, inclusive às mercadorias e outros bens que se encontram a bordo, além de bagagens de viajantes e unidades de carga, devendo ser controlados desde o momento em que ingressam no território aduaneiro pátrio, até o momento em que dele saem, assim como, haverá o controle de sobressalentes – peças do próprio veículo para reposição –, provisões de bordo para a tripulação, medicamento e outros bens necessários para a viagem.

> "Art. 37, RA. As mercadorias incluídas em listas de sobressalentes e provisões de bordo deverão corresponder, em quantidade e qualidade, às necessidades do serviço de manutenção do veículo e de uso ou consumo de sua tripulação e dos passageiros.
>
> § 1º As mercadorias mencionadas no caput, que durante a permanência do veículo na zona primária não forem necessárias aos fins indicados, serão depositadas em compartimento fechado, o qual poderá ser aberto somente na presença da autoridade aduaneira ou após a saída do veículo do local.
>
> § 2º A critério da autoridade aduaneira, poderá ser dispensada a cautela prevista no § 1º, se a permanência do veículo na zona primária for de curta duração.
>
> Art. 38. A Secretaria da Receita Federal do Brasil disciplinará o funcionamento de lojas, bares e instalações semelhantes, em embarcações, aeronaves e outros veículos empregados no transporte internacional, de modo a impedir a venda de produtos sem o atendimento ao disposto na legislação aduaneira."

O art. 27 do RA dispõe **proibições ao condutor de veículo proveniente do estrangeiro**, sendo o conhecimento de sua redação de suma importância para a prova. Vide:

a) estacionar ou efetuar operações de carga ou descarga de mercadoria, inclusive transbordo, fora de local habilitado;

b) trafegar no território aduaneiro em situação ilegal quanto às normas reguladoras do transporte internacional correspondente à sua espécie;

c) desviá-lo da rota estabelecida pela autoridade aduaneira, sem motivo justificado.

Também, vale a pena conhecer a proibição constante no *caput* do art. 28, do RA e as **exceções** nos incisos do parágrafo único do mesmo dispositivo, o qual menciona ser vedada a possibilidade do condutor do veículo de colocá-lo nas proximidades de outro, "sendo um deles procedente do exterior ou a ele destinado, de modo a tornar possível o transbordo de pessoa ou mercadoria, sem observância das normas de controle aduaneiro", em regra.

Nos artigos 31 a 33, o regulamento aduaneiro dispõe sobre o **dever do transportador de prestar informações à Secretaria da Receita Federal do Brasil** sobre as cargas transportadas, bem como sobre a chegada de veículo procedente do exterior ou a ele destinado. Também, tal obrigação é estendida ao operador portuário, nos termos do §2º, do art. 31, do RA, quem, em nome do importador ou do exportador, contrate, transporte mercadoria, consolide ou desconsolide cargas e preste serviços conexos.

A **Receita Federal do Brasil**, também nos mesmos artigos mencionados, possui **competências** destacadas:

a) Receber informações;

b) Estabelecer formas e prazos;

c) Estender a informação sobre passageiros e tripulantes a veículo de transporte por outras vias;

d) Emitir termo de entrada e estabelecer a sua forma, permitindo, posteriormente, a carga, descarga e transbordo.

1.1. Busca em veículos

A redação do art. 34, do RA, traz o termo "poderá", deduzindo que se trata de uma **atividade discricionária,** realizada em qualquer veículo, cujo objetivo é a prevenção ou repreensão de infrações à legislação aduaneira. Desta feita, conclui-se que não é realizada em todos os veículos.

1.2. Medidas de controle fiscal

Havendo **indícios de falsa declaração de conteúdo**, a autoridade aduaneira poderá determinar a descarga de volume ou de unidade de carga, para a devida verificação, lavrando-se termo, consoante dispõe o art. 36, do RA.

A autoridade aduaneira poderá determinar a colocação de **lacres nos compartimentos** que contenham os volumes ou as mercadorias, acaso constate a existência da possibilidade de pequenos extravios, de acordo com o §1°, do art. 31, do RA ou de mercadorias incluídas em listas de sobressalentes e provisões de bordo que durante a permanência do veículo na zona primária não forem necessárias aos fins indicados, e serão depositadas em compartimento fechado, o qual poderá ser aberto somente na presença da autoridade aduaneira ou após a saída do veículo do local (art. 37, §1°, do RA).

1.3. Manifesto de Carga

O manifesto de carga consiste na **relação de todos os conhecimentos de carga emitidos para uma determinada viagem**.

Imagine a seguinte situação: um transportador realizará uma viagem e receberá mercadorias de cem exportadores distintos. Isto quer dizer que serão emitidos cem conhecimentos de carga. Quando esse transportador encerra o recebimento das cargas para realizar a determinada viagem, irá preencher o manifesto de carga, o qual conterá a relação de todos os conhecimentos de carga emitidos referentes às cargas entregues, as quais representam seus respectivos contratos de transportes.

Entretanto, para cada ponto de descarga no território aduaneiro o veículo deverá trazer tantos manifestos quantos forem os locais, no exterior, em que tiver recebido carga, segundo o art. 43 do RA.

Exemplo: Suponha que duas mercadorias, partem do porto de Hamburg (ALE), com destino ao Porto de SUAPE (BRA), onde é descarregada a mercadoria (1) e, posteriormente, ao Porto do RIO DE JANEIRO (BRA) onde é descarregada a mercadoria (2). Para cada origem e destino teremos um manifesto de carga.

Deverá constar, no manifesto de carga, a nacionalidade e a identificação do veículo, bem como:

a) a identificação do veículo e sua nacionalidade;

b) o local de embarque e o de destino das cargas;

c) o número de cada conhecimento;

d) a quantidade, a espécie, as marcas, o número e o peso dos volumes;

e) a natureza das mercadorias;

f) o consignatário de cada partida;

g) a data do seu encerramento;

h) o nome e a assinatura do responsável pelo veículo.

▸ **Importante:**

Necessariamente, deverá ser entregue à Receita Federal do Brasil e não apresentação de manifesto ou declaração de efeito equivalente, em relação a qualquer ponto de escala no exterior, será considerada declaração negativa de carga, ou seja, acaso não seja apresentado o manifesto de carga, entende-se que não houve mercadoria a ser descarregada naquele local.

Muitas vezes o manifesto de carga e o conhecimento de carga podem divergir. Acaso haja divergência entre o manifesto de carga e o conhecimento de carga, para a Aduana, prevalecerá o conhecimento de carga, dado que é a fonte primária das informações sobre a mercadoria, consoante disposto no art. 47, do RA.

Há ainda outros artigos indispensáveis para o estudo sobre o manifesto de carga que valem a pena a leitura. Vide:

> "Art. 48. Se objeto de conhecimento regularmente emitido, a omissão de volume em manifesto de carga poderá ser suprida mediante a apresentação da mercadoria sob declaração escrita do responsável pelo veículo, anteriormente ao conhecimento da irregularidade pela autoridade aduaneira.
>
> Art. 49. Para efeitos fiscais, não serão consideradas, no manifesto, ressalvas que visem a excluir a responsabilidade do transportador por extravios ou acréscimos."

Neste caso, **o transportador é o responsável por pagar tributos referentes ao que foi extraviado**, já que as ressalvas contidas no manifesto não surtirão efeitos, até porque o artigo 53, do RA menciona que "o manifesto será submetido à conferência final para apuração da responsabilidade por eventuais diferenças quanto a extravio ou a acréscimo de mercadoria."

O conceito de **conferência final de manifesto** encontra-se no art. 658, do RA, o qual menciona que se destina a constar extravio ou acréscimo de volume ou de mercadoria entrada no território aduaneiro, mediante confronto do manifesto com os registros, informatizados ou não, de descarga ou armazenamento.

Ou seja, após a descarga dos volumes ingressados no território aduaneiro pátrio, a Receita Federal do Brasil irá verificar se as cargas previstas chegaram de fato, comparando os conhecimentos de embarque constantes no manifesto de carga e os registros de descarga ou armazenamento.

Ainda, sobre Manifesto de Carga, há um ponto muito importante a ser abordado, referente à entrega fracionada, conforme disposto pela IN RFB nº 2.072/2022.

Segundo o art. 61, da IN SRF nº 680/2006, nas importações por via terrestre é permitida a entrega fracionada da mercadoria que, em razão do seu volume ou peso, não possa ser transportada em apenas um veículo ou partida e quando for efetuado o registro de uma única DI, correspondente a uma só importação e a um único conhecimento de carga.

Neste caso, as informações quanto ao prazo e quantidade, previstos no Manifesto de carga, poderão ser conferidos pelo depositário ou pela unidade da Receita Federal do Brasil. Da mesma forma, a conferência parcial e apuração final de eventuais extravios ou acréscimos, poderão ser realizados pela Receita Federal do Brasil a qualquer tempo.

Um dos requisitos principais é que os demais lotes, posteriores aos que já ingresso, devem entrar no território nacional no prazo de 30 (trinta) dias, prazo contado do registro da Declaração de Importação (DI) do primeiro lote. Caso ocorra o descumprimento desse prazo, depositário deverá informar à Receita Federal do Brasil e ao importador; também deverá ocorrer a retificação de DI, para constar a quantidade que efetivamente ingressou no território nacional, a qual deverá ocorrer antes da entrega dos lotes remanescentes, os quais devem ser objeto de nova DI.

Caso não seja realizada a retificação em 60 (sessenta) dias depois do fim do prazo de 30 (trinta) dias, a fiscalização realizará o desembaraço e a retificação de ofício, podendo ser aplicada multa de R$ 5.000,00 (cinco mil reais) por embaraço. Vale mencionar que o importador pode requerer um prazo maior que 30 (trinta) dias para a entrega dos lotes, desde que o pedido seja apresentado durante esse lapso temporal.

Por fim, o depositário da carga entregará, em regra, a mercadoria desembaraçada em canal verde, algo que valerá para os lotes seguintes, devendo, o importador, independentemente do canal de parametrização, apresentar os documentos instrutivos de declaração de importação para cada manifesto de carga.

2. CONTROLE ADUANEIRO DE MERCADORIAS

No primeiro capítulo foi estudado que as mercadorias ingressam, em regra, no território aduaneiro brasileiro, por meio da **zona primária**, entretanto, o art. 8º, do RA, prevê algumas exceções, inclusive já cobradas em provas da Receita Federal do Brasil, como foi demonstrado.

A necessidade da entrada de bens e mercadorias por meio de portos, aeroportos e pontos de fronteiras alfandegados e suas exceções, ingressando pela **zona secundária**, já configura um **controle exercido pela autoridade aduaneira**.

Ao ser armazenada, a mercadoria, após entrar no território aduaneiro por meio de um aeroporto alfandegado, terá sua descrição mencionada na declaração de importação (DI), pelo importador, informando o valor aduaneiro, a classificação fiscal, o país de origem da mercadoria, bem como o exportador e outras informações pertinentes. Posteriormente, a DI deverá ser registrada no SISCOMEX Importação, iniciando o processo de despacho aduaneiro, a ser abordado de forma exaustiva em breve.

2.1. Despacho aduaneiro

2.1.1. Conceito

Para fins de prova de concurso da Receita Federal do Brasil, indispensável é conhecer o **conceito** de despacho aduaneiro. Trata-se de um **procedimento fiscal** pelo qual, nos termos do art. 542, do RA ao abordar sobre o despacho aduaneiro de importação:

> "Art. 542. Despacho de importação é o procedimento mediante o qual é verificada a exatidão dos dados declarados pelo importador em relação à mercadoria importada, aos documentos apresentados e à legislação específica."

> **▸ Como esse assunto foi cobrado em concurso?**
> Na prova de Auditor Fiscal da receita Federal do Brasil/ 2002 – ESAF, foi considerada correta a assertiva: "Despacho aduaneiro de importação é o procedimento fiscal mediante o qual se processa o desembaraço aduaneiro de mercadoria procedente do exterior, seja ela importada a título definitivo ou temporário."

> **▸ Importante:**
> A regra é que toda mercadoria será submetida ao despacho aduaneiro, entretanto, tanto o ingresso quanto a saída da mala diplomática e da mala consular, estão dispensados deste procedimento fiscal. Quanto à mala diplomática, esta consiste no volume que contém os documentos diplomáticos, assim como os respectivos objetos, indispensáveis ao uso oficial, consoante dispõe a Convenção de Viena sobre Relações Diplomáticas, da qual o Brasil é Estado parte.

Nos artigos 808 ao 810, do RA, há as atividades relacionadas com o despacho aduaneiro de mercadorias. Vale destacar que o art. 808, do RA traz um

rol exemplificativo de atividades por conta do seu §2º, uma vez que prevê a possibilidade da Secretaria da Receita Federal do Brasil poder dispor sobre outras atividades relacionadas ao despacho aduaneiro de mercadorias. Dentre as apresentadas pelo referido artigo, destacam-se:

a) preparação, entrada e acompanhamento da tramitação e apresentação de documentos relativos ao despacho aduaneiro;

b) subscrição de documentos relativos ao despacho aduaneiro, inclusive termos de responsabilidade;

c) ciência e recebimento de intimações, de notificações, de autos de infração, de despachos, de decisões e de outros atos e termos processuais relacionados com o procedimento de despacho aduaneiro;

d) acompanhamento da verificação da mercadoria na conferência aduaneira, inclusive da retirada de amostras para assistência técnica e perícia;

e) recebimento de mercadorias desembaraçada.

2.1.2. Sujeitos

No despacho aduaneiro há o importador, o exportador e o interessado como sujeitos da operação, como regra. Mas na prática, estes sujeitos elencados serão representados, nos termos do 808, do RA:

a) o dirigente ou empregado com vínculo empregatício exclusivo com o interessado, munido de mandato que lhe outorgue plenos poderes para o mister, sem cláusulas excludentes da responsabilidade do outorgante mediante ato ou omissão do outorgado, no caso de operações efetuadas por pessoas jurídicas de direito privado;

b) o funcionário ou servidor, especialmente designado, no caso de operações efetuadas por órgão da administração pública direta ou autárquica, federal, estadual ou municipal, missão diplomática ou repartição consular de país estrangeiro ou representação de órgãos internacionais;

c) o empresário, o sócio da sociedade empresária ou pessoa física nomeada pelo habilitado, nos casos de importações ao amparo do regime de que trata o art. 102-A;

d) o próprio interessado, no caso de operações efetuadas por pessoas físicas;

e) o mandatário de pessoa física residente no País, nos casos de remessa postal internacional, ou bens de viajante;

f) o despachante aduaneiro, em qualquer caso.

A **profissão de despachante aduaneiro**, reconhecida pelo regulamento aduaneiro, somente será permitida a pessoa física, desde que física inscrita no Registro de Despachantes Aduaneiros, mantido pela Secretaria da Receita Federal do Brasil.

No §1º, do art. 810, do RA, há os requisitos para o exercício desta profissão:

a) comprovação de inscrição há pelo menos dois anos no Registro de Ajudantes de Despachantes Aduaneiros, mantido pela Secretaria da Receita Federal do Brasil;

b) ausência de condenação, por decisão transitada em julgado, à pena privativa de liberdade;

c) inexistência de pendências em relação a obrigações eleitorais e, se for o caso, militares;

d) maioridade civil;

e) nacionalidade brasileira;

f) formação de nível médio;

g) aprovação em exame de qualificação técnica.

> ▸ **Importante:**
> É vedado ao despachante aduaneiro e ao seu ajudante o exercício de cargo, emprego ou função pública (art. 810, §10, do RA).

2.2. Despacho aduaneiro de importação

2.2.1. Conceito

Trata-se de um **procedimento fiscal** pelo qual, nos termos do art. 543, do RA, "toda mercadoria procedente do exterior, importada a título definitivo ou não, sujeita ou não ao pagamento do imposto de importação, deverá ser submetida a despacho de importação, que será realizado com base em declaração apresentada à unidade aduaneira sob cujo controle estiver a mercadoria."

Pela redação do artigo em comento, conclui-se que o despacho aduaneiro de importação terá como base a declaração de importação (DI) registrada no SISCOMEX pelo importador.

2.2.2. Noções gerais de uma importação brasileira – Procedimento

Antes de adentrar no assunto despacho aduaneiro de importação, importante é conhecer os **aspectos gerais de uma importação brasileira**, principalmente no que tange às **etapas:**

- Escolha da mercadoria, prazo de pagamento e prazo de entrega;
- Licenciamento nas importações, ponto estudado na disciplina de Comércio Internacional;
- Siscomex: concede a licença na importação, bem como registra a Declaração de Importação (DI);
- Licença de importação concedida: o importador irá comunicar ao exportador que a mercadoria poderá ser embarcada, celebrando um contrato de frete com a empresa transportadora, formalizado pelo conhecimento de carga, já estudado no ponto de manifesto de carga;
- Chegada ao Brasil da mercadoria: em regra, pela zona primária, como já visto na unidade I;
- Desembarque e armazenagem da mercadoria até que o importador registre a Declaração de Importação (DI) para a Receita Federal proceder ao despacho aduaneiro;
- Os documentos devem ser entregues ao importador, quem deverá apresentar à Receita Federal a fatura comercial e o conhecimento de carga para proceder à conferência;
- Pagamento;
- Desembaraço aduaneiro: que ocorrerá após o registro na Declaração de importação (DI) e a entrega dos documentos à Receita Federal, a qual deverá conferir a documentação referente à mercadoria, inclusive em relação aos tributos devidos, havendo o encerramento do despacho aduaneiro, desembaraçando a mercadoria;
- Entrega da mercadoria.

Quanto ao **licenciamento nas importações**, o art. 550, do RA dispõe que ocorrerá no Siscomex, incluindo a manifestação de outros órgãos. Vide:

> "Art. 550. A importação de mercadoria está sujeita, na forma da legislação específica, a licenciamento, por meio do SISCOMEX.
>
> § 1º A manifestação de outros órgãos, a cujo controle a mercadoria importada estiver sujeita, também ocorrerá por meio do SISCOMEX.
>
> § 2º No caso de despacho de importação realizado sem registro de declaração no SISCOMEX, a manifestação dos órgãos anuentes ocorrerá em campo específico da declaração ou em documento próprio.
>
> § 3º Os Ministros de Estado da Fazenda e do Desenvolvimento, Indústria e Comércio Exterior determinarão, de forma conjunta, as informações de natureza comercial, financeira, cambial e fiscal a serem prestadas para fins de licenciamento."

Em regra, serão cinco etapas que irão compor o despacho aduaneiro de importação, as quais serão estudadas de forma delimitada ao longo desta unidade.

1ª etapa	Registro da Declaração de Importação (DI), salvo quando há declaração sem registro no SISCOMEX assim como o licenciamento de importação
2ª etapa	Seleção da mercadoria para conferência
3ª etapa	Conferência aduaneira, acaso seja selecionada a mercadoria
4ª etapa	Desembaraço aduaneiro
5ª etapa	Entrega da mercadoria ao importador

2.2.3. Modalidades de despacho de importação

A **regra** é que o registro da declaração de importação (DI) ocorra antes da chegada da mercadoria no país, no que consiste ao momento da chegada da carga, seria um "despacho normal".

Há situações em que o registro da DI precede a chegada da carga, conforme previsto no art. 17, da IN SRF n. 680/2006, configurando o **despacho antecipado**. Tal modalidade é prevista para mercadorias a granel, mercadorias inflamáveis, plantas e animais vivos, frutas frescas, papel para impressão, etc.

Também há o **despacho com entrega fracionada** (IN SRF n. 680/2006, arts. 61 e 62), quando a mercadoria é transportada por vários veículos e um grande volume, devendo ser registradas nas observações da DI, sendo desembaraçada no Siscomex após a última conferência de veículo.

A terceira modalidade a ser destacada é o **despacho sumário e prioritário** de urna funerária, o qual exige do transportador, apenas, a apresentação do conhecimento de carga e a manifestação da autoridade sanitária, dispensando o preenchimento da DI, nos termos do art. 548 do RA.

Modalidade	Conceito
"Despacho normal"	O registro da declaração de importação (DI) ocorra antes da chegada da mercadoria no país
Despacho antecipado	O registro da DI precede a chegada da carga, conforme previsto no art. 17, da IN SRF n. 680/2006
Despacho com entrega fracionada	Quando a mercadoria é transportada por vários veículos e um grande volume, devendo ser registradas nas observações da DI, sendo desembaraçada no Siscomex após a última conferência de veículo
Despacho sumário e prioritário	Exige do transportador, apenas, a apresentação do conhecimento de carga e a manifestação da autoridade sanitária, dispensando o preenchimento da DI, muito comum em ocorrer com urnas funerárias

Quanto aos **regimes aduaneiros**, temos o despacho para consumo e o despacho para admissão.

Primeiramente, vale estudarmos o **despacho para consumo** que é aquele em que a mercadoria é nacionalizada, isto é, importada em definitivo. A IN SRF n. 680/2006, no art. 2º, I, dispõe:

> "Art. 2º O despacho aduaneiro de importação compreende:
>
> I. despacho para consumo, inclusive da mercadoria:
>
> *a)* ingressada no país com o benefício de *drawback*;
>
> *b)* destinada à ZFM, à Amazônia Ocidental ou a Área de Livre Comércio (ALC);
>
> *c)* contida em remessa postal internacional ou expressa ou, ainda, conduzida por viajante, se aplicado o regime de importação comum;
>
> *d)* admitida em regime aduaneiro especial ou aplicado em áreas especiais, na forma do disposto no inciso II, que venha a ser submetida ao regime comum de importação."

Ou seja, o **despacho para consumo é aquele em que a mercadoria é nacionalizada, isto é, importada em definitivo.**

No caso da alínea "a", trata-se de despacho para consumo especial, já que menciona o regime aduaneiro especial de *drawback*. Quanto a alínea "b", se a mercadoria conter benefícios, o despacho será para admissão, caso contrário, será despacho para consumo.

Em face a alínea "c", as remessas postais poderão ser submetidas ao regime de tributação simplificada ou ao regime de importação comum, sendo despacho para consumo, apenas, quando for aplicado o despacho de importação comum.

Por fim, em relação a alínea "d", se a mercadoria entra no país em regime aduaneiro especial, ocorrendo o despacho para consumo, ela será importada em definitivo, ou seja, será nacionalizada, por exemplo, mercadoria por regime de entreposto aduaneiro.

Em relação ao **despacho para admissão** em regime aduaneiro especial ou aplicado em áreas especiais, a ser melhor estudado em unidade própria, a IN SRF n. 680/2006, em seu art. 2º, II, prevê que contemplará mercadoria que ingresse no país nessa condição.

Apesar de não ser aplicável às importações, entretanto vale apena mencionar nesta unidade, o **despacho de internação** consiste no ato de saída das mercadorias das áreas de livre comércio e da Zona Franca de Manaus (ZFM) para o restante do território aduaneiro pátrio.

> ▸ **Importante:**
> Porém, nem todas as mercadorias são beneficiárias da isenção de impostos, como no caso os automóveis de passageiros, ocorrendo, então, um despacho de consumo.

Na IN SRF n. 242/2002, há de forma expressa no art. 1º e no art. 2º que as mercadorias submetidas ao **despacho de internação** passarão por um procedimento fiscal, ao saírem da **Zona Franca de Manaus** com destino ao restante do território aduaneiro pátrio, cujo intuito é evitar fraude.

Exemplo: mercadoria que foi importada pela ZFM, com benefício fiscal, é embarcada para São Paulo: haverá o despacho para internação, devendo ser fiscalizada, evitando fraude.

Nos termos do art. 2º, da IN SRF n. 242/2002 "a internação de mercadorias da ZFM para qualquer outra área do território nacional, somente poderá ser realizada mediante prévia autorização da Secretaria da Receita Federal (SRF)". A autorização fica condicionada:

a) à apresentação das mercadorias em recintos alfandegados ou em outros locais previamente autorizados pelo Inspetor da Alfândega do Porto de Manaus;

b) ao **registro da Declaração para Controle de Internação (DCI)** para processamento do correspondente despacho de internação de cada operação de saída de mercadorias da ZFM, conforme a respectiva Nota Fiscal.

A **Zona Franca de Manaus (ZFM)** é um modelo econômico de desenvolvimento que foi estabelecido na cidade de Manaus em 1967 pelo Decreto Lei n. 288, consistindo em uma área de livre comércio de importação e exportação e de incentivos fiscais. O art. 2º do referido decreto dispõe sobre a localização da ZFM, sendo importante o conhecimento para fins de prova da Receita Federal do Brasil:

> Art. 2º "O Poder Executivo fará, demarcar, à margem esquerda dos rios Negro e Amazonas, uma área contínua com uma superfície mínima de dez mil quilômetros quadrados, incluindo a cidade de Manaus e seus arredores, na qual se instalará a Zona Franca".

> ▸ **Importante:**
> Atualmente, a Zona Franca de Manaus (ZFM) está prevista no art. 92-A, da CF/88, inserido por meio da Emenda Constitucional 83/2014, promulgada pelo Congresso Nacional de 05.08.2014, prorrogando, pela quarta vez, a ZFM até o ano de 2073.

A primeira prorrogação ocorreu no ano de 1986, por meio do artigo 1º do Decreto 92.560, que prorrogou por 10 anos o prazo de validade. Com a promulgação da Constituição Federal de 1988, a Zona Franca de Manaus teve novamente seu prazo prorrogado por meio do artigo 40 do ADCT, o qual estabeleceu a validade dos incentivos fiscais por 25 anos, isto é, até 2013.

A terceira prorrogação ocorreu no ano de 2003, com a edição da Emenda Constitucional n. 42, o que modificou o artigo 42 do ADCT, estendendo os incentivos fiscais da ZFM por mais dez anos, cujo prazo de validade é de até 2023.

Portanto, com o atual art. 92-A, do ADCT, a Zona Franca de Manaus, até o momento, estará garantida até o ano de 2073.

Modalidade	Conceito
Despacho para admissão	Em regime aduaneiro especial ou aplicado em áreas especiais, previsto na IN SRF n. 680/2006, em seu art. 2º, II, prevê que contemplará mercadoria que ingresse no país nessa condição.
Despacho de internação	Consiste no ato de saída das mercadorias das áreas de livre comércio e da Zona Franca de Manaus (ZFM) para o restante do território aduaneiro pátrio. Porém, nem todas as mercadorias são beneficiárias da isenção de impostos, como no caso os automóveis de passageiros, ocorrendo, então, um despacho de consumo.

2.2.4. Início do procedimento e prazo

Será iniciado o **despacho aduaneiro na data do registro da declaração de importação**, nos termos do art. 545, do RA, sendo que este consiste em sua numeração pela Secretaria da Receita Federal do Brasil, por meio do SISCOMEX. No mais, a Secretaria da Receita Federal do Brasil disporá sobre as condições necessárias ao registro da declaração de importação e sobre a dispensa de seu registro no SISCOMEX.

Há instrução normativa da Secretaria da Receita Federal que dispõe acerca das condições necessárias para o registro da DI. No caso, trata-se da IN SRF n. 680/2006:

> "Art. 15. O registro da DI caracteriza o início do despacho aduaneiro de importação, e somente será efetivado:
>
> I – se verificada a regularidade cadastral do importador;
>
> II – após o licenciamento da operação de importação, quando exigível, e a verificação do atendimento às normas cambiais, conforme estabelecido pelos órgãos e agências da administração pública federal competentes;
>
> III – após a chegada da carga, exceto na modalidade de registro antecipado da DI, previsto no art. 17;

IV – após a confirmação pelo banco da aceitação do débito relativo aos tributos, contribuições e direitos devidos, inclusive da Taxa de Utilização do Siscomex;

V – se não for constatada qualquer irregularidade impeditiva do registro; e

VI – se a carga estiver em condições de vinculação no sistema de controle de carga da RFB aplicado ao modal de transporte.

Parágrafo único. Entende-se por irregularidade impeditiva do registro da declaração aquela decorrente da omissão de dado obrigatório ou o seu fornecimento com erro, bem como a que decorra de impossibilidade legal absoluta."

Quanto aos prazos para a realização do despacho de importação, nos termos do art. 546 do RA, vide:

Até 90 dias	Caso tenha sido descarregado em depósito de zona primária
Até 45 dias	Mercadorias descarregadas em zona secundária, contados após o término de permanência no local
Até 90 dias	Quanto à remessa postal, após o recebimento de notificação de chegada da mercadoria
Até 45 dias	Em relação às bagagens, tanto acompanhadas quanto desacompanhadas.

Excepcionalmente, nos termos do art. 17, da IN SRF n. 680/2006, a mercadoria que proceda diretamente do exterior poderá ser registrada antes da sua descarga na unidade da RFB de despacho, configurando um **despacho antecipado**, quando se tratar de:

a) mercadoria transportada a granel, cuja descarga deva se realizar diretamente para terminais de oleodutos, silos ou depósitos próprios, ou veículos apropriados;

b) mercadoria inflamável, corrosiva, radioativa ou que apresente características de periculosidade;

c) plantas e animais vivos, frutas frescas e outros produtos facilmente perecíveis ou suscetíveis de danos causados por agentes exteriores;

d) papel para impressão de livros, jornais e periódicos;

e) órgão da administração pública, direta ou indireta, federal, estadual ou municipal, inclusive autarquias, empresas públicas, sociedades de economia mista e fundações públicas;

f) mercadoria transportada por via terrestre, fluvial ou lacustre;

g) mercadoria importada por meio aquaviário ou aéreo por importador certificado como operador econômico autorizado (OEA), na modalidade OEA - Conformidade Nível 2, conforme disciplinado em ato da Coana; e

h) outras situações ou mercadorias, a serem definidas:

- pelo chefe da unidade da RFB de despacho, mediante justificativa; ou
- pela Coana, mediante ato normativo próprio, quando relativas ao combate da doença provocada pelo coronavírus identificado em 2019 (Covid-19), enquanto perdurar a Espin.

2.2.5. Dispensa do despacho de importação

Conforme já mencionado em ponto anterior, entretanto, vale a pena destacar em ponto próprio, as **malas diplomáticas**, compostas por diplomáticos, assim como os respectivos objetos, indispensáveis ao uso oficial, consoante dispõe a **Convenção de Viena sobre Relações Diplomáticas**, da qual o Brasil é Estado parte, bem como as consulares, estão **dispensadas do procedimento de despacho de importação.** Esta dispensa se encontra expressa no art. 547, do RA, sendo aplicável o mesmo entendimento à mala consular.

▸ Importante:

No caso de urna funerária, o despacho de importação será realizado em caráter prioritário e mediante rito sumário, logo após a sua descarga, com base no respectivo conhecimento de carga ou em documento de efeito equivalente, nos termos do art. 548, do RA. Desta feita, cuidado para não se confundir na prova, até porque, como visto em ponto anterior, a urna funerária sofrerá um despacho prioritário e sumário que exige do transportador, apenas, a apresentação do conhecimento de carga e a manifestação da autoridade sanitária, dispensando o preenchimento da DI, muito comum em ocorrer com urnas funerárias.

▸ Como esse assunto foi cobrado em concurso?

Na prova de Auditor Fiscal da Receita Federal do Brasil/ 2002 – ESAF, foi considerada correta a assertiva: "Estão dispensadas do despacho aduaneiro de importação malas diplomáticas, sempre que contenham sinais exteriores visíveis que indiquem seu caráter e que sejam entregues a pessoa formalmente credenciada por Missão Diplomática."

2.2.6. Espécies de declaração de importação

A **declaração de importação é o documento base do despacho de importação**, devendo conter a identificação do importador, assim como a identificação, a classificação, o valor aduaneiro e a origem da mercadoria.

Nos termos do §2º, do art. 551, do RA, a Secretaria da Receita Federal do Brasil poderá:

a) exigir, na declaração de importação, outras informações, inclusive as destinadas a estatísticas de comércio exterior; e

b) estabelecer diferentes tipos de apresentação da declaração de importação, apropriados à natureza dos despachos, ou a situações específicas em relação à mercadoria ou a seu tratamento tributário.

São 6 (seis) espécies:

- Declaração de Importação propriamente dita (DI);
- Declaração de Importação simplificada (DSI);
- Declaração de Importação Formulário (DSI – Formulário);
- Declaração de Importação de Remessa (DIR) – por empresa de *courier*, conhecida como empresa de transportes, antiga DIRE;
- Nota de Tributação Simplificada (NTS);
- Declaração Eletrônica de Bens de viajante (e- DBV).

A declaração de importação propriamente dita (DI) será utilizada por exclusão, dentre as hipóteses em que não são cabíveis as DSI-formulário e a DSI. Portanto, é indispensável verificar cada uma.

A **DSI- formulário** está regulamentada na IN SRF n. 611/2006, elencando em seu art. 4º o rol de bens que poderão ser despachados utilizando esta espécie de declaração, tais como medicamentos, sob prescrição médica, importados por pessoa física; animais de vida doméstica, sem cobertura cambial e sem finalidade comercial; órgãos e tecidos para transplantes, assim como livros, jornais, folhetos e outros bens, componentes e seres que dispensam um controle mais rígido, ocorrendo a declaração em papel.

Já a **DSI** abarca outras operações que demandam um processo informatizado, diferentemente da DSI-formulário, embora sejam de ínfima relevância nas relações comerciais. Um exemplo é quanto a bens importados por pessoa física, com ou sem cobertura cambial, em quantidade e frequência que não caracterize destinação comercial, cujo valor não ultrapasse US$ 3.000,00 (três mil dólares dos Estados Unidos da América) ou o equivalente em outra moeda, nos termos do art. 3º, I, da IN SRF n. 611/2006.

Em relação à **DIR**, antiga Declaração de Importação de Remessa Expressa (DIRE), registrada por meio do Sistema Remessa, inovação trazida pela **IN RFB n. 1.737/2017,** que dispõe sobre o tratamento tributário e os procedimentos de controle aduaneiro aplicáveis às remessas internacionais, trouxe, entre outras, a possibilidade de importação de produtos tanto para revenda como também para utilização nos processos de industrialização, aplica-se aos bens contidos em remessa internacional importados por pessoa jurídica em caráter definitivo, cujo valor total não ultrapasse US$ 3.000,00 (três mil dólares dos Estados Unidos da América), ou o equivalente em outra moeda, sendo que as importações para revenda continuam impeditivas nas operações de pessoas físicas. A instrução normativa no capítulo sobre o tratamento tributário dispõe que será conforme o regime de tributação simplificada (RTS), sendo importante, principalmente para fins de prova da Receita Federal do Brasil, saber que esse regime é o que permite o pagamento do Imposto de Importação na importação de bens contidos em remessa internacional, no valor total de até US$ 3.000,00 (três mil dólares dos Estados Unidos da América) ou o equivalente em outra moeda, mediante aplicação da alíquota única de 60% (sessenta por cento), nos termos do art. 21.

A base de cálculo será o valor aduaneiro da totalidade dos bens contidos na remessa internacional.

Por fim, nos termos do art. 24, os bens submetidos a despacho aduaneiro com base no RTS estão isentos de imposto sobre produtos industrializados (IPI); Contribuição para os Programas de Integração Social e de Formação do Patrimônio do Servidor Público incidente na Importação de Produtos Estrangeiros ou Serviços (Contribuição para o PIS/Pasep-Importação); e Contribuição Social para o Financiamento da Seguridade Social devida pelo Importador de Bens Estrangeiros ou Serviços do Exterior (Cofins-Importação).

▸ **Importante:**

Bebidas alcoólicas, fumo e produtos de tabacaria não farão jus ao RTS.

A **NTS** contempla as remessas postais transportadas via Empresas de Correios e Telégrafos (ECT), cujo valor aduaneiro não ultrapasse US$500,00, pela aplicação do Regime de Tributação Simplificada (RTS), nos termos da Portaria MF nº 156/1999. Na NTS será informado o valor do imposto a ser pago.

Por fim, a **e-DBV** está disposta na IN RFB n. 1.385/2013. Importante saber que o viajante que ingressar no território brasileiro e estiver obrigado a dirigir-se ao canal "bens a declarar", deverá declarar o conteúdo de sua bagagem mediante o programa Declaração Eletrônica de Bens de Viajante (e-DBV) disponibilizado no sítio da Secretaria da Receita Federal do Brasil (RFB) na Internet, no endereço eletrônico www.receita.fazenda.gov.br, e apresentar sua e-DBV para registro e submissão a procedimentos de despacho aduaneiro no local alfandegado de entrada no País, como condição para a liberação dos bens nela declarados.

Os bens declarados em e-DBV registrada serão submetidos a despacho aduaneiro para fins de verificação do cumprimento de requisitos dos órgãos anuentes do controle administrativo, do devido tratamento tributário e do cálculo do imposto devido quando houver.

2.2.7. Instrução

> ▸ **Importante:**
>
> "Art. 553, do RA. A declaração de importação será obrigatoriamente instruída com
>
> I – a via original do conhecimento de carga ou documento de efeito equivalente (art. 554 – 556, RA);
>
> II – a via original da fatura comercial, assinada pelo exportador (art. 557 a 562);
>
> III – o comprovante de pagamento dos tributos, se exigível".

Outro ponto que merece destaque é quanto aos documentos comerciais. Com a IN RFB nº 2.072/2022, passam a ser obrigatórios no canal cinza. Para os demais canais, somente serão exigíveis se houver indícios de fraude. Importante mencionar é que a não apresentação dos documentos pela empresa, quando solicitado, implica no arbitrado do valor aduaneiro.

2.2.8. Retificação e cancelamento da DI

Cada espécie estudada possui uma peculiaridade para efetuar seu respectivo cancelamento. No caso da DI, o regramento se encontra na IN SRF n. 680/2006.

No regulamento aduaneiro, o art. 577 prevê a situação da possibilidade da autoridade aduaneira de poder **cancelar declaração de importação já registrada**, de **ofício ou a pedido do importador**, observadas as condições estabelecidas em ato normativo da Secretaria da Receita Federal do Brasil.

> ▸ **Atenção!**
>
> Conforme a IN RFB nº 2.072/2022, a qual alterou a IN SRF nº 680/2006, a retificação de DI será feita:
>
> a) de ofício, na unidade de despacho; ou a pedido do importador, se a incorreção na DI for em campo que somente a RFB possa alterar.
>
> b) pelo importador, no Siscomex. O pagamento de eventuais tributos deve ser feito em conta corrente, somente será feita por DARF, se o sistema de débito ficar limitado.

> ▸ **Importante:**
> O cancelamento da declaração não exime o importador da responsabilidade por eventuais infrações.

Caso haja a solicitação do cancelamento por requerimento do importador, tal situação somente ocorrerá desde que haja autorização do chefe do setor do despacho aduaneiro. Logo, nada obsta que o importador, por exemplo, após registrar a DI no Siscomex, verificou que a mercadoria não ingressou no território aduaneiro brasileiro, possa solicitar o respectivo cancelamento.

Portanto, são as seguintes possibilidades para que seja efetuado o cancelamento de uma DI:

- Ficar comprovado que a mercadoria não ingressou no território aduaneiro pátrio;
- Acaso tenha ocorrido o despacho aduaneiro antecipado, a mercadoria não ingressou no país ou foi descarregada em recinto alfandegado diverso do indicado na DI;
- Tenha sido determinada a devolução da mercadoria ao exterior ou a sua destruição, uma vez que não atende a legislação de proteção ao meio ambiente, saúde ou segurança pública e controles fitossanitários, zoosanitários e sanitários;
- A importação não atender aos requisitos para a utilização do tipo de declaração registrada e não for possível a sua retificação;
- For comprovado o erro de expedição;
- A DI for registrada com erro quanto ao número de inscrição de CPF ou CNPJ do importador, salvo quando se tratar de erro de identificação de estabelecimentos da mesma empresa, passível de retificação no sistema ou à unidade da Secretaria da Receita Federal responsável pelo despacho aduaneiro;
- For registrada mais de uma DI para a mesma carga de forma equivocada;
- For indeferido o requerimento de concessão do regime de admissão temporária.

No mais, **a DI também poderá ser retificada**, mediante alteração das informações prestadas, ou inclusão de outras, será feita pelo importador ou pela autoridade aduaneira, na forma estabelecida pela Secretaria da Receita Federal do Brasil (art. 552, do RA).

2.2.9. Parametrização da DI

Feito o registro da DI, **esta poderá ser selecionada para a conferência aduaneira**. Antes desta etapa, a declaração de importação passará por uma parametrização, cuja finalidade é direcioná-la para alguns canais de conferência aduaneira, previstos no §1°, do art. 21, da IN SRF n. 680/2006, levando em consideração os seguintes elementos:

a) Regularidade fiscal do importador;

b) habitualidade do importador;

c) natureza, volume ou valor da importação;

d) valor dos impostos incidentes ou que incidiriam na importação;

e) origem, procedência e destinação da mercadoria;

f) tratamento tributário;

g) características da mercadoria;

h) capacidade organizacional, operacional e econômico-financeira do importador;

i) ocorrências verificadas em outras operações realizadas pelo importador.

2.2.10. Conferência aduaneira

Nos termos da IN SRF n. 680/2006, **a conferência aduaneira será iniciada depois do registro da DI e da vinculação do dossiê** (art. 24). Quanto à competência, será atribuição do auditor fiscal da Receita Federal do Brasil ou do analista tributário, sob supervisão do auditor, proceder a conferência aduaneira, de forma aleatória ou dirigida.

São três etapas que compõe a conferência aduaneira, presentes nos quatros canais de seleção: exame documental, verificação da mercadoria e aplicação de procedimento especial de controle aduaneiro.

Exame documental	A Receita verificará se há, entre os dados dos documentos e os informados, coincidência (art. 25, IN SRF n. 680/2006).
Verificação das mercadorias	A verificação da mercadoria é o procedimento fiscal destinado a identificar e a quantificar a mercadoria submetida a despacho aduaneiro, a obter elementos para confirmar as informações prestadas na DI, tais como a sua classificação fiscal, a sua origem e o seu estado de novo ou usado, e para verificar sua adequação às normas técnicas aplicáveis. Vale destacar que a verificação física será realizada exclusivamente por Auditor-Fiscal da Receita Federal do Brasil, ou

Verificação das mercadorias	por Analista-Tributário da Receita Federal do Brasil sob a supervisão do Auditor-Fiscal responsável pelo despacho, no entanto, a manipulação e abertura de volumes e embalagens, a pesagem, a retirada de amostras e outros procedimentos similares, necessários à perfeita identificação e quantificação da mercadoria, poderão ser realizados por terceiro. O procedimento de verificação ocorrerá na presença do importador ou de seu representante. Deverá, o importador, ou seu representante, comparecer ao recinto em que se encontre a mercadoria a ser verificada, na data e horário previstos, conforme a regra de agendamento ou escalonamento estabelecida. No entanto, o comparecimento poderá ser dispensado, caso o importador ou representante opte por acompanhar a verificação da mercadoria de forma remota, conforme estabelecido na Portaria Coana nº 75, de 12 de maio de 2022.
Aplicação de procedimento especial de controle aduaneiro	Os elementos indiciários de fraude serão apurados no curso de conferência aduaneira das DI selecionadas para o canal cinza. Poderão, ainda, ser apurados no curso da conferência aduaneira os indícios de fraudes constatados em DI selecionadas para canal diferente do cinza, desde que realizada ciência prévia ao importador. Quando houver a necessidade de retenção de mercadoria, deverá ser instaurado o Procedimento de Fiscalização de Combate às Fraudes Aduaneiras. Vale destacar que a retenção de mercadoria antes do seu desembaraço interrompe o despacho aduaneiro de importação. Ademais, o prazo para a apuração dos elementos indiciários de fraude no curso de conferência aduaneira, em qualquer canal, será de 16 (dezesseis) dias, contado da data da distribuição da DI para o Auditor-Fiscal da Receita Federal do Brasil responsável pelo despacho aduaneiro.

Nos termos do art. 21, da IN SRF n. 680/2006, após o registro, a DI será submetida a análise fiscal e selecionada para um dos seguintes canais de conferência aduaneira:

Canal verde	Acaso a DI seja direcionada para este canal, a mercadoria será desembaraçada sem passar por nenhuma outra etapa da conferência aduaneira, ocorrendo a dispensa da verificação da mercadoria e do exame da documentação, salvo se houver indício de irregularidade.
Canal amarelo	Haverá o exame da documentação e, caso seja constatada a regularidade, haverá a dispensa da verificação da mercadoria.
Canal vermelho	Ocorrerá o exame documental e a verificação da mercadoria.
Canal cinza	Ocorrerá o procedimento especial de controle aduaneiro, consistindo nas três etapas, cuja finalidade é a verificação de indícios de fraude, inclusive referentes ao preço declarado da mercadoria.

> **▸ Importante:**
>
> A conferência aduaneira na importação tem por finalidade identificar o importador, verificar a mercadoria e a correção das informações relativas à sua natureza, classificação fiscal, quantificação e valor, e confirmar o cumprimento de todas as obrigações, fiscais e outras, exigíveis em razão da importação. No que tange à mercadoria sujeita a controle especial, a depósito ou a pagamento de qualquer ônus financeiro ou cambial, o desembaraço aduaneiro dependerá do prévio cumprimento dessas exigências.

Poderá ser realizada tanto na **zona primária quanto na zona secundária,** nos termos do art. 565, do RA, sendo que se realizada na zona secundária poderá ser feita em recintos alfandegados, assim como no estabelecimento do importador, durante o ato de fiscalização ou como complementação, quando iniciada na zona primária, além, também, de forma excepcional, em outros locais, mediante prévia anuência da autoridade aduaneira.

Quanto às hipóteses de **dispensa** de conferência aduaneira, o art. 567, do RA, dispõe que a bagagem dos integrantes de missões diplomáticas e de repartições consulares de caráter permanente não está sujeita a verificação, salvo se existirem fundadas razões para se supor que contenha bens.

> **▸ Importante:**
>
> Logo, deve-se ter cuidado para não incorrer em erro na hora da prova, pois as malas diplomáticas e consulares, já estudadas em ponto anterior, estão dispensadas do procedimento de despacho aduaneiro, ao passo que a bagagem dos integrantes das missões diplomáticas, isto é, os volumes que contemplam bens pessoais, estão dispensados da conferência aduaneira, em regra, embora devam passar pelo procedimento de despacho aduaneiro.

Por fim, constatada, durante a conferência aduaneira, ocorrência que impeça o prosseguimento do despacho, este terá seu curso interrompido após o registro da exigência correspondente, pelo auditor fiscal da Receita Federal do Brasil responsável.

O §1º, do art. 570, do RA traz as hipóteses que caracterizam a **interrupção do curso do despacho**, sendo a não-apresentação de documentos exigidos pela autoridade aduaneira, desde que indispensáveis ao prosseguimento do despacho; e o não-comparecimento do importador para assistir à verificação da mercadoria, quando sua presença for obrigatória, assim como quando for constatado extravio ou avaria, a autoridade aduaneira poderá, não havendo inconveniente, permitir o prosseguimento do despacho da mercadoria avariada ou da partida com extravio, observado o disposto nos arts. 89 e 660.

No caso de **avaria**, o valor aduaneiro da mercadoria será reduzido proporcionalmente ao prejuízo, para efeito de cálculo do imposto, a pedido do interessado. Quanto aos créditos relativos aos tributos e direitos correspondentes às mercadorias extraviadas na importação, inclusive multas, estes serão exigidos do responsável por meio de lançamento de ofício, formalizado em auto de infração, pelo auditor fiscal da Receita Federal do Brasil. Vide:

> "Art. 570, § 2º, RA. Na hipótese de a exigência referir-se a crédito tributário ou a direito antidumping ou compensatório, o importador poderá efetuar o pagamento correspondente, independente de processo.
>
> § 3º Havendo manifestação de inconformidade, por parte do importador, em relação à exigência de que trata o § 2º, o Auditor-Fiscal da Receita Federal do Brasil deverá efetuar o respectivo lançamento, na forma prevista no Decreto nº 70.235, de 6 de março de 1972."

▸ Como esse assunto foi cobrado em provas?

Na prova de Auditor Fiscal da Receita Federal do Brasil/2003 – ESAF, a banca considerou como incorreta a assertiva: "a conferência aduaneira é feita de acordo com a seleção da declaração de importação para os canais verde (desembaraço automático) ou vermelho (verificação pela fiscalização), sendo feito exame de valor no canal cinza.", no entanto, considerou como correta a assertiva que menciona que "a verificação prévia da mercadoria efetuada a pedido do importador, realizada sob acompanhamento da fiscalização aduaneira, não dispensa a verificação física por ocasião do despacho aduaneiro."

2.2.11. Desembaraço aduaneiro

Consiste no ato pelo qual **é registrada a conclusão da conferência aduaneira, ou seja, é o ato final do despacho aduaneir**o. Logo, se a Receita Federal concluir que o trâmite da importação é dotado de regularidade, a declaração de importação será desembaraçada pela própria Receita Federal. Interessante mencionar que, conforme o art. 571, § 2º, "após o desembaraço aduaneiro de mercadoria cuja declaração tenha sido registrada no SISCOMEX, será emitido eletronicamente o documento comprobatório da importação."

▸ Importante:

Não se pode confundir o desembaraço aduaneiro com a entrega efetiva das mercadorias importadas. São momentos distintos e realizados por sujeitos distintos! Enquanto que o desembaraço aduaneiro é realizado pela Receita Federal, a entrega da mercadoria importada é realizada pelo depositário.

Há casos em que o desembaraço aduaneiro será vedado de ser realizado, nos termos do §1º, do art. 571, do RA, bem como no art. 574, do mesmo diploma. Vide:

a) cuja exigência de crédito tributário no curso da conferência aduaneira esteja pendente de atendimento, salvo nas hipóteses autorizadas pelo Ministro de Estado da Fazenda, mediante a prestação de garantia;

b) enquanto não apresentados os documentos referidos nos incisos I a III do *caput* do art. 553;

c) mercadorias que sejam consideradas, pelos órgãos competentes, nocivas à saúde, ao meio ambiente ou à segurança pública, ou que descumpram controles sanitários, fitossanitários ou zoossanitários, ainda que em decorrência de avaria, devendo tais mercadorias ser obrigatoriamente devolvidas ao exterior ou, caso a legislação permita, destruídas, sob controle aduaneiro, às expensas do obrigado.

> ▸ **Importante:**
>
> Em relação ao pagamento de tributos, exige-se, salvo disposição em contrário, como uma isenção tributária, por exemplo, a comprovação do pagamento de ICMS, após o desembaraço aduaneiro, para que a mercadoria importada seja entregue ao importador. Deverá ser comprovado o pagamento na hipótese de entrega de mercadoria antes do desembaraço aduaneiro, em regra.
>
> Logo, o pagamento do ICMS não é condição para o desembaraço aduaneiro, mas sim, para a entrega da mercadoria importada, diferentemente do adicional ao frete para renovação da marinha mercante, conforme o art. 574, do RA, ou de sua isenção.

Por fim, resta saber que é obrigatória a prestação de garantia para o desembaraço da mercadoria, nos seguintes casos, nos termos da IN RFB nº 2.072/2022:

a) incidência de tratamento tarifário preferencial; e

b) aplicação de antidumping e direitos compensatórios.

2.3. Despacho aduaneiro de exportação

Nos termos do art. 580 do regulamento aduaneiro, "despacho de exportação é o procedimento mediante o qual é verificada a exatidão dos dados declarados pelo exportador em relação à mercadoria, aos documentos apresentados e à legislação específica, com vistas a seu desembaraço aduaneiro e a sua saída para o exterior".

> **▸ Importante:**
> Consiste num procedimento que possibilita a verificação exata dos dados declarados pelo exportador em relação à mercadoria, aos documentos apresentados, bem como à legislação específica, com vistas ao seu desembaraço aduaneiro e a sua saída para o exterior.

Toda mercadoria destinada ao exterior, inclusive a reexportada, conforme previsto no art. 581, RA, salvo exceções, será objeto do despacho aduaneiro de exportação.

> **▸ Importante:**
> Conforme o parágrafo único, do art. 581, do RA, " a mercadoria a ser devolvida ao exterior antes de submetida a despacho de importação poderá ser dispensada do despacho de exportação, conforme disposto em ato editado pela Secretaria da Receita Federal do Brasil."

Recentemente, a Instrução Normativa RFB nº 1.702, de 21 de março de 2017, foi alterada pela IN RFB nº 2.072/2022. No seu atual art. 68 verifica-se a única possibilidade de interrupção do despacho aduaneiro, quando estiver configurada a hipótese de aplicação da pena de perdimento da mercadoria.

2.3.1. Modalidades de despachos de exportação

- **Despacho fracionado**

Nos termos do art. 58, da IN SRF n. 28/1994, em regra, a apresentação do total das mercadorias, com a consequente conclusão do despacho, deverá ocorrer no prazo de trinta dias corridos, contado do registro da entrega dos documentos, no Siscomex.

- **Despacho sumário e prioritário**

O despacho prioritário mediante o rito sumário é aquele que vislumbra-se no caso envolvendo urna funerária, consoante dispõe o art. 583, do regulamento aduaneiro, "antes de sua saída para o exterior, com base no respectivo conhecimento de carga ou em documento de efeito equivalente."

- **Despacho com saída definitiva**

É aplicável às exportações em caráter definitivo, quando a mercadoria será desnacionalizada.

- **Despacho com saída temporária**

É aplicável ao regime aduaneiro de exportação temporária.

- **Dispensa do despacho de exportação**

Há duas possibilidades de dispensa de despacho de exportação verificadas no regulamento aduaneiro. Vide:

- 1ª possibilidade: Art. 581, parágrafo único do regulamento aduaneiro

> "Art. 581. Parágrafo único. A mercadoria a ser devolvida ao exterior antes de submetida a despacho de importação poderá ser dispensada do despacho de exportação, conforme disposto em ato editado pela Secretaria da Receita Federal do Brasil."

> **▸ Importante:**
> Neste caso, a mercadoria não chegou a ser nacionalizada, portanto, não se realiza o despacho de exportação.

- 2ª possibilidade: Art. 582, do regulamento aduaneiro

> "Art. 582, RA. Será dispensada de despacho de exportação a saída, do País, de mala diplomática ou consular, observado o disposto no art. 547."

2.3.2. Registro de exportação

A regra é que ocorra o registro de exportação e, em seguida, o registro da declaração de exportação (DE) e, posteriormente, o embarque. Ocorre em que há situações em que primeiramente ocorrerá o embarque e depois, o registro do despacho, nos termos da IN SRF n. 28/1994.

Primeiramente, o art. 52, da referida instrução normativa traz as situações possíveis do **registro da DE ocorrer após o embarque da mercadoria ou sua saída do território nacional**, sendo destaque quanto ao fornecimento de combustíveis e lubrificantes, alimentos e outros produtos, para uso e consumo de bordo em aeronave ou embarcação de bandeira estrangeira ou brasileira, em tráfego internacional; venda no mercado interno, a não residente no País, em moeda estrangeira, de pedras preciosas e semipreciosas, suas obras e artefatos de joalharia, relacionados pela Secretaria de Comércio Exterior (Secex); e venda em loja franca, a passageiros com destino ao exterior, em moeda estrangeira, cheque de viagem ou cartão de crédito, de pedras preciosas e semipreciosas nacionais, suas obras e artefatos de joalharia, relacionados pela Secex.

No entanto, a critério do chefe da unidade local da RFB, o registro da declaração poderá ser efetuado após o embarque da mercadoria ou sua saída do território nacional, na exportação:

a) de granéis, inclusive petróleo bruto e seus derivados;

b) de produtos da indústria metalúrgica e de mineração;

c) de produtos agroindustriais acondicionados em fardos ou sacaria;

d) de pastas químicas de madeira, cruas, semibranqueadas ou branqueadas, embaladas em fardos ou briquetes;

e) de veículos novos;

f) realizada por via rodoviária, fluvial ou lacustre, por estabelecimento localizado em município de fronteira sede de unidade da RFB;

g) de mercadorias cujas características intrínsecas ou extrínsecas ou de seus processos de produção, transporte, manuseio ou comércio impliquem variação de peso decorrente de alteração na umidade relativa do ar;

h) de mercadorias cujas características intrínsecas ou extrínsecas ou de seus processos de produção, transporte, manuseio ou comércio exijam operações de embarque parcelado e de longa duração;

i) de produtos perecíveis;

j) de papel em bobinas.

Nestes casos, ocorrerá o registro de exportação, posteriormente, o embarque, seguido do registro da declaração de exportação (DE).

▸ **Importante:**

Para fins de prova, como a da Receita Federal do Brasil, é importante conhecer o conceito disposto no regulamento aduaneiro sobre o registro de exportação, consoante dispõe o art. 584:

"Art. 584. O registro de exportação compreende o conjunto de informações de natureza comercial, financeira, cambial e fiscal que caracteriza a operação de exportação de uma mercadoria e define o seu enquadramento, devendo ser efetuado de acordo com o estabelecido pela Secretaria de Comércio Exterior."

O registro de exportação no SISCOMEX é requisito essencial para o despacho de exportação de mercadorias nacionais ou nacionalizadas, ou de reexportação, quando exigido pela Secretaria de Comércio Exterior (SECEX).

Em que pese a regra seja o registro no SISCOMEX, há a possibilidade de dispensa, quando se tratar de Declaração Simplificada de Exportação (DSE), por exemplo, ou quando se tratar de bagagem.

2.3.3. Espécies de Declaração de Exportação

Nome	Definição
DSE-formulário	Para exportações de ínfima necessidade de controle, sendo uma declaração realizada em papel (art. 31, IN SRF n. 611/2006).
DSE	Realizada no SISCOMEX, para exportações de ínfima necessidade de controle, embora seja uma declaração informatizada (art. 30, IN SRF n. 611/2006).
DRE	Nos termos da IN RFB n. 1737/2017, as exportações realizadas por meio da Empresa Brasileira de Correios e Telégrafos ou empresas *courier*, cujo valor seja de até US$10 mil conforme especificado no § 4º, do art. 37.
DE	É obrigatória para as exportações que não se enquadram na DSE e na DSE-formulário.
DU-E	Em 2017 (...) instituída pela Portaria Conjunta RFB/SECEX nº 349, de 21 de março, a partir da criação do novo processo de exportações, nasceu a declaração única de exportação, a qual substitui o registro de exportação, as declarações de exportação e as declarações simplificadas de exportações, sendo gerada por meio da nota fiscal eletrônica.

▸ **Importante:**

A finalidade do novo processo de exportação, realizado por meio de Declaração Única de Exportação (DU-E), é adequar o controle aduaneiro e administrativo ao processo logístico das exportações, sem causar atrasos desnecessários ao fluxo das exportações, por intermédio de módulos especializados do Portal SISCOMEX. O despacho de exportação é iniciado com a apresentação da carga para despacho. Em regra, este momento ocorre quando a nota fiscal que ampara uma exportação é vinculada a uma DU-E e a recepção dessa nota no local de despacho é registrada no módulo de controle de carga e trânsito. Após o registro da carga ocorre a análise de risco da operação de exportação, por meio do módulo de gerenciamento de risco, sendo registrado o canal de conferência aplicável ao caso concreto. Se a DU-E for selecionada para um canal de conferência diferente de verde, a exportação será submetida à conferência documental e/ou física por meio do módulo de conferência aduaneira. Após o seu desembaraço, a carga de exportação está liberada para ser embarcada para o exterior ou ser transportada até o local de embarque, sob o regime de trânsito aduaneiro, para em seguida ser embarcada ao exterior.

Quanto à DU-E, a IN RFB nº 1702/17, mais precisamente em seu art. 96, prevê a possibilidade de, em algumas hipóteses, a execução do procedimento e embarque antecipado de bens objeto de DU-E ainda não desembaraçada poderá ser autorizado nas hipóteses de exportação de mercadorias cujas características intrínsecas ou extrínsecas ou cujos processos de produção, transporte, manuseio ou comércio exijam operações de embarque parcelado e de longa duração, bem como de mercadorias cujo transporte internacional se dê pelo modal aquaviário, desde que não estejam acondicionadas em contêineres e a recepção da carga no local de despacho não tenha se dado com base na nota fiscal de exportação.

Importante saber que a programação do embarque deve instruir a DU-E em toda as hipóteses de embarque antecipado, além do que, após o embarque antecipado para o exterior, o declarante das mercadorias deverá retificar a DU-E, incluindo as notas fiscais de exportação, que conste os bens exportados e, também, realize a exclusão dos itens que foram contemplados pela permissão para o embarque antecipado.

Tal retificação deverá ser realizada no prazo de até 60 (sessenta) dias após a conclusão do embarque, no caso de petróleo bruto e seus derivados e a produtos da indústria siderúrgica e mineração ou até 10 (dez) dias, após conclusão do embarque ou transposição de fronteira, nos demais casos.

2.3.4. Etapas do Despacho de Exportação

Etapas do Despacho de Exportação
Registro da DE ou da DU-E
Recepção da mercadoria, isto é, confirma-se a presença da carga
Envio da declaração de exportação para despacho
Parametrização
Recepção dos documentos
Distribuição para conferência aduaneira
Conferência aduaneira
Desembaraço aduaneiro
Trânsito aduaneiro, se estiver sob este regime
Registro dos dados de embarque ou transposição da fronteira
Averbação do embarque ou da transposição da fronteira

Em relação à **parametrização**, a qual **será realizada após a confirmação da presença da carga e após o envio da declaração para despacho,** há a indicação do canal para a conferência da carga. Nos termos do art. 589, parágrafo único, RA, "a fim de determinar o tipo e a amplitude do controle a ser efetuado na conferência aduaneira, serão adotados canais de seleção". Conforme a IN SRF n. 1407/2013, são **3 (três) canais: verde, laranja ou vermelho:**

Canal	Descrição
Verde	Automática: dispensa de verificação da mercadoria e do exame da documentação, salvo indício de irregularidade
Laranja	Exame documental, se constatada a regularidade e dispensada de verificação da mercadoria
Vermelho	Desembaraço aduaneiro condicionado ao exame documental e verificação da mercadoria

▸ **Importante:**

Não há canal amarelo e não há o canal cinza, diferente do que ocorre em relação à importação!

Ademais, acaso a **declaração tenha sido selecionada para a conferência**, ou seja, direcionada para o canal laranja ou vermelho, ocorrerá a recepção dos documentos, sendo dispensados no caso da declaração ser direcionada para o canal verde. Os documentos que irão instruir o despacho de exportação, nos termos do art. 16, da IN SRF n. 28/1994, são: nota fiscal; via original do conhecimento e do manifesto internacional de carga, nas exportações por via terrestre, fluvial ou lacustre; outros, indicados em legislação específica.

Importante mencionar que despacho de exportação pode ocorrer em recintos não alfandegados, como em Recinto Especial para Despacho Aduaneiro de Exportação (REDEX), isto é, em zona secundária, podendo compreender o estabelecimento do exportador, desde que autorizado e sob supervisão da Receita Federal do Brasil, bem como em recintos alfandegados localizados na zona secundária e em recintos alfandegados localizados na zona primária.

Em relação ao desembaraço aduaneiro na exportação, compreende-se como o ato pelo qual é registrada a conclusão da conferência aduaneira, e autorizado o embarque ou a transposição de fronteira da mercadoria.

2.3.5. Cancelamento da DE

Nos termos do artigo 31, da IN SRF n. 28/1994, a declaração de exportação pode vir a ser cancelada **automaticamente ou pela aduana, de ofício ou a pedido do exportador.**

Será cancelado automaticamente quando decorrido o **prazo de 15 (quinze) dias** sem que tenha sido registrado o envio de Declaração para Despacho Aduaneiro no sistema, salvo quando se tratar de despachos de exportação com embarque antecipado processados por meio de DE Web.

O cancelamento de ofício pela Fiscalização ocorrerá caso o exportador não cancele a DU-E, no prazo determinado pela autoridade aduaneira em exigência fiscal, nas seguintes hipóteses: a) desistência da exportação; ou b) erro que não permita a correção no sistema ou caso não seja possível atender exigência.

Importante mencionar que o cancelamento da DU-E quando realizado de ofício, não se aplica à interrupção do despacho quando da hipótese de pena de perdimento.

2.4. Controle aduaneiro sobre bens de viajante

2.4.1. A IN RFB nº 1.059/2010 e a Decisão do Conselho do Mercado Comum n. 53/2008, do Mercosul

A IN RFB n. 1059/2010 define os procedimentos de controle aduaneiro, bem como o tratamento tributário aplicável aos bens de viajante, exceto aos que saem da Zona Franca de Manaus e das Áreas de Livre Comércio cujo destino é o restante do território pátrio. Interessante é ressaltar que a instrução normativa em destaque é fruto da Decisão do Conselho do Mercado Comum n. 53/2008, do Mercosul. Somente Brasil, Argentina e o Uruguai internalizaram tal norma, portanto, ela ainda não entrou em vigor no bloco.

Somente para esclarecer e correlacionar com as aulas de Comércio Internacional, vejamos o art. 41, do Protocolo de Olivos:

> "Art. 41. As fontes jurídicas do Mercosul são: (...) III. As Decisões do Conselho do Mercado Comum, as Resoluções do Grupo Mercado Comum e as Diretrizes de Comércio do Mercosul, adotadas desde a entrada em vigor do Tratado de Assunção."

Internalização de normas
1º Consulta ao Parlamento do Mercosul (obrigatória);
2º Manifestação por meio de um parecer;
3º Aprovação, por consenso (art. 37), pelo Mercosul;
4º Internalização: a) Se o Parlamento do Mercosul aprovou, o Poder Executivo dos membros, deverá em 45 dias, enviar a norma aprovada ao seu parlamento para ser apreciada, devendo ser internalizada em até 180 dias; b) Se o Parlamento do Mercosul não aprovou, o rito será o adotado em casa Estado parte.

Todos os membros deverão internalizar a norma para que ela entre em vigor regionalmente. A vigência será simultânea a todos os membros do bloco (art. 40). Um exemplo é a Decisão CMC n. 27/2010 (Código Aduaneiro do Mercosul), somente a Argentina internalizou esta norma, em dezembro de 2012. Inclusive, o Direito Aduaneiro é uma disciplina muito estudada pelo país vizinho.

2.4.2. Conceito de bagagem

Primeiramente, importante conhecer o conceito de bagagem que o regulamento aduaneiro apresenta, nos termos do art. 155, para fins de isenção para bagagem de viajante oriunda do exterior:

a) bagagem: os bens novos ou usados que um viajante, em compatibilidade com as circunstâncias de sua viagem, puder destinar para seu uso ou consumo pessoal, bem como para presentear, sempre que, pela sua quantidade, natureza ou variedade, não permitirem presumir importação com fins comerciais ou industriais;

b) bagagem acompanhada: a que o viajante traga consigo, no mesmo meio de transporte em que viaje, desde que não amparada por conhecimento de carga ou documento equivalente;

c) bagagem desacompanhada: a que chegue ao País, amparada por conhecimento de carga ou documento equivalente;

d) bens de uso ou consumo pessoal: os artigos de vestuário, higiene e demais bens de caráter manifestamente pessoal.

Pode-se concluir que nem toda mercadoria trazida pelo viajante pode ser considerada como bagagem, uma vez que para a Receita Federal é aquela exclusivamente composta por bens de uso ou consumo pessoal do viajante, excluindo-se os bens de uso industrial ou comercial.

No mais, a **bagagem pode ser acompanhada**, isto é, aquela que é considerada como **bagagem de mão ou a despachada e retirada na esteira do aeroporto**, ou a **desacompanhada**, quando um viajante que esteja de mudança para o país contrata uma empresa transportadora, as quais serão armazenadas no terminal de carga do aeroporto até que sejam providenciados os documentos para a conferência aduaneira.

É neste sentido o conceito da IN RFB n. 1059/2010, previsto no art. 2°. O §3°, do artigo 2° em destaque excetua os bens que não compõe o conceito de bagagem:

> "§ 3° Não se enquadram no conceito de bagagem:

a) veículos automotores em geral, motocicletas, motonetas, bicicletas com motor, motores para embarcação, motos aquáticas e similares, casas rodantes (motor homes), aeronaves e embarcações de todo tipo;

b) partes e peças dos bens relacionados no inciso I, exceto os bens unitários, de valor inferior aos limites de isenção, relacionados pela Secretaria da Receita Federal do Brasil (RFB).

2.4.3. Despacho da bagagem acompanhada na importação

Acaso o viajante chegue ao Brasil trazendo um dos itens do **art. 6°, da IN RFB n. 1059/2010**, deverá se dirigir ao canal **"bens a declarar"**, devendo entregar a Declaração Eletrônica de Bens de Viajante (e-DBV), a ser preenchida na internet, já mencionada em ponto anterior, nos termos da IN RFB n. 1.385/2013.

Exemplo: se o passageiro portar consigo valores em espécie em montante superior a R$ 10.000,00 (dez mil reais) ou seu equivalente em outra moeda, deverá se dirigir ao canal "bens a declarar", bem como medicamentos ou alimentos de qualquer tipo; inclusive vitaminas e suplementos alimentares, excluindo os de uso pessoal; animais, vegetais, ou suas partes, produtos de origem animal ou vegetal, inclusive alimentos, sementes, produtos veterinários ou agrotóxicos; e bens que excederem limite quantitativo para fruição da isenção.

Primeiramente, vale a pena tecer alguns comentários acerca de alguns incisos do art. 6°, da IN RFB n. 1059/2010. O inciso V dispõe sobre bens trazidos para pessoas jurídicas, os quais serão retidos para que seja promovido o despacho sob o regime comum de importação, desde que ocorra a autodenúncia antes de qualquer procedimento fiscal, nos termos do art. 44, §2°, da referida IN, caso contrário, acaso a Receita Federal do Brasil descubra os bens, estes serão perdidos, uma vez que é vedado às pessoas físicas a importação de bens cuja destinação seja comercial ou industrial. Ademais, se o viajante portar consigo bens não enquadrados no conceito de bagagem, estes deverão ser despachados para consumo. O inciso VI é redundante, uma vez que exprime exatamente a mensagem do inciso ora estudado, cuja redação foi dada pela IN RFB n. 1385/2013.

Já o inciso VII traz à baila os bens trazidos pelo turista estrangeiro que ingressa no Brasil. Sendo estrangeiro, seus bens, cujos valores ultrapassem US$3.000,00, serão contemplados pelo **regime de admissão temporária**. Nos termos da IN estudada, as roupas e demais bens de baixo valor não precisam ser declarados (art. 5°, §2°).

Quando a fiscalização aduaneira constatar divergência entre o imposto pago pelo viajante e o apurado como devido, será exigida a diferença, acrescida da multa por declaração inexata, correspondente a cinquenta por cento do valor excedente ao limite de isenção para a via de transporte utilizada, sendo este o **regime de tributação especial**, a ser estudado oportunamente. Tal situação é aplicável, principalmente, ao inciso VIII.

Em relação ao limite quantitativo, quando este exceder, o excesso será submetido ao **regime comum de importação**, a ser estudado oportunamente, nos termos do inciso IX.

Quanto ao inciso X, acaso o viajante esteja portando mais de R$10.000,00 em espécie ou equivalente em outra moeda, e não informe na Declaração Eletrônica de Bens de Viajante (e-DBV) o total, o valor que ultrapassar o permitido será perdido, como será estudado oportunamente.

Após a entrega da e-DBV, esta será registrada e submetida a análise, para fins de seleção para conferência. Acaso seja verificado o pagamento a menor do imposto de importação, será exigida a diferença acrescida de 50% de multa quanto ao valor excedente do limite da isenção.

2.4.4. Despacho da bagagem desacompanhada na importação

A bagagem desacompanhada será armazenada no terminal de carga da unidade aduaneira até que o viajante proceda ao registro da Declaração Simplificada de Importação (DSI).

Para que se enquadre no conceito de bagagem desacompanhada na importação, esta **deverá chegar dentro de 3 (três) meses anteriores ou até 6 (seis) meses posteriores à chegada do viajante**, além da sua procedência ser de um dos locais de procedência do viajante.

No mais, ocorrerá, o despacho de bagagem desacompanhada, independentemente do valor, sendo tributado, apenas, o imposto de importação.

2.4.5. Tributos na importação

Acaso os bens trazidos se enquadrem no conceito de bagagem, teremos: não incidência, isenção, suspensão ou regime de tributação especial. Caso contrário, estarão submetidos ao regime de importação comum ou será aplicada uma pena de perdimento, como será visto oportunamente.

Neste ponto, serão abordados os tratamentos tributários aplicáveis quanto aos bens conceituados como bagagens.

A **suspensão da exigibilidade dos tributos** é aplicável aos bens trazidos por viajantes estrangeiros não residentes no país, conforme explanado no inciso VII, do art. 6°, da IN RFB n. 1059/2010, sendo aplicável o regime de admissão temporária.

Quanto a **não incidência de tributos** ocorrerá em face dos bens nacionais ou nacionalizados que ingressarem como bagagem. No que toca aos bens estrangeiros nacionalizados, acaso o viajante comprovar a nacionalização por meio da Declaração Eletrônica de Bens de Viajante ou da Declaração de Importação ou da Nota Fiscal de aquisição no mercado doméstico, estes também receberão o tratamento de não incidência tributária.

Na IN RFB n. 1059/2010, mais precisamente em seu art. 33, a **isenção tributária** contempla o imposto de importação (II), o imposto sobre produtos industrializados (IPI), o programas de integração social e de formação do patrimônio do servidor público importação (PIS/PASEP – importação) e a contribuição para financiamento da seguridade social importação (COFINS – importação), incidentes sobre livros, folhetos, periódicos, bens de uso ou consumo pessoal e outros bens, que se submetem aos limites quantitativos do §1º:

a) bebidas alcoólicas: 12 (doze) litros, no total;

b) cigarros: 10 (dez) maços, no total, contendo, cada um, 20 (vinte) unidades;

c) charutos ou cigarrilhas: 25 (vinte e cinco) unidades, no total;

d) fumo: 250 gramas, no total;

e) bens não relacionados nos itens anteriores, de valor unitário inferior a US$ 10.00 (dez dólares dos Estados Unidos da América): 20 (vinte) unidades, no total, desde que não haja mais do que 10 (dez) unidades idênticas; e

f) bens não relacionados nos itens anteriores: 20 (vinte) unidades, no total, desde que não haja mais do que 3 (três) unidades idênticas.

▸ Importante:

Em relação a "outros bens", do inciso III, do art. 33, a Portaria do Ministério da Fazenda 440/2010 dispõe que a quota de isenção é de até US$ 1.000,00 pelas vias aérea e marítima conforme a Portaria ME nº 15224, de 31 de dezembro de 2021 e US$ 500,00 pelas vias terrestre, fluvial ou lacustre, por força da Portaria ME nº 601, de 12 de novembro de 2019. Esta isenção somente pode ser usufruída a cada 30 (trinta) dias e desde que a bagagem esteja acompanhada, não abarcando bagagem desacompanhada. Além do que dispõe o artigo em destaque, no conceito de "outros bens" há a quantidade de bens de uso ou consumo pessoal que extrapolam o necessário para a viagem, como roupas e cosméticos.

Por fim, acaso a quota ultrapasse os valores mencionados acima, o excedente estará sujeito ao **regime de tributação especial (RTE)** e bens adquiridos na loja franca, ou acaso os requisitos para a isenção sejam descumpridos. Neste caso, haverá isenção dos seguintes tributos: IPI, PIS/PASEP- Importação e COFINS-Importação, entretanto, haverá incidência do imposto de importação (II), nos termos do art. 41.

> **Importante:**
>
> O Regime de Tributação Especial – RTE é o que permite o despacho de bens integrantes de bagagem mediante a exigência tão somente do imposto de importação, calculado pela aplicação da alíquota de 50% (cinquenta por cento) sobre o valor tributável dos bens.

O **valor tributável** a que se refere o art. 41, cuja redação está em destaque acima, corresponde ao valor:

> "I – global que exceder o limite de isenção previsto para:
>
> *a)* a via de transporte, expresso no inciso III do caput do art. 33; e
>
> *b)* aquisição de bens em loja franca de chegada no País; ou
>
> II – dos bens a que se refere o inciso III do caput do art. 33, integrantes de bagagem:
>
> *a)* desacompanhada, atendidos os requisitos de que trata o caput do art. 8º;
>
> *b)* acompanhada de viajante que já tiver usufruído a isenção de tributos dentro do período a que se refere o § 5º do art. 33;
>
> *c)* de tripulante; e
>
> *d)* de viajante, civil ou militar, embarcado em veículo militar procedente do exterior."

Primeiramente, no inciso I, temos as bagagens acompanhadas. Neste caso, haverá tributação de 50% do imposto de importação sobre o valor tributável dos bens, ou seja, sobre o excedente. Diferentemente do que ocorre em relação ao inciso II, no qual há a incidência de 50% do imposto de importação sobre o valor total, uma vez que se trata de bagagem desacompanhada, não havendo respeito às quotas.

Capítulo **3**

TRIBUTOS INCIDENTES SOBRE O COMÉRCIO EXTERIOR

1. TRIBUTOS INCIDENTES SOBRE O COMÉRCIO EXTERIOR

Neste ponto da matéria, um estudo termos gerais sobre os tributos aduaneiros se faz necessário para fins de compreender os tributos em espécie. O professor Paulo de Barros Carvalho é um dos poucos tributaristas a dispor em sua obra um tópico específico sobre este tema. Além, obviamente, de ser um dos mais respeitáveis doutrinadores da disciplina de Direito Tributário, a citação ao trecho de seu livro se faz necessária para a compreensão do leitor sobre a relevância do assunto e em qual contexto se correlaciona com a legislação aduaneira e a disciplina de comércio internacional.

O ilustre Professor ensina a importância por meio da explicação de que é indispensável a função extrafiscal dos tributos para fins de regulamentação do comércio internacional, fomentando a **competitividade internacional entre os países** (CARVALHO, 2015, p. 728).

Um exemplo importante é o disposto no art. 3º, item 11, do Código Aduaneiro do Mercosul, o qual conceitua **"obrigação tributária aduaneira"**, como a obrigação que tem uma pessoa de pagar o montante do crédito tributário decorrente da legislação aduaneira. É de se notar que novos termos surgirão para alargar o amplo conhecimento dos alunos da disciplina de Direito Aduaneiro.

Pelas oportunas palavras de Paulo de Barros Carvalho, deve-se ter como premissa ao longo dos estudos quanto aos tributos aduaneiros atuam como **instrumento regulatório de mercado**, adotando uma **característica extrafiscal**, a qual será contextualizada nos principais aspectos dos princípios do Direito Tributário aplicáveis de forma principal à majoração de suas alíquotas.

2. PRINCÍPIOS DO DIREITO TRIBUTÁRIO DE ALTA RELEVÂNCIA PARA A TRIBUTAÇÃO ADUANEIRA

Neste ponto, serão abordados, apenas, 3 (três) princípios considerados bem importantes para a compreensão dos tributos aduaneiros. Os demais princípios do Direito Tributário na Constituição Federal de 1988 são objeto de estudo detalhado da disciplina de Direito Tributário.

2.1. Princípio da Legalidade

Pelo disposto no art. 150, I, da CF/88, **é vedado** aos entes da federação exigir ou aumentar tributo sem que lei o estabeleça, visto que o tributo consiste em uma prestação compulsória, nos termos do art. 3º, do CTN. Diante desta redação, o correto seria princípio da reserva legal, porém, as provas de concursos cobram o assunto como princípio da legalidade tributária.

Porém, há mitigações ao princípio, aplicáveis aos tributos aduaneiros:

> "Art. 153, CF/88. Compete à União instituir impostos sobre: (...) § 1º É facultado ao Poder Executivo, atendidas as condições e os limites estabelecidos em lei, alterar as alíquotas dos impostos enumerados nos incisos I, II, IV e V."

Pela redação apresentada, temos que as alíquotas dos tributos aduaneiros, principalmente as do imposto de importação (II) e do imposto de exportação (IE), poderão ser majoradas ou reduzidas por meio de decreto presidencial, por meio de **resolução da Câmara de Comércio Exterior (CAMEX)**, ou portaria do Ministro da Fazenda, atual Ministro da Economia.

▸ Cuidado:

A CAMEX possui essa atribuição por meio Decreto n. 4.732/2003, consoante o art. 2º, XIII e XIV. No mais, o próprio Supremo Tribunal Federal possui entendimento no sentir de ser constitucional esta atribuição conferida à CAMEX.

▸ Importante:

"TRIBUTÁRIO. IMPOSTO DE EXPORTAÇÃO. ALTERAÇÃO DE ALÍQUOTA. ART. 153, § 1º, DA CONSTITUIÇÃO FEDERAL. COMPETÊNCIA PRIVATIVA DO PRESIDENTRE DA REPÚBLICA NÃO CONFIGURADA. ATRIBUIÇÃO DEFERIDA À CAMEX. CONSTITUCIONALIDADE. FACULDADE DISCRICIONÁRIA CUJOS LIMITES ENCONTRAM-SE ESTABELECIDOS EM LEI. RECURSO EXTRAORDINÁRIO DESPROVIDO. I – É compatível com a Carta Magna a norma infraconstitucional que atribui a órgão integrante do Poder Executivo da União a faculdade de estabelecer as alíquotas do Imposto de Exportação. II – Competência que não é privativa do Presidente da República. III – Inocorrência de ofensa aos arts. 84, caput, IV e parágrafo único, e 153, § 1º, da Constituição Federal ou ao princípio de reserva legal. Precedentes. IV – Faculdade discricionária atribuída à Câmara de Comércio Exterior – CAMEX, que se circunscreve ao disposto no Decreto-Lei 1.578/1977 e às demais normas regulamentares. V – Recurso extraordinário conhecido e desprovido". STF, RE 570.680, rel. Min Ricardo Lewandowski, j. 28/10/2009.

Esta possibilidade da **diminuição ou majoração das alíquotas** sendo **dispensável** lei para tanto é decorrente da **característica extrafiscal dos tributos aduaneiros.** Isto é, a função principal destes tributos não é o ingresso de receitas derivadas nos cofres da Administração Pública, mas sim, regular o Comércio Exterior. Ao permitir que a majoração da alíquota do imposto de importação seja realizada por meio de decreto do chefe do Poder Executivo Federal, a Constituição Federal de 1988 se preocupa com o mercado doméstico, uma vez que acaso seja verificado que há uma importação excessiva de determinado bem que esteja afetando exacerbadamente o mercado brasileiro, nada impede que o Presidente da República edite tal ato normativo que eleve a alíquota do imposto de importação quanto àquele produto, ocorrendo, na verdade, o uso de uma barreira tarifária. Seria uma maneira mais rápida de proteção do mercado pátrio do que necessitar de uma lei para tanto, a qual deveria ser aprovada pelas duas Casas do Congresso Nacional, respeitando o processo legislativo.

Conforme a melhor doutrina de Direito Tributário de Roque Antônio Carrazza, a extrafiscalidade está presente quando se vislumbra a possibilidade do aumento ou diminuição das alíquotas e/ou as bases de cálculo dos tributos, em prol do interesse coletivo, sendo o principal objetivo de induzir os contribuintes a fazer ou a deixar de fazer algo. O nobre tributarista menciona que a extrafiscalidade nem sempre acarreta a diminuição da arrecadação tributária, sendo um exemplo a tributação exacerbada quanto à importação de cigarros (CARRAZZA, 2003, p. 101).

2.2. Princípio da Anterioridade do Exercício Financeiro e da anterioridade nonagesimal (mitigada ou noventena)

Trata-se de um direito fundamental, uma **cláusula pétrea**, não podendo ser retirada do ordenamento jurídico nem mesmo por emenda constitucional.

Nos termos do art. 150, III, b, CF/88, "é vedado à União, aos Estados, ao DF e aos Municípios cobrar tributos no mesmo exercício financeiro em que haja sido publicada a lei que os instituiu ou aumentou", cuja finalidade é evitar que o contribuinte seja surpreendido com novas exigências sem que haja tempo hábil para se adequar. Nesta alínea, temos o princípio da anterioridade do exercício, norma que veda que os entes da federação cobrem tributos no mesmo exercício financeiro que tenha sido publicada a lei majoradora ou instituidora do tributo.

Por meio da **Emenda à Constituição 42/2003**, foi inserida a alínea c, no inciso III, do art. 150, da CF/88, instituindo o princípio da anterioridade nonagesimal, também conhecida como mitigada ou noventena. Este princípio proíbe que os tributos sejam majorados sem que a lei que o faça seja publicada com uma antecedência mínima de 90 dias.

Assim como em relação ao princípio da legalidade tributária, há exceções em relação aos princípios ora estudados conjuntamente. Não é objeto da disciplina de Direito Aduaneiro aprofundar nestes assuntos, uma vez que nesta unidade serão estudados, apenas, os aspectos gerais, porém, no que se referem aos tributos aduaneiros, as exceções são importantes para as provas de concurso público, portanto, foram esquematizadas em tabelas juntamente com as exceções ao princípio da legalidade tributária, para maior facilitação em decorar.

Primeiramente, quanto às exceções em relação às alíquotas:

Princípio da legalidade	Princípio da anterioridade anual	Princípio da anterioridade nonagesimal
II	II	II
IE	IE	IE
IPI	IPI	-
-	-	IR
IOF	IOF	IOF
-	IEG	IEG
-	EC Calamidade e guerra	EC Calamidade e guerra
CIDE combustíveis	CIDE combustíveis	-
ICMS combustíveis	ICMS combustíveis	-

Fonte: SCARANELLO, 2020, p. 219

Exceções quanto à base de cálculo:

Princípio da legalidade	Princípio da anterioridade anual	Princípio da anterioridade nonagesimal
-	-	IPTU
-	-	IPVA

Fonte: SCARANELLO, 2020, p. 219

Logo, têm-se os seguintes tributos que serão pagos de imediato, uma vez que não respeitam nenhum princípio da anterioridade:

Tributos pagos de imediato
Imposto de Importação (II);
Imposto de Exportação (IE);
Imposto sobre Operações Financeiras (IOF);
Imposto Extraordinário Guerra (IEG);
Empréstimo compulsório para calamidade pública ou guerra externa.

Em relação às **medidas provisórias**, a Constituição Federal de 1988 somente cria ressalvas no que tange à lei complementar, somente produzindo efeitos no exercício financeiro seguinte se houver sido convertida em lei até o último dia do exercício financeiro em que foi editada, acaso tenha instituído ou majorado imposto, nos termos do §2º, do art. 62, da CF/88.

3. IMUNIDADES

Alguns pontos são importantes para nosso estudo acerca das imunidades em relação aos tributos aduaneiros. Porém, deve-se iniciar o estudo compreendendo que a imunidade é uma espécie de não incidência:

Não incidência: Imunidade	Norma constitucional amputa a competência, impedindo a incidência tributária.
Não incidência: simples	Ente tributante não possui competência para tributar certo fato ou possui e não exerce.

Também, mister é diferenciar imunidade de isenção, isto porque, há artigos na Constituição Federal de 1988 que utilizam termos "não incidem" ou "é isento", quando na verdade, é uma imunidade tributária. Estes equívocos também ocorrem em normas infraconstitucionais, uma vez que o legislador utiliza da expressão "imunes" com o intuito de se referir à isenção.

Imunidade	Isenção
Não incidência	Dispensa legal
Atua no âmbito da delimitação da competência	Atua no âmbito do exercício da competência

Imunidade	Isenção
Não há formação da obrigação tributária	Há formação da obrigação tributária (impede o lançamento)
Dispensa constitucional	Amparo legal
Interpretação ampla	Interpretação literal (art. 111, CTN)
Heterônoma	Autônoma, em regra

Fonte: SCARANELLO, 2020, p. 254

Feitas tais considerações gerais, faz-se necessário o estudo das imunidades quanto aos tributos incidentes no comércio exterior.

3.1. ICMS: art. 155, §2°, X, *a*, da CF/88

Nos termos da Constituição Federal de 1988, "o ICMS não incidirá sobre operações que destinem mercadorias para o exterior e nem sobre serviços prestados a destinatários no exterior, assegurada a manutenção e o aproveitamento do montante do imposto cobrado nas operações e prestações anteriores". Note que o artigo adota a expressão "não incidirá", quando na verdade, o correto seria se referir a uma imunidade, já que se trata de uma dispensa constitucional.

Quando for tratada a imunidade em relação ao imposto de importação, alguns assuntos sobre ICMS serão correlacionados.

3.2. Contribuição social e CIDE

Quanto a esse ponto, importante a leitura da redação do art. 149, § 2°, da CF/88:

> "Art. 149. § 2°, CF/88. As contribuições sociais e de intervenção no domínio econômico de que trata o caput deste artigo: I – não incidirão sobre as receitas decorrentes de exportação."

O mesmo ocorre no inciso em destaque, o qual adota a expressão "não incidirão", quando na verdade, **é uma imunidade.** Deve-se tomar cuidado neste ponto, dado que haverá imunidade em relação às receitas decorrentes de exportação, porém, quanto às receitas oriundas da importação, estas estarão sujeitas à incidência das contribuições em destaque.

3.3. Imposto de importação (II)

No caso das instituições de assistência social, o Supremo Tribunal Federal, no julgamento do RE 243807 compreendeu que serão beneficiados pela imunidade tributária quanto ao IPI na importação e o imposto e importação, todos os bens importados por estas, bem como quanto ao ICMS na importação, no julgamento do RE 225778, rel. Min. Carlos Velloso, 2ª T., j. 15/09/2003. Em outro julgado mais antigo, o próprio Supremo Tribunal Federal compreendeu que não pode uma norma infraconstitucional reduzir a aplicabilidade plena da Constituição Federal de 1988, logo as entidades mencionadas fazem jus à imunidade do referido imposto estadual (STF, RE 203755, rel. Min. Carlos Velloso, j.17/9/1996).

▸ **Importante:**

"IMUNIDADE TRIBUTÁRIA. IMPOSTO SOBRE PRODUTOS INDUSTRIALIZADOS E IMPOSTO DE IMPORTAÇÃO. ENTIDADE DE ASSISTÊNCIA SOCIAL. IMPORTAÇÃO DE "BOLSAS PARA COLETA DE SANGUE". A imunidade prevista no art. 150, VI, c, da Constituição Federal, em favor das instituições de assistência social, abrange o Imposto de Importação e o Imposto sobre Produtos Industrializados, que incidem sobre bens a serem utilizados na prestação de seus serviços específicos. Jurisprudência do Supremo Tribunal Federal. Recurso não conhecido." (STF, RE 243807, Relator(a): Min. ILMAR GALVÃO, Primeira Turma, julgado em 15/02/2000).

Apesar de não estar no artigo 150, da CF/88, há também a imunidade quanto ao imposto de importação e os demais mencionados quanto ao ouro definido em lei como ativo financeiro ou instrumento cambial. Nesta situação, somente incidirá o imposto sobre operações financeiras (IOF).

Em relação a estas **imunidades**, haverá um controle exercido pela Receita Federal do Brasil, cujo intuito é averiguar se todos os requisitos estão sendo cumpridos, principalmente quanto à correta destinação dos bens importados, pois se houver destinação diversa, o importador perderá o direito à imunidade será lavrado um auto de infração determinando o recolhimento dos tributos dispensados à época da importação. Para tanto, a Lei n. 11.945/2009 dispõe em seu art. 1º acerca do registro especial, destinado à pessoa jurídica que:

> "I. Exercer as atividades de comercialização e importação de papel destinado à impressão de livros, jornais e periódicos, a que se refere a alínea 'd' do inciso VI do art. 150 da Constituição Federal;
>
> II. Adquirir o papel a que se refere a alínea 'd' do inciso VI do art. 150 da Constituição Federal para utilização na impressão de livros, jornais e periódicos.
>
> § 1º A comercialização do papel a detentores do Registro Especial de que trata o caput deste artigo faz prova da regularidade da sua destinação, sem prejuízo da responsabilidade, pelos tributos devidos, da pessoa jurídica que, tendo adquirido o papel beneficiado com imunidade, desviar sua finalidade constitucional."

Atualmente, a IN RFB n. 1817, de 20 de julho de 2018 dispõe sobre o Registro Especial de Controle de Papel Imune de que tratam os arts. 1º e 2º da Lei nº 11.945/2009. Nos termos do art. 15, da referida instrução normativa, a pessoa jurídica a quem tenha sido concedido Regpi fica obrigada à apresentação da Declaração Especial de Informações relativas ao Controle de Papel Imune (DIF-Papel Imune), ainda que não tenha havido movimentação de estoques ou produção no semestre-calendário.

4. LANÇAMENTO TRIBUTÁRIO

Conforme disposto no art. 142, do Código Tributário Nacional (CTN), "compete privativamente à autoridade administrativa constituir o crédito tributário pelo lançamento, assim entendido o procedimento administrativo tendente a verificar a ocorrência do fato gerador da obrigação correspondente, determinar a matéria tributável, calcular o montante do tributo devido, identificar o sujeito passivo e, sendo caso, propor a aplicação da penalidade cabível".

Isto posto, possui tais **finalidades**:

Finalidades do lançamento tributário
Verificar a ocorrência do fato gerador;
Determinar a matéria tributária;
Calcular o montante do tributo devido;
Identificar o sujeito passivo;
Propor, se caso o for, a aplicação da penalidade cabível.

4.1. Modalidades de lançamento tributário

Na disciplina de Direito Tributário, ao estudar o ponto "lançamento tributário", o leitor deve-se recordar que o Código Tributário Nacional (CTN) adota o **critério de grau de colaboração do contribuinte na apuração e formalização do crédito tributário**. Por isso, serão abordadas as três modalidades apresentadas a seguir, conforme o Código Tributário Nacional.

4.1.1. Lançamento de ofício ou direto

É aquele em que **o Fisco dispõe de dados suficientes para efetuar a lançamento do tributo, por meio de sua autoridade administrativa,**

dispensando o auxílio do contribuinte. Tem-se como exemplo, a maioria das taxas, IPTU e o IPVA. Indispensável, para fins de complementação do estudo, a leitura do art. 149, do CTN, o qual traz as hipóteses de lançamento de ofício ou direto.

4.1.2. Lançamento por declaração ou misto

Por este, compreende-se que é uma **ação conjunta entre Fisco e contribuinte**, nos termos do art. 147, do CTN. O crédito tributário é constituído por meio das informações que o contribuinte presta ao Fisco sobre o fato gerador. Os tributos aduaneiros, imposto de importação (II) e imposto de exportação (IE), são exemplos que se enquadram nesta regra.

Quanto ao imposto de importação, há uma grande discussão doutrinária acerca da modalidade aplicável. Compreende-se que o lançamento é misto ou por declaração, uma vez que o sujeito passivo presta as informações necessárias à autoridade competente para lançar. Desta feita, o lançamento se perfaz por meio do documento expedido pela autoridade competente diante da apresentação da Declaração de Importação. No mais, há jurisprudência do Superior Tribunal de Justiça que confirma a modalidade aplicável ao imposto.

▸ **Importante:**

"(...)2. Discute-se nos autos a possibilidade de posterior revisão de lançamento do imposto de importação por erro de classificação operada pelo Fisco, que aceitou as declarações do importador quando do desembaraço aduaneiro. 3. Hipótese em que o Tribunal de origem, em conformidade com o conjunto fático-probatório dos autos, concluiu que não houve erro passível de revisão do lançamento. (STJ, AgRg no REsp 1366536/RJ, rel. Min. Humberto Martins, 2ª T, Dje. 14/06/2013).

4.1.3. Lançamento por homologação ou autolançamento

O **contribuinte informa ao Fisco todos os dados para a realização do lançamento, cabendo a este a conferência.** O ICMS, IPI, PIS/PASEP e COFINS, são exemplos de tributos que se encaixam nesta modalidade de lançamento. Ou seja, consoante dispõe o art. 150, do CTN, "(...) ocorre quanto aos tributos cuja legislação atribua ao sujeito passivo o dever de antecipar o pagamento sem prévio exame de autoridade administrativa, opera-se pelo ato em que a referida autoridade, tomando conhecimento da atividade assim exercida pelo obrigado, expressamente a homologa".

As peculiaridades acerca desta modalidade de lançamento tributário são de objeto da disciplina de Direito Tributário. Recomenda-se um estudo detalhado, já que muitos tributos aduaneiros estão sujeitos a esta modalidade.

Com o intuito de memorizar, segue o quadro sistematizado sobre o tema que acabamos de estudar:

Lançamento de ofício	Lançamento misto ou por declaração	Lançamento por homologação ou autolançamento
É aquele em que o Fisco dispõe de dados suficientes para efetuar a lançamento do tributo, por meio de sua autoridade administrativa, dispensando o auxílio do contribuinte.	Compreende-se que é uma ação conjunta entre Fisco e contribuinte. O crédito tributário é constituído por meio das informações que o contribuinte presta ao Fisco sobre o fato gerador.	O contribuinte informa ao Fisco todos os dados para a realização do lançamento, cabendo a este a conferência. O ICMS, IPI, PIS/PASEP e COFINS, são exemplos de tributos que se encaixam nesta modalidade de lançamento.

Fonte: SCARANELLO, 2020, p. 381

5. PRODUTOS, BENS E MERCADORIAS

Ao estudar o ponto referente aos tributos específicos incidentes no comércio exterior, o leitor irá se deparar com diversos termos. Um exemplo muito contumaz é quanto ao imposto de importação que, nos termos do art. 153, I, da CF/88, incidirá sobre **produtos** estrangeiros. O mesmo termo é empregado no art. 19, do Código Tributário Nacional no que concerne ao referido imposto, entretanto, o Decreto-Lei n. 31/1966, dispõe que a incidência será sobre **mercadoria** estrangeira. Vide o art. 72, do regulamento aduaneiro:

> "Art. 72. O fato gerador do imposto de importação é a entrada de mercadoria estrangeira no território aduaneiro."

> ▸ **Importante:**
>
> Na legislação pátria vigente, não há distinção conceitual dentre os três termos apresentados, embora o Código Aduaneiro do Mercosul (CAM), norma regional que ainda não entrou em vigor, consoante discorrido na unidade anterior, por não ter sido internalizado por todos os membros do bloco, distingue mercadoria como "todo bem suscetível de um destino aduaneiro." (art. 3º, item 8).

Por sua vez, o item 12, do art. 3º, do CAM, pressupõe como destinação aduaneira da mercadoria: *a)* a aplicação de um regime aduaneiro; *b)* a introdução em Zona Franca ou em Área Aduaneira Especial; *c)* a reexportação; *d)* a destruição; *e)* o abandono em favor do Erário.

> ▸ **Importante:**
>
> Conclui-se que para a legislação aduaneira regional, mercadoria não apenas é um bem destinado ao comércio, mas também, conforme estudado no capítulo anterior, em relação à bagagem do viajante também poderá incidir o imposto de importação, ainda mais quando a quota de isenção é ultrapassada, dispensando uma interpretação extensiva ao termo.

Cada vez mais é importante o conhecimento e familiaridade com estes termos, pois o Brasil está em processo de internalização do CAM. A Comissão de Relações Exteriores e Defesa Nacional (CRE), do Senado Federal, aprovou em abril de 2018, o referido código, devendo a matéria ser analisada pelo plenário. A aprovação e a entrada em vigência regional do CAM é de extrema importância, ainda mais no cenário atual em que o Brasil lidera as negociações comerciais entre o bloco e a União Europeia.

Por **produto**, adotando uma **interpretação mais restritiva**, compreendendo como algo da qual se pode extrair uma utilizada, ao passo que bens, como coisas corpóreas dotadas de utilidade econômica.

No próprio regulamento aduaneiro, ora é adotado o termo "produto", ora, "mercadoria". Como mencionado *alhures*, em relação ao imposto de importação, o regulamento aduaneiro utilizou o termo "mercadoria", enquanto que ao imposto sobre produtos industrializados importação, o termo utilizado foi "produtos". Vide:

> "Art. 237, do RA. O imposto de que trata este Título, na importação, incide sobre produtos industrializados de procedência estrangeira."
>
> "Art. 238, do RA. O fato gerador do imposto, na importação, é o desembaraço aduaneiro de produto de procedência estrangeira."

Na Constituição Federal de 1988, o art. 195, IV, adotou o termo "bens", quanto à incidência das contribuições sociais incidentes na importação, embora se deve ressaltar que tais tributos não incidem, apenas, quanto a estes bens corpóreos, mas também quanto aos serviços importados.

Diante de todo o exposto, apesar da norma regional do Mercosul conceituar o termo "mercadoria", compreende-se que os três termos são utilizados indistintamente pelo legislador pátrio, com o intuito de atribuir-lhes o mesmo significado.

5.1. Produtos Estrangeiros, Produtos Nacionais, Nacionalizados e Desnacionalizados

Por **produtos estrangeiros**, compreende-se todo aquele produzido fora do território nacional, logo, produto nacional é aquele que no território nacional sofreu alguma forma de industrialização.

Apesar das diferenças parecerem nítidas, há algumas dificuldades para se distinguir produtos nacionais de produtos nacionalizados.

O **produto nacionalizado** é aquele de procedência estrangeira, objeto de importação. Um exemplo é quanto a um produto estrangeiro, cujo destino é o território aduaneiro brasileiro. Este produto será importado de forma definitiva, isto é, há uma vontade de que a mercadoria permaneça de forma definitiva no Brasil, sendo dispensável a regularização fiscal. Nesta situação, a nacionalização se perfaz no ato do embarque da mercadoria, pois ocorrerá a tradição, independentemente da ocorrência do despacho aduaneiro de importação para consumo, isto porque se trata, neste cenário, de uma situação tributária, correlacionada ao fato gerador do imposto de importação, que ocorre no momento do registro da Declaração. Logo, conclui-se que a nacionalização é anterior à tributação.

Nada impede que um produto que esteja no país sob o regime de admissão temporária, regime aduaneiro especial, venha a ter sua permanência como definitiva. Em relação a esta situação, a nacionalização estará caracterizada quando as partes acordarem que o produto não regressará mais ao estrangeiro, ficando de forma definitiva em território brasileiro.

Interessante é a definição dada pelo regulamento aduaneiro à "mercadoria" nacionalizada. A legislação aduaneira mencionada dispõe sobre a primeira situação comentada.

> "Art. 212, § 1º, do RA. Considera-se nacionalizada a mercadoria estrangeira importada a título definitivo."

Outro termo de suma importância, principalmente para o estudo no capítulo quanto aos regimes aduaneiros especiais, é quanto ao produto desnacionalizado.

> **▸ Importante:**
>
> Desnacionalizar é o ato que torna uma mercadoria nacional ou nacionalizada em estrangeira. Quanto à segunda situação, tem-se como exemplo um produto estrangeiro que foi embarcado a título definitivo com destino ao Brasil. Este produto foi nacionalizado. Acaso este produto venha a ser exportado em definitivo, ou seja, não incluído em regime aduaneiro de exportação temporária, estará configurada a desnacionalização de um produto nacionalizado.

Interessante é que em relação ao imposto de importação, considera-se estrangeira a mercadoria nacional ou nacionalizada exportada, para fins de incidência, nos termos do regulamento aduaneiro:

> "Art. 70. Considera-se estrangeira, para fins de incidência do imposto, a mercadoria nacional ou nacionalizada exportada, que retorne ao País, salvo se (...)"

Capítulo 4

IMPOSTO DE IMPORTAÇÃO

1. ASPECTOS GERAIS DO IMPOSTO DE IMPORTAÇÃO

É o art. 151, I, da CF/88 que dispõe sobre a competência da União para instituição do referido imposto, cuja base legal é contemplada pelo Decreto-Lei n. 37/1966, embora o Código Tributário Nacional (CTN) disponha timidamente, abordando aspectos gerais, em seu art. 19, mencionando ser o fato gerador do imposto de importação a entrada de produtos estrangeiros no território nacional.

Também está previsto no regulamento aduaneiro (RA), legislação que consistirá no objeto principal de estudo desse capítulo, compatível com as normas até então citadas.

Conforme estudado no capítulo anterior, o imposto de importação encontra-se no **rol de exceções ao princípio da legalidade tributária**, uma vez que a Constituição Federal 1988, nos termos do art. 153, §1º.

O Código Tributário Nacional (CTN) também é firme neste sentir, por meio da redação do art. 21.

> "Art. 21, CTN. O Poder Executivo pode, nas condições e nos limites estabelecidos em lei, alterar as alíquotas ou as bases de cálculo do imposto, a fim de ajustá-lo aos objetivos da política cambial e do comércio exterior."

Pela redação apresentada, temos que as alíquotas do imposto de importação (II) poderão ser majoradas ou reduzidas por meio de decreto presidencial, por meio de resolução da Câmara de Comércio Exterior (CAMEX), ou portaria do Ministro da Fazenda, desde que dentro dos limites estabelecidos por lei ordinária.

> **▸ Atenção!**
>
> A CAMEX possui esta atribuição por meio Decreto n. 4.732/2003, consoante o art. 2º, XIII e XIV. No mais, o próprio Supremo Tribunal Federal possui entendimento no sentir de ser constitucional esta atribuição conferida à CAMEX.

No mais, segundo o STF "(...) é compatível com a Carta Magna a norma infraconstitucional que atribui a órgão integrante do Poder Executivo da União a faculdade de estabelecer as alíquotas do Imposto de Exportação. II – Competência que não é privativa do Presidente da República." (STF, RE 570.680, rel. Min Ricardo Lewandowski, j. 28/10/2009).

Esta possibilidade da **diminuição ou majoração das alíquotas sendo dispensável lei** para tanto é decorrente **da característica extrafiscal** do imposto de importação, cujo intuito principal é a regulação do comércio internacional, como bem pontua o art. 21, do CTN. No entanto, a referida majoração deve ser anterior ao fato gerador do imposto.

▸ **Importante:**

"(...) I. Fato gerador do imposto de importação de mercadoria despachada para consumo considera-se ocorrido na data do registro na repartição aduaneira competente, da declaração apresentada pelo importador (art. 23, do Decreto- lei 37/66). II. O que a Constituição exige, no art. 150, III, a, é que a lei que institua ou majore tributos seja anterior ao fato gerador. No caso, o decreto que alterou as alíquotas é anterior ao fato gerador do imposto de importação. III. Agravo não provido." (STF, AI 420993 AgR/PR, rel. Min. Carlos Velloso, 2ª T, Dje 01/07/2010)

Também, não observa o **princípio da anterioridade**, logo, a majoração das alíquotas do imposto de importação tem efeito imediato, não havendo a necessidade de aguardar noventa dias e/ou o primeiro dia do exercício financeiro seguinte ao que a norma for **publicada**, nos termos do art. 150, III, §1°, da CF/88.

Quanto ao **princípio da irretroatividade**, este deverá ser observado, de modo que uma eventual majoração das alíquotas não alcançará fatos geradores pretéritos, mas somente poderá ser aplicável aos fatos posteriores.

Com isso, compreende-se que se uma resolução da CAMEX for republicada com a intenção de corrigir erros, a **vigência** da norma conta-se a partir da nova publicação, e não da anterior, nos termos da jurisprudência do Superior Tribunal de Justiça (STJ) no Resp 1040507/ES, rel. Min. Denise Aruda, 1ª T, Dje. 24/11/2009.

Embora possa aparentar simplicidade, importante destacar que o princípio da anterioridade refere-se à publicação da lei, ao passo que o princípio da irretroatividade, à vigência. Estas diferenças quanto aos termos são cruciais em questões que demandam contagem de prazos. Portanto, para não esquecer e memorizar:

Princípio da irretroatividade	Princípio da anterioridade
Vigência	Publicação

2. SUJEITOS ATIVO E PASSIVO

A partir da ocorrência do fato gerador, conforme será visto, ocorrerá o nascimento da obrigação tributária, a partir da qual serão conhecidos os sujeitos ativo e passivo. Nesse ponto será tratado o aspecto subjetivo do referido imposto.

Sujeito ativo, segundo o art. 119, do CTN, é a pessoa jurídica de direito público que possui a competência para exigir seu cumprimento, consistindo, no caso do imposto de importação (II), a União, ao passo que **sujeito passivo** é a pessoa obrigada ao pagamento do tributo ou da penalidade pecuniária, uma vez que detém a titularidade do dever jurídico de observar a norma jurídica tributária, assim como, a pessoa que detém a responsabilidade de suportar os efeitos de seu não cumprimento.

Em regra, será o contribuinte, quem tem relação pessoal e direta com a situação, o sujeito passivo da obrigação tributária.

No art. 129, do CTN e seguintes, os responsáveis tributários são elencados como os sucessores, por conta da relação de sucessão subjetiva quanto à herança e o fundo de comércio, por exemplo, e os terceiros, em decorrência da relação pessoal com o contribuinte, como no caso os pais, responsáveis pelos tributos devidos pelos seus filhos menores, ou em relação objetiva com o fato gerador. Destaca-se, também, a responsabilidade por infrações, no caso das multas.

Quanto à responsabilidade tributária, o art. 128, do CTN dispõe que necessitará de previsão expressa em lei para atribuí-la a terceira pessoa, vinculada ao fato gerador da respectiva obrigação. Logo, o responsável tributário possuirá uma relação indireta ao fato gerador.

Contribuinte	Responsável
Relação direta e pessoal com o fato gerador	Relação indireta com o fato gerador

O art. 128, do CTN menciona três tipos de responsabilidade:

Responsabilidade pessoal	Responsabilidade subsidiária	Responsabilidade solidária
Há a exclusão total da obrigação do contribuinte, sendo exigida exclusivamente do responsável tributário.	A obrigação será exigida do responsável tributário somente quando se torna impossível exigí-la em face do contribuinte. Logo, em caso de insucesso quanto ao contribuinte, a Fazenda Pública cobrará do responsável tributário.	Neste caso, não haverá benefício de ordem, podendo, a Fazenda Pública, exigir a obrigação tanto do contribuinte quanto do responsável tributário.

O regulamento aduaneiro, em seus artigos 104 ao 106, dispõe sobre os contribuintese responsáveis pelo imposto de importação, respectivamente.

Primeiramente, será estudado o contribuinte do referido imposto.

2.1. Contribuinte do imposto de importação

Nos termos do regulamento aduaneiro, mais precisamente do art. 104, do RA, o contribuinte do imposto de importação consiste no importador, assim considerada qualquer pessoa que promova a entrada de mercadoria estrangeira no território nacional, assim como, o destinatário da remessa postal internacional, o qual será indicado pelo remetente e, por fim, o adquirente da mercadoria entrepostada.

O inciso III, o qual remete ao adquirente da mercadoria entrepostada, é o que poderá gerar mais dúvidas, uma vez que se faz necessário o estudo do regime aduaneiro de entreposto aduaneiro. Para fins de breve esclarecimento, a mercadoria entrepostada é armazenada temporariamente em um recinto alfandegado, não ocorrendo a cobrançados tributos devidos, uma vez que não há sua aquisição neste momento. É bem comum na importação de bens em consignação. Acaso haja um comprador para a mercadoria entrepostada, será realizado um despacho para consumo, seja pelo consignatário ou pelo adquirente. O intuito do inciso ora comentado é de abarcar, também, o adquirente da mercadoria entrepostada, como contribuinte do imposto de importação, dado que este, assim como o consignatário, será apto a realizar o registro da declaração de importação.

No que tange ao Decreto-Lei 37/66, a leitura do art. 31, o qual aborda quem são os contribuintes, se faz necessára, sendo compatível com o regulamento aduaneiro.

2.2. Responsáveis tributários pelo imposto de importação

Enquanto que o art. 104, do RA dispõe acerca dos contribuintes do imposto, os já referidos artigos 105 e 106 da mesma legislação trazem à baila os responsáveis tributários pelo adimplemento da respectiva obrigação tributária.

O primeiro artigo, dispõe sobre a responsabilidade pessoal do transportador e do depositário:

a) **o transportador**: quando transportar mercadoria procedente do exterior ou sob controle aduaneiro, inclusive em percurso interno;

b) **o depositário**: considerada qualquer pessoa incumbida da custódia de mercadoria sob controle aduaneiro; ou

c) **qualquer outra pessoa** que a lei assim designar.

As respectivas responsabilidades trazidas pelo artigo em destaque decorrem por conta de extravio da mercadoria, durante o transporte, ou problemas relatados durante a armazenagem da mercadoria, desde que as condutas praticadas tenham de fato, sido provocadas pelo transportador ou pelo depositário. Com isso, acaso presentes fatos que demonstrem a ocorrência de caso fortuito ou força maior, o imposto de importação não será cobrado destes sujeitos. É neste sentido a redação dos artigos 661, 662 e 664, ambos do regulamento aduaneiro.

Conclui-se que tanto o transportador quanto o depositário, para que incorram na responsabilidade quanto ao adimplemento do imposto de importação, devem ter praticado de fato que ensejou na falta da mercadoria e desde que tenham agido dolosa ou culposamente.

3. FATO GERADOR

Nos termos do art. 72, do Regulamento Aduaneiro, o **fato gerador** do imposto de importação consiste na **entrada da mercadoria estrangeira no território aduaneiro**. No mesmo sentido, é o art. 19, do Código Tributário Nacional.

Logo, o fato gerador do referido tributo aduaneiro, em seu **aspecto material**, consiste na importação de produto estrangeiro, ou seja, é indispensável que produto estrangeiro cruze a fronteira nacional. Ademais, o art. 1º, do Decreto-Lei 37/66, que instituiu o imposto de importação, cuja leitura é indispensável para fins de prova, dispõe:

> Art.1º – O Imposto sobre a Importação incide sobre mercadoria estrangeira e tem como fato gerador sua entrada no Território Nacional.

§ 1º – Para fins de incidência do imposto, considerar-se-á também estrangeira a mercadoria nacional ou nacionalizada exportada, que retornar ao País, salvo se:

a) enviada em consignação e não vendida no prazo autorizado;

b) devolvida por motivo de defeito técnico, para reparo ou substituição;

c) por motivo de modificações na sistemática de importação por parte do país importador;

d) por motivo de guerra ou calamidade pública;

e) por outros fatores alheios à vontade do exportador.

§ 2º – Para efeito de ocorrência do fato gerador, considerar-se-á entrada no Território Nacional a mercadoria que constar como tendo sido importada e cuja falta venha a ser apurada pela autoridade aduaneira.

§ 3º – Para fins de aplicação do disposto no § 2º deste artigo, o regulamento poderá estabelecer percentuais de tolerância para a falta apurada na importação de granéis que, por sua natureza ou condições de manuseio na descarga, estejam sujeitos à quebra ou decréscimo de quantidade ou peso.

§ 4º O imposto não incide sobre mercadoria estrangeira:

I – destruída sob controle aduaneiro, sem ônus para a Fazenda Nacional, antes de desembaraçada;

II – em trânsito aduaneiro de passagem, acidentalmente destruída; ou

III – que tenha sido objeto de pena de perdimento, exceto na hipótese em que não seja localizada, tenha sido consumida ou revendida.

▸ Como esse assunto já foi cobrado em prova?

Na prova de Auditor Fiscal da Receita Federal do Brasil/2012 – ESAF, foi considerada correta a assertiva: "O fato gerador do imposto de importação é a entrada de mercadoria estrangeira no território nacional. Este é o conceito que a doutrina chama de elemento geográfico ou espacial do fato gerador. Para efeito de cálculo, entre outras situações, considera-se ocorrido o fato gerador do imposto de importação no dia do lançamento do correspondente crédito tributário, quando se tratar de bens compreendidos no conceito de bagagem, acompanhada ou desacompanhada."

▸ Importante:

Lembrando que a mercadoria nacional é aquela produzida no Brasil, ao passo que a mercadoria nacionalizada consiste naquela que é produzida no exterior, mas que ingressou em território pátrio com o cumprimento de todos os requisitos aduaneiros obrigatórios, inclusive o pagamento dos tributos específico, ou seja, a importada a título definitivo. Os incisos do referido artigo 70, do RA trazem as exceções quanto à incidência, nestes casos, a serem estudados oportunamente.

▸ Como o assunto já foi cobrado em prova?

Na prova de Auditor Fiscal da Receita Federal do Brasil/2014 – ESAF, foi cobrada a seguinte questão:

Sobre o Imposto de Importação, é incorreto afirmar que:

a) Não se considera estrangeira, para fins de incidência do imposto, a mercadoria nacional ou nacionalizada exportada, que retorne ao País por motivo de modificações na sistemática de importação por parte do país importador;

b) O imposto não incide sobre mercadoria estrangeira destruída. sob controle aduaneiro, sem ônus para a Fazenda Nacional, antes de desembaraçada;

c) para efeito do cálculo do imposto, considera-se ocorrido o fato gerador no dia do lançamento do correspondente crédito tributário, quando se tratar de bens compreendidos no conceito de bagagem, acompanhada ou desacompanhada;

d) Para efeito de cálculo do imposto, considera-se ocorrido o fato gerador na data do registro da declaração de importação de mercadoria constante de manifesto ou de outras declarações de efeito equivalente, cujo extravio ou avaria tenha sido apurado pela autoridade aduaneira;

e) Caberá restituição total ou parcial do imposto pago indevidamente, a qual poderá ser processada de ofício, nos casos de verificação de extravio ou de avaria.

RESPOSTA: D

Primeiramente, conforme já mencionado em capítulo anterior, o termo **produto é mais amplo do que o termo mercadoria,** sendo o primeiro adotado pelo CTN, apesar da norma em destaque adotar o termo mercadoria. Nada impede que outra norma adote o termo produto, pois como visto, o legislador pátrio utiliza tais termos como sinônimos. Entretanto, o que é vedado é a edição de lei ordinária ou de lei complementar que estabeleça a incidência do referido imposto sobre serviços, algo que a Constituição Federal de 1988 não prevê.

No mais, a entrada consiste no ingresso real ou presumido do produto no território pátrio, indepentendemente do título jurídico atribuido, visto que é irrelevante a existência de negócio jurídico ou a transferência da propriedade, bastando que os bens e objetos de uso pessoal do importador, configurando como bagagem, possam se sujeitar ao referido imposto.

Embora o Decreto-Lei 37/66, em seu art. 1º, §2º, disponha que "para efeito de ocorrência do fato gerador, considerar-se-á entrada no território nacional, a mercadoria que constar como tendo sido importada e cuja falta venha a ser apurada pela autoridade aduaneira.", com o intuito de evitar evasões ilícitas, há doutrina tributarista que critica e Derzi salienta que por conta da capacidade econômica, estampada no art. 145, §1º, da CF/88, tal presunção do dispositivo em destaque deve ser intepretada *iuris tantum,* havendo a possibilidade de ser afastada mediante prova inequívoca.

Em relação ao **aspecto temporal** do fato gerador do imposto de importação, a ocorrência do fato jurídico coincide com a entrada do produto estrangeiro no território nacional, conforme o art. 23, do Decreto-Lei n. 37/99. Vide:

> Art. 23 – Quando se tratar de mercadoria despachada para consumo, considera-se ocorrido o fato gerador na data do registro, na repartição aduaneira, da declaração a que se refere o artigo 44.

Interessante é, conforme já abordado em capítulos anteriores, apesar do fato da importação propriamente dita se iniciar a partir da negociação com o fornecedor do produto no exterior, ele somente se consumará com o registro da Declaração de Importação (DI) ou a apresentação da declaração específica, conforme já estudado em unidade específica. É neste sentir o entendimento encampado pelo Superior Tribunal de Justiça (STJ).

> **▸ Importante:**
>
> "(...) 1. Não há incompatibilidade entre o art. 19, do Código Tributário Nacional e o art. 23, do Decreto-Lei n. 37/66, porquanto o desembaraço aduaneiro completa a importação e, consequentemente, representa, para efeitos fiscais, a entrada de mercadoria no território nacional.
>
> 2. A jurisprudência desta Corte é no sentido de que, no caso de importação de mercadoria despachada para consumo, o fato gerador do imposto de importação ocorre na data do registro da declaração de importação. Desse modo, deve ser aplicada para o cálculo do imposto a alíquota vigente nesta data." (STJ, Resp 1220979/RJ, rel. Min. Humberto Martins, 2ª T, Dje 15.04.2011)

Ademais, os arts. 19 e 116, ambos do Código Tributário Nacional são compatíveis com o art.23, do Decreto-Lei n. 37/66, isto porque, considera-se ocorrido o fato gerador e existentes os seus efeitos tratando-se de situação de fato, desde o momento em que o se verifiquem as circunstâncias materiais necessárias a que produza os efeitos que normalmente lhe são próprios, logo, o desembaraço aduaneiro, ato que compõe o despacho aduaneiro, completa o procedimento de importação, não sendo um fato isolado.

No mesmo sentido é o art. 73, I, do Regulamento Aduaneiro, o qual dispõe ter ocorrido o fato gerador, para fins de cálculo do imposto, na "data do registro da declaração de importação de mercadoria submetida a despacho para consumo."

Há exceções que o Regulamento Aduaneiro traz no artigo em comento, através dos incisos I, III e IV, do art. 73:

> II – no dia do lançamento do correspondente crédito tributário, quando se tratar de:
>
> *a)* bens contidos em remessa postal internacional não sujeitos ao regime de importação comum;
>
> *b)* bens compreendidos no conceito de bagagem, acompanhada ou desacompanhada;
>
> *c)* mercadoria constante de manifesto ou de outras declarações de efeito equivalente, cujo extravio tenha sido verificado pela autoridade aduaneira; ou
>
> *d)* mercadoria estrangeira que não haja sido objeto de declaração de importação, na hipótese em que tenha sido consumida ou revendida, ou não seja localizada;
>
> III – na data do vencimento do prazo de permanência da mercadoria em recinto alfandegado, se iniciado o respectivo despacho aduaneiro antes de aplicada a pena de perdimento da mercadoria, na hipótese a que se refere o inciso XXI do art. 689;
>
> IV – na data do registro da declaração de admissão temporária para utilização econômica

Quanto ao segundo inciso, deve-se compreender como **momento da ocorrência do fato gerador** em relação às situações nas **quais não houver o registro ou a apresentação da respectiva declaração**, como por exemplo, no caso das **bagagens dos turistas**. Desta feita, será considerada **na data do lançamento do crédito tributário a ocorrência do fato gerador do imposto de importação**. O próprio inciso elencou quatro hipóteses nesse sentido.

Primeiramente, a alínea *a*, a qual se refere às aquisições realizadas e entregues por via de remessa postal internacional, podendo ser enquadradas nos regimes de tributação simplificada e de importação comum, conforme será estutado oportunamente.

▸ **Cuidado:**

Acaso a mercadoria importada esteja enquadrada no Regime de Tributação Simplificada, considera-se ocorrido o fato gerador na data do lançamento do crédito tributário, por previsão do parágrafo único do mesmo dispositivo.

▸ **Importante:**

Vale destacar que, nos termos do parágrafo únido com art. 73, do regulamento aduaneiro, a redação do inciso I aplica-se, inclusive, no caso de despacho para consumo de mercadoria sob regime suspensivo de tributação, e de mercadoria contida em remessa postal internacional ou conduzida por viajante, sujeita ao regime de importação comum.

Portanto, para que não reste dúvida:

Regime de Tributação Simplificada	Regime de Importação Comum
Fato gerador ocorre na data do lançamento do crédito tributário.	Fato gerador ocorre na data do registro da DI.

Já a alínea *b* dispõe sobre a bagagem, assunto já estudado detalhadamente no capítulo anterior. Lembrando que incide o imposto de importação sobre os bens que ingressam em território pátrio trazidos pelo viajante se for aplicado o Regime de Tributação Especial, desde que realmente sejam caracterizados como bagagem, ou no Regime de Importação Comum, em relação aos bens excluídos do conceito de bagagem.

Igualmente, aplica-se a regra da alínea anterior:

Regime de Tributação Simplificada	Regime de Importação Comum
Fato gerador ocorre na data do lançamento do crédito tributário.	Fato gerador ocorre na data do registro da DI.

A alínea *c* pressupõe o fato gerador presumido, conforme abordado *alhures*, criticado pela doutrina de Direito Tributário, havendo a possibilidade de ser afastada a incidência mediante prova inequívoca, por ser considerada como *iuris tantum*.

Interessante é o estudo da alínea *d*. Ela pressupõe que haverá a ocorrência do fato gerador sendo considerada na data do lançamento do crédito tributário, mas diferentemente das demais situações contempladas, a nesta descrita pressupõe **mercadoria não localizada**.

> **▸ Importante:**
> No ponto quanto a incidência e a não incidência do imposto de importação, verifica-se que há algumas situações em que o imposto não incidirá, como em face dos bens objeto da pena de perdimento, salvo se não forem localizados para o procedimento de apreensão. Nesta situação, por exemplo, haverá a tributação do imposto de importação sobre o bem não encontrado.

Diferentemente a alínea acima, o inciso III traz a situação em que a **pena de perdimento não será aplicada**, se referindo expressamente ao inciso XXI, do art. 689, o qual dispõe:

> Art. 689. Aplica-se a pena de perdimento da mercadoria nas seguintes hipóteses, por configurarem dano ao Erário:
>
> XXI – importada e que for considerada abandonada pelo decurso do prazo de permanência em recinto alfandegado, nas hipóteses referidas no art. 642.

> **▸ Importante:**
> Nesta situação, a mercadoria é considerada abandonada, primeiramente, devendo a autoridade competente lavrar auto de infração e perdimento. Posteriormente, conforme é estudado e ponto propício, o importador poderá apresentar impugnação, no prazo de vinte dias, sendo aplicada a pena de perdimento, acaso não seja apresentada ou não seja acolhida, ficando o produto disponível para destinação. Entretanto, antes da pena de perdimento ser aplicada, o importador poderá a não aplicação da penalidade à autoridade competente para o julgamento, nos termos do art. 643, do RA, procedendo ao registro da DI, acaso a Receita Federal acolha o referido pedido. Vale destacar que somente não será acolhido tal pedido se configurado a intenção dolosa do importador na inobservância do prazo do art. 642, do RA. Apesar de configurar um ato de caridade, a legislação aduaneira ao dispõe que o fato gerador será considerado nesta hipótese, como ocorrido na data do vencimento o prazo de permanência mercadoria em recinto alfandegado, assim, o importador, deverá pagar multa de mora e juros de mora, além dos tributos aduaneiros.

> **▸ Como esse assunto já foi cobrado em prova?**
> Na prova de Auditor Fiscal da Receita Federal do Brasil/2012 – ESAF, foi considerada incorreta a assertiva: "o imposto de importação incide sobre mercadoria estrangeira que tenha sido objeto de pena de perdimento, exceto na hipótese em que não seja localizada, tenha sido consumida ou revendida."

Por fim, o inciso IV traz o **regime aduaneiro especial de admissão temporária**, pelo qual haverá um **recolhimento parcial do imposto de importação na ocasião do registro da declaração de importação**, consoante será estudado no capítulo específico acerca dos regimes aduaneiros especiais. Nesta situação, é com o **registro da DI que ocorrerá o fato gerador do referido imposto.**

Para finalizar este ponto, no que tange ao **aspecto espacial** do imposto de importação, este corresponde ao território sobre o qual é exercida a jurisdição aduaneira. Indispensável é remeter ao estudo da unidade I, na qual o assunto foi amplamente detalhado, assim como os artigos 2º e 3º, ambos do Regulamento Aduaneiro.

Feitas tais considerações, importante destacar:

Aspecto material	Realizar importação
Aspecto temporal	Registro da DI, **nos termos do Regulamento Aduaneiro.**
Aspecto espacial	Território nacional

3.1. Não ocorrência do fato gerador

Acaso o pescado tenha sido capturado fora das águas do mar territorial – 12 (doze) milhas marítimas, nos termos da Convenção de Montego Bay (1982), nos termos do art. 74, I, do RA, por ser considerado como uma mercadoria estrangeira, a legislação tributária pressupõe a não ocorrência do fato gerador do imposto de importação se a legislação pesqueira for observada.

O inciso II do mesmo dispositivo dispõe acerca da exportação temporária da mercadoria, não sendo caracterizada, neste caso, como mercadoria estrangeira, uma vez que para assim ser conceituada, deve ocorrer a **exportação em caráter definitivo.**

▸ **Cuidado:**

Mesmo no caso do regime aduaneiro especial específico vir a ser descumprido, não ocorrerá o fato gerador do imposto de importação, mas apenas, a aplicação da multa do art. 724, do RA, de cinco por cento do preço normal da mercadoria submetida ao regime aduaneiro especial de exportação temporária, ou de exportação temporária para aperfeiçoamento passivo, pelo descumprimento de condições, requisitos ou prazos estabelecidos para aplicação do regime. A aplicação da referida multa não prejudica a exigência dos impostos incidentes, a aplicação de outras penalidades cabíveis e a representação fiscal para fins penais, quando for o caso.

4. INCIDÊNCIA

Conforme já mencionado anteriormente, o imposto de importação incidirá sobre **a importação de produtos estrangeiros**, nos termos do art.19, do CTN, entretanto, para o art. 70, do Regulamento Aduaneiro considera-se estrangeira, também, a mercadoria produzida no Brasil, isto é, nacional, que tenha sido exportada a título definitivo, em regra, embora haja exceções apresentadas pelo mesmo artigo, as quais serão vistas ainda neste ponto do capítulo.

Importante destacar que o art. 155, §3°, da CF/88, preceitua que incidirá, também, o imposto de importação sobre operações relativas à energia elétrica e serviços de telecomuicações. Nos termos do entendimento atual do Supremo Tribunal Federal (STF), incidirá em relação à mercadoria importada mediante contrato de arrendamento mercantil.

▸ **Importante:**

"(...) Recurso extraordinário em que se argumenta a não incidência do II e do IPI sobre operação de importação de sistema de tomografia computadorizada, amparada por contrato de arrendamento mercantil.

2. Alegada insubmissão do arrendamento mercantil, que seria um serviço ao fato gerador do imposto de importação (art. 153, I, da CF/88). Inconsciência. Por se tratar de tributos diferentes, com hipóteses de incidência específicas (prestação de serviços e importação, entendida como a entrada de bem em território nacional – art. 19, do CTN), a incidência concomitante do II e do ISS não implica tributação ou de violação de presença exclusivamente e preferência de cobrança do ISS.

3. Violação do princípio da isonomia (art. 150, II, da CF/88), na medida em que o art. 17, da Lei n. 6.099/74 proíbe a adoção do regime de admissão temporária para as operações amparadas por arrendamento mercantil. Improcedência. A exclusão do arrendamento mercantil do campo de aplicação do regime de admissão temporária atende aos valores e objetivos já antevistos no projeto de lei do arrendamento mercantil, para evitar que o leasing se torne opção por excelência devido às virtudes tributárias e não em razão da função social e do escopo empresarial que a avença tem." (STF, RE 429306, rel. Min. Joaquim Barbosa, 2ª T, Dje de 15.03.2011).

4.1. As exceções do art. 70 do RA

O art. 70 do Regulamento Aduaneiro traz cinco casos que configuram exceções à regra estampada no *caput*, já que as mercadorias ainda se enquadram como nacionais:

a) enviada em consignação e não vendida no prazo autorizado;

b) devolvida por motivo de defeito técnico, para reparo ou para substituição;

c) por motivo de modificações na sistemática de importação por parte do país importador;

d) por motivo de guerra ou de calamidade pública;

e) por outros fatores alheios à vontade do exportador.

Ainda, consoante o parágrafo único "serão ainda considerados estrangeiros, para os fins previstos no caput, os equipamentos, as máquinas, os veículos, os aparelhos e os instrumentos, bem como as partes, as peças, os acessórios e os componentes, de fabricação nacional, adquiridos no mercado interno pelas empresas nacionais de engenharia, e exportados para a execução de obras contratadas no exterior, na hipótese de retornarem ao País".

A norma pressupõe que a mercadoria em consignação que regressa, dado que não foi alienada no prazo autorizado, assim como a devolvida por motivo de defeito ou para reparo, ou por motivos pertinentes ao importador estrangeiro ou qualquer outro fator alheio à vontade do exportador brasileiro, não configurará, nestas hipóteses, a incidência do imposto de importação. Tanto que o Superior Tribunal de Justiça (STJ) possui entendimento no sentir de que não incidirá o imposto de importação no caso de importação de bens equivocadamente enviados ao exterior e porteriormente devolvidos.

▸ Importante:

"(...) 1. O fato gerador do imposto de importação é, consoante o art. 19 do CTN e o art. 1º do DL 37/66, a entrada de produto estrangeiro em território nacional. O § 1º do art. 1º do DL 37/66 também considera estrangeira, para fins de incidência do imposto de importação, a mercadoria nacional ou estrangeira exportada que retornar ao Brasil, salvo se tal retorno, dentre outras hipóteses, ocorrer por fatores alheios à vontade do exportador, consoante exceção prevista na alínea "e" do referido dispositivo, com reprodução no art. 70, V, do Decreto n. 4.345/2002 (Regulamento Aduaneiro de 2002). 2. A devolução das mercadorias na hipótese ocorreu por fator alheio à vontade do exportador, eis que não é razoável cogitar que este tenha dirigido sua vontade livre e consciente no envio equivocado de mercadorias para o exterior, sobretudo em razão dos incômodos suportados por ambos, importador e exportador, e as despesas que este terá de arcar no reenvio de mercadorias ao estrangeiro. Assim, o caso está albergado pela exceção prevista na alínea "e" do § 1º do art. 1º do Decreto-Lei n. 37/66, não havendo que se falar em incidência de imposto de importação. 3. Recurso especial não provido."(STJ, Resp 1213245/RS, rel. Min. Mauro Campbell Marques, 2ª T, Dje 25/11/2010).

> **Cuidado!**
>
> Interessante destacar que não haverá a incidência do referido imposto, se a mercadoria for destruída sob controle aduaneiro, assim como se isso vir ocorrer durante o trânsito aduaneiro, desde que por circunstâcias alheias à vontade do importador.
>
> Outra hipótese que configura não incidência do imposto de importação, já mencionada supra é em relação à mercadoria objeto de pena de perdimento, exceto se não for localizada, tenha sido consumida ou revendida. Isso porque, a mercadoria encontrada, objeto de pena de perdimento passam a integrar o patrimônio da União.

Para dar continuidade ao estudo referente à **incidência e a à não incidência** do imposto de importação, é indispensável conhecer as **hipóteses de não incidência** descritas no art. 71 do RA:

a) mercadoria estrangeira que, corretamente descrita nos documentos de transporte, chegar ao País por erro inequívoco ou comprovado de expedição, e que for redestinada ou devolvida para o exterior;

b) mercadoria estrangeira idêntica, em igual quantidade e valor, e que se destine a reposição de outra anteriormente importada que se tenha revelado, após o desembaraço aduaneiro, defeituosa ou imprestável para o fim a que se destinava, desde que observada a regulamentação editada pelo Ministério da Fazenda;

c) mercadoria estrangeira que tenha sido objeto da pena de perdimento, exceto na hipótese em que não seja localizada, tenha sido consumida ou revendida;

d) mercadoria estrangeira devolvida para o exterior antes do registro da declaração de importação, observada a regulamentação editada pelo Ministério da Fazenda;

e) embarcações construídas no Brasil e transferidas por matriz de empresa brasileira de navegação para subsidiária integral no exterior, que retornem ao registro brasileiro, como propriedade da mesma empresa nacional de origem;

f) mercadoria estrangeira avariada ou que se revele imprestável para os fins a que se destinava, desde que seja destruída sob controle aduaneiro, antes do desembaraço aduaneiro, sem ônus para a Fazenda Nacional;

g) mercadoria estrangeira destruída, sob controle aduaneiro, sem ônus para a Fazenda Nacional, antes de desembaraçada;

h) mercadoria estrangeira em trânsito aduaneiro de passagem, acidentalmente destruída.

> **Cuidado!**
>
> Em relação à jurisprudência, o Superior Tribunal de Justiça (STJ) entende que incidirá o referido imposto sobre mercadoria desembaraçada que venha a ser objeto de roubo.
>
> "(...) O roubo de veículos e de carga sujeita a imposto de importação ocorrido no transporte de mercadorias já desembaraçada não ilide a responsabilidade de transportadora pelo pagamento do valor apurado em auto de infração, nos termos dos arts. 136 do CTN, 32 e 60 do Decreto-lei 37/66)." (STJ, Resp 1172027/RJ, rel. Min. Eliana Calmon, Dje 30/09/2010)

5. BASE DE CÁLCULO

Conforme o art. 2º, do DL 37/66, a base de cálculo **dependerá da alíquota**. Quando for **específica**, será conforme a quantidade de mercadoria expressa na unidade e medida indicada na tarifa, ao passo que quando a alíquota for ***ad valorem***, a base de cálculo consistirá conforme o art. 7º do Acordo Geral sobre Tarifas Aduaneiras e Comércio.

> **Importante:**
>
> No Brasil o Acordo foi internalizado por meio do Decreto 9.2930/86, o qual visa à estabelecer critérios para a definição do valor aduaneiro. Indispensável conhecer o que é realmente o valor aduaneiro, objeto de inúmeras jurisprudências pátrias, a partir de uma análise minusciosa do art. VII, do GATT.

No mesmo sentido é o art. 20, do Código Tributário Nacional, que somente acrescentá a hipótese de quando se trata de produto apreendido ou abandonado, levado a leilão, sendo, nestes casos, o preço da arrematação. Também, há a possibilidade das alíquotas serem mistas, sendo que o art. 91, do RA dispõe que a cobrança do imposto de importação, nestes casos, poderá ser cumulativa ou alternativa.

5.1. Art. VII do GATT e os métodos do AVA

Tal dispositivo, a partir do seu §2º, alínea *a* dispõe que "o valor aduaneiro das mercadorias importadas deve-se basear no valor real da mercadoria importada a que se aplique o tributo ou de mercadoria similar e não no valor de uma mercadoria de origem nacional nem valores arbitrários ou fictícios."

Primeiramente, **o que é o valor real?** O mesmo dispositivo, na alínea *b* conceitua:

b) O "valor real" deve ser o preço que, no tempo e lugar determinados pela legislação do país importador, as mercadorias importadas ou outras similares são vendidas ou oferecidas para venda em operações comerciais normais efetuadas em condições de livre concorrência. Na medida em que o preço das tais mercadorias ou similares depende da quantidade transacionada, o preço a ser usado deve se referir a: i) quantidades equivalentes; ou ii) quantidades não menos favoráveis para importadores que aquelas em que as mercadorias sejam vendidas na maior quantidade de um para outro país.

Embora a norma internacional mencione que o valor real da mercadoria é o mais adequado para configurar a base de cálculo dos tributos aduaneiros, nem sempre é possível aferir realmente qual é em cada transação, por isso, quando o valor real não é apurável em conformidade com os critérios apresentados pelo artigo em destaque, o valor para fins aduaneiros deve se basear no valor mais próximo apurável.

▸ Importante:

O valor aduaneiro será apurado mediante a verificação por métodos, os quais deverão ser utilizados de forma subsidiária.

O Acordo de Valoração Aduaneira (AVA), elencou os 6 (seis) métodos utilizados subsidiariamente para a apuração do valor aduaneiro, juntamente com os princípios que regem o Acordo.

Para compreender os métodos, primeiramente, indispensável é conhecer os princípios:

Princípios do AVA	
Princípio do primado do valor da transação	
Princípio da Uniformidade	critérios não podem ser diferentes e nem discriminatórios
Princípio da Precisão	Somente um valor para a mesma importação. São vedados valores mínimos ou médios
Princípio da Equidade	aplicável, apenas, o valor justo e correto
Princípio da Neutralidade	AVA somente aplicado para fins aduaneiros
Princípio da Simplicidade	importador informa na Declaração de Importação o valor aduaneiro e o método utilizado, enquanto à RFB cabe a correção

Princípios do AVA	
Princípio da Harmonia com Práticas Comerciais	Corresponde ao liberalismo econômico
Princípio da Não Distinção entre Fontes de Suprimento	é vedada a discriminação em face dos países exportadores, devendo ser o valor de transação o critério de apuração do valor aduaneiro, em regra.

Em relação aos métodos para apuração do valor aduaneiro, como são utilizados de forma subsidiária, o segundo somente será aplicável acaso sejá impossível utilizar o primeiro.

> **Atenção!**
> O quinto e o sexto métodos podem ser invertidos a requerimento do importador.

1º) Primeiro método: Valor de importação

Art. 1º, AVA "O valor aduaneiro de mercadorias importadas será o valor da transação, isto é, o preço efetivamente pago ou a pagar pelas mercadorias, em uma venda para exportação para o país de importação ajustado de acordo com as disposições no art. 8º, desde que:

a) Não haja restrições à cessão ou à utilização das mercadorias pelo comprador, ressalvadas as que:

   I. Sejam impostas ou exigidas por lei ou pela administração pública do país de importação;

   II. Limitem a área geográfica na qual as mercadorias podem ser revendidas;

   III. Não afetem substancialmente o valor das mercadorias.

b) A venda ou o preço não estejam sujeitos a alguma condição ou contraprestação para a qual não se possa determinar um valor em relação às mercadorias objeto da valoração;

c) Nenhuma parcela do resultado de qualquer revenda, cessão ou utilização subsequente das mercadorias pelo comprador beneficie direta ou indiretamente o vendedor, a menos que um ajuste possa ser feito, de conformidade com as disposições do art. 8º;

d) Não haja vinculação entre o comprador e o vendedor e se houver, que o valor de transação seja aceitável para fins aduaneiros, conforme as disposições do §2º deste artigo."

Art. 8º, AVA, § 1º Na determinação do valor aduaneiro, segundo as disposições do art. 1º, deverão ser acrescentados ao preço efetivamente pago ou a pagar pelas mercadorias importadas:

a) Os seguintes elementos, na medida em que sejam suportados pelo comprador, mas não estejam incluídos no preço efetivamente pago ou a pagar pelas mercadorias:

   I. Comissões e corretagens, excetuadas as comissões de compra;

   II. o custo de embalagens e recipientes considerados, para fins aduaneiros, como formando um todo com as mercadorias em questão;

   III. o custo de embalar, compreendendo os gastos com a mão de obra e com materiais.

b) O valor, devidamente atribuído, dos seguintes bens e serviços, desde que fornecidos direta ou indiretamente, pelo comprador, gratuitamente ou a preços reduzidos, para serem utilizados na produção e na venda para exportação das mercadorias importadas, e na medida em que tal valor não tiver sido incluído no preço efetivamente pago ou a pagar:

   I. materiais, componentes, partes e elementos semelhantes, incorporados às mercadorias importadas;

   II. Ferramentas, matrizes, moldes e elementos semelhantes, empregados na produção das mercadorias importadas;

   III. Materiais consumidos na produção de mercadorias importadas;

   IV. projetos de engenharia, pesquisa e desenvolvimento, trabalhos de arte e de design, e planos e esboços, necessários à produção das mercadorias importadas e realizadas fora do país de importação.

c) Royalties e direitos de licença relacionados com as mercadorias objeto de valoração, que o comprador deva pagar, direta ou indiretamente, como condição de venda dessas mercadorias, na medida em que tais royalties e direitos de licença não estejam incluídos no preço efetivamente pago ou a pagar;

d) O valor de qualquer parcela do resultado de qualquer revenda, cessão ou utilização subsequente das mercadorias importadas, que reverta direta ou indiretamente ao vendedor.

Embora o primeiro método seja o primordial, de acordo com o art. 82, do Regulamento Aduaneiro, não será aplicável quando:

> Art. 82, RA. A autoridade aduaneira poderá decidir, com base em parecer fundamentado, pela impossibilidade de aplicação do método do valor de transação quando:
>
> I. Houver motivos para duvidar da veracidade ou exatidão dos dados ou documentos apresentados como prova de uma declaração de valor; e
>
> II. as explicações, documentos ou provas complementares apresentados pelo importador, para justificar o valor declarado, não forem suficientes para esclarecer a dúvida existente.
>
> Parágrafo único. Nos casos previstos no caput, a autoridade aduaneira poderá solicitar informações à administração aduaneira do país exportador, inclusive o fornecimento do valor declarado na exportação da mercadoria.

▸ Atenção!

Se houver um desconto, o qual foi concedito pelo exportador, a tributação, em regra incidirá sobre o valor líquido, isto é, levando em consideração o desconto deferido, salvo se o desconto for oriundo de transações anteriores ("desconto fidelidade"), nos termos da IN SRF n. 327, de 9 de maio de 2003.

Assim como, não será aplicável o primeiro método, nos termos do art. 70, da Lei n. 10.833/2003, em caso de descumprimento pelo importador, exportador ou adquirente de mercadoria importada por sua conta e ordem, da obrigação de mantes, em boa guarda e ordem, os documentos relativos às transações que realizarem, pelo prazo decadencial estabelecido na legislação tributária a que estão submetidos, ou da obrigação de os apresentar à fiscalização aduaneira quando exigidos.

▸ Importante!

Nesta situação específica, a apuração do valor aduaneiro será com base em método substitutivo ao valor de transação, caso exista dúvida quanto ao valor aduaneiro declarado.

2º) Segundo método: Valor de Transação de Mercadorias Idênticas

Será utilizado no caso de bens doados ou haja contraprestação do importador, cujo valor não possa ser calculado.

> ▸ **Atenção!**
> Neste caso, será levado em consideração o valor de transação informado no despacho de importação de produto idêntico, na data próxima da importação.

Art. 2º, AVA a) Se o valor aduaneiro das mercadorias importadas não puder ser determinado segundo as disposições do art. 1º, será ele o valor de transação de mercadorias idênticas vendidas para exportação para o mesmo país de importação e exportadas ao mesmo tempo que as mercadorias objeto de valoração, ou em tempo aproximado;

b) Na aplicação deste artigo será utilizado, para estabelecer o valor aduaneiro, o valor de transação de mercadorias idênticas, numa venda no mesmo nível comercial e substancialmente na mesma quantidade das mercadorias objeto de valoração. Inexistindo tal venda, será utilizado o valor de transação de mercadorias idênticas vendidas em um nível comercial diferente e/ou em quantidade diferente, ajustado para se levar em conta diferenças atribuíveis aos níveis comerciais e/ou às quantidades diferentes, desde que tais ajustes possam ser efetuados com base em evidência comprovada que claramente demonstre que os ajustes são razoáveis e exatos, quer conduzam a um aumento quer a uma diminuição de valor.

Art. 24, AVA a) Neste Acordo, entendem-se por "mercadorias idênticas" as mercadorias que são iguais em tudo, inclusive nas características físicas, qualidade e reputação comercial. Pequenas diferenças na aparência não impedirão que sejam consideradas idênticas as mercadorias que em tudo o mais se enquadram na definição;

b) Somente poderão ser consideradas "idênticas" ou "similares" as mercadorias produzidas no mesmo país que as mercadorias objeto de valoração;

c) Somente serão levadas em conta mercadorias produzidas por uma pessoa diferente, quando não houver mercadorias idênticas ou similares, conforme o caso, produzidas pela mesma pessoa que produziu mercadorias objeto de valoração.

3º) Terceiro Método: Valor de Transação de Mercadorias Similares.

Art. 15, AVA. 2. a) Neste Acordo, entende-se por "mercadorias similares" as que, embora não se assemelhem em todos os aspectos, têm características e composição material semelhantes, o que lhes permite cumprir as mesmas funções e serem permutáveis comercialmente. Entre os fatores a serem considerados para determinar se as mercadorias são similares incluem-se a sua qualidade, reputação comercial e a existência de uma marca comercial.

Art. 3º 1. a) Se o valor aduaneiro das mercadorias importadas não puder ser determinado segundo as disposições art. 1º e 2º, será ele o valor de transação de mercadorias similares vendida para exportação para o mesmo país de importação e exportadas ao mesmo tempo que as mercadorias objeto de valoração, ou em tempo aproximado;

b) Na aplicação deste artigo será utilizado, para estabelecer o valor aduaneiro, o valor de transação de mercadorias similares, numa venda no mesmo nível comercial e substancialmente na mesma quantidades das mercadorias objeto de valoração. Inexistindo tal venda, será utilizado o valor de transação de mercadorias similares vendidas em um nível comercial diferente e/ou em quantidade diferente, ajustado para se levar em conta diferenças atribuíveis aos níveis comerciais e/ou às quantidades diferentes, desde que tais ajustes possam ser efetuados com base em evidência comprovada que claramente demonstre que os ajustes são razoáveis e exatos, quer conduzam a um aumento quer a uma diminuição de valor.

4º) Quarto método: Método de Revenda ou Dedutivo

Baseia-se no valor pelo qual a mercadoria está sendo revendida.

Art. 5º 1. a) Se as mercadorias importadas ou mercadorias idênticas ou similares importadas forem vendidas no país de importação no estado em que são importadas, o seu valor aduaneiro, segundo as disposições deste artigo, basear-se-á no preço unitário pelo qual as mercadorias ou as mercadorias idênticas ou similares importadas são vendidas desta forma na maior quantidade total, ao tempo da importação ou aproximadamente ao tempo da importação das mercadorias objeto de valoração, a pessoas não vinculadas àquelas de quem compram tais mercadorias, sujeito tal preço às seguintes deduções:

i) As condições usualmente pagas ou acordadas em serem pagas, ou os acréscimos usualmente efetuados a título de lucros e despesas gerais relativos a vendas em tal país de mercadorias importadas da mesma classe ou espécie;

ii) Os custos usuais de transporte e seguro, bem como os custos associados, incorridos no país de importação;

iii) Quando adequado, os custos e encargos referidos no §2º do art. 8º;

iv) Os direitos aduaneiros e outros tributos nacionais pagáveis no país de importação em razão da importação ou venda das mercadorias.

5º) Quinto método: método computado

Consistirá na soma do custo ou o valor dos materiais e da fabricação ou processamento, empregados na produção das mercadorias importadas, acrescido ao montante para lucros e despesas gerais, igual àquele usualmente contratado em vendas de mercadorias da mesma classe ou espécie que as mercadorias objeto da valoração, vendas estas para exportação efetuadas por produtores no país da exportação, para o país de importação, assim como as despesas necessárias, nos termos do art. 6º.

6º) Sexto Método: Critérios razoáveis

O AVA permite que os métodos sejam revistos, acaso não consigam aplicá-los:

a) Importação de mercadoria idêntica ou similar exportada por um país diverso daquele que exportou mercadorias que se pretende valorar;

b) Flexibilidade à expressão no estado em que são importadas.

Art. 7º, 1. Se o valor aduaneiro das mercadorias importadas não puder ser determinado com base no disposto nos arts. 1º a 6º, inclusive, tal valor será determinado usando-se critérios razoáveis, condizentes com os princípios e disposições gerais do Acordo e com o art. VII do GATT 1994, e com base em dados disponíveis no país de importação.

2. O valor aduaneiro definido segundo as disposições deste artigo, não será baseado:

a) No preço de venda, no país de importação, de mercadorias produzidas neste;

b) num sistema que preveja a adoção para fins aduaneiros do mais alto entre dois valores alternativos;

c) No preço das mercadorias no mercado interno do país de exportação;

d) No curso de produção diferente dos valores computados que tenham sido determinados para mercadorias idênticas ou similares, de acordo com as disposições do art. 6º;

e) No preço das mercadorias vendidas para exportação para um país diferente do país de importação;

f) Em valores aduaneiros mínimos;

g) em valores arbitrários ou fictícios.

▸ Importante:

A IN SRF n. 327/2003, em seu art. 28, dispõe que a determinação do valor aduaneiro, mediante a aplicação do método previsto no art. 7º do Acordo de Valoração Aduaneira, poderá ser realizada com base em avaliação pericial, desde que fundamentada em dados objetivos e quantificáveis e observado o princípio da razoabilidade.

5.1.1. Parcelas acrescidas ao Valor Aduaneiro e excluídas

Neste ponto da matéria requer muita atenção, uma vez que, além da legislação internacional ora estuada, o Decreto 92.930/1986 também será analisado, assim como entendimentos jurisprudenciais cobrados em provas de concurso público. Portanto, tratate-se de um ponto bem específico e fundamental, principalmente quanto ao imposto de importação.

O art. 8º, §2º, do AVA, dispõe que cada Estado parte do Acordo poderá dispor, nos termos de sua legislação interna, quais parcelas seriam incluídas, tais como o seguro, frete e demais gastos associados à importação. A redação desse dispositivo é de suma importância, sendo objeto de cobrança pelas provas de concurso público, principalmente as da Receita Federal do Brasil. Vide:

> Art. 8º, §2º, AVA. Ao elaborar sua legislação, cada Membro deverá prever a inclusão ou a exclusão, no valor aduaneiro, no todo ou em parte, dos seguintes elementos:
>
> *a)* O custo de transporte das mercadorias importadas até o porto ou o local de importação;
>
> *b)* Os gastos relativos ao carregamento, descarregamento e manuseio, associados ao transporte das mercadorias importadas até o porto ou local de importação;
>
> *c)* O custo do seguro.

Tal permissão demandou na edição do art. 2º, do Decreto n. 92.930/86, através do qual a legislação brasileira conteplou os **três elementos** elencados nas alínesas do §2º, do art. 8º, do AVA em seu valor aduaneiro.

▸ Atenção:

Quanto ao frete, a IN SRF n. 327/2003 dispõe que, acaso o transporte seja gratuito ou executado pelo próprio importador, deve-se calcular o valor normalmente cobrado, na modalidade de transporte utilizada para determinado percurso, o qual será adicionado ao valor aduaneiro, embora não tenha havido pagamento pelo frete realizado. Outra situação é quanto ao frete cobrado sobre importações via postais internacionais, os quais serão considerados até o local do bem e, não somente, até o aeroporto de descarga.

Há também valores que **não devem compor o valor aduaneiro**, nos termos da IN SRF n. 327/2003:

> Art. 5º No valor aduaneiro não serão incluídos os seguintes encargos ou custos, desde que estejam destacados do preço efetivamente pago ou a pagar pelas mercadorias importadas, na respectiva documentação comprobatória:
>
> I – custos de transporte e seguro, bem assim os gastos associados a esse transporte, incorridos no território aduaneiro, a partir dos locais referidos no inciso I do artigo anterior; e
>
> II – encargos relativos a construção, instalação, montagem, manutenção ou assistência técnica da mercadoria importada, executadas após a importação.
>
> Art. 6º Os juros devidos em virtude de acordo de financiamento contratado pelo comprador e relativo à compra de mercadorias importadas não serão considerados como parte do valor aduaneiro, desde que:
>
> I – os juros sejam destacados do preço efetivamente pago ou a pagar pelas mercadorias;
>
> II – o acordo de financiamento tenha sido firmado por escrito;
>
> III – quando requerido, o importador possa comprovar que:
>
> *a)* tais mercadorias são vendidas realmente ao preço declarado como preço efetivamente pago ou por pagar; e
>
> *b)* a taxa de juros estabelecida não excede o nível usualmente praticado nesse tipo de transação no momento e no país em que tenha sido concedido o financiamento.
>
> Parágrafo único. O disposto neste artigo será aplicado nas situações em que o financiamento seja concedido pelo vendedor, por entidade bancária ou outra pessoa física ou jurídica e, quando couber, nos casos em que as mercadorias sejam valoradas por método distinto daquele baseado no valor de transação.

Interessante é o caso apresentado pelo inciso I, do art. 5º em destaque que menciona sobre **gastos associados ao transporte das mercadorias, incorridos no território aduaneiro.** O treco em destaque do dispositivo gera muitas discussões, principalmente nos Tribunais brasileiros.

A jurisprudência do Superior Tribunal de Justiça (STJ) é firme no sentido de que a **inclusão da taxa de capatazia no valor aduaneiro é ilegal**, embora tal entendimento seja contrário à redação da Instrução Normativa em destaque. Em uma recente decisão da 1ª Seção do Superior Tribunal de Justiça, referente ao julgamento dos REsp 1.799.306, REsp 1.799.308 e REsp 1.799.309, em 11 de Março de 2020. No entanto, primeiramente, indispensável conhecer o conceito de capazatia.

Capatazia, nos termos do artigo 40, §, I da Lei 12.815/2013, é a "atividade de movimentação de mercadorias nas instalações dentro do porto, compreendendo o recebimento, conferência, transporte interno, abertura de volumes para a conferência aduaneira, manipulação, arrumação e entrega, bem como o carregamento e descarga de embarcações, quando efetuados por aparelhamento portuário". O valor da taxa de capatazia, por conta da redação da IN SRF n. 327/2003, vem sendo inserido no valor aduaneiro que, por derradeiro, é a base de cálculo do imposto de importação quando a alíquota é *ad valorem*.

Ocorre que a referida Instrução Normativa confronta o art. 8º, item 2, alínea *b*, do AVA, já abordado, que pressupõe compor o valor aduaneiro, os gastos relativos ao carregamento, descarregamento e manuseio, associados ao transporte das mercadorias importadas **até o porto** local de importação.

Também, infringe tal dispositivo, o artigo 4º, § 3º da IN SRF 327/2003, o qual estabelece que **os gastos relativos à descarga da mercadoria do veículo de transporte internacional no território nacional serão incluídos no valor aduaneiro**, independentemente da responsabilidade pelo ônus financeiro e da denominação adotada. Desta feita, a Instrução Normativa violou o Acordo, o qual, por conta da redação do art. 98, do Códidigo Tributário Nacional, prevalece em face da legislação doméstica. Ensina Regina Helena Costa (COSTA, 2017, p. 180) "(...) A dicção da norma em análise não é a das mais técnicas, pois os tratados e convenções internacionais não revogam a legislação interna. Ao nosso ver, o que de fato ocorre é que as normas contidas em tais atos, por serem especiais, prevalecem sobre a legislação interna, afastando a sua eficácia no que com esta forem conflitantes (critério da especialidade para a solução de conflitos normativos). Tal eficácia, portanto, resta preservada, para todas as demais situações não contempladas nos atos internacionais."

Com isso, se a Instrução Normativa em destaque é conflitante com o Acordo de Valoração Aduaneira (AVA), ela deverá ser **afastada**. Não apenas violou a legislação internacional, mas também o regulamento aduaneiro, mais precisamente, o inciso I, do art. 77, o qual dispõe que:

> Art. 77, RA. Integram o valor aduaneiro, independentemente do método de valoração utilizado:
>
> I – o custo de transporte da mercadoria importada até o porto ou o aeroporto alfandegado de descarga ou o ponto de fronteira alfandegado onde devam ser cumpridas as formalidades de entrada no território aduaneiro.

Diversos entendimentos do Superior Tribunal de Justiça (STJ) são neste sentido:

▸ Importante:

"TRIBUTÁRIO. AGRAVO INTERNO NO RECURSO ESPECIAL. IMPOSTO DE IMPORTAÇÃO. BASE DE CÁLCULO. VALOR ADUANEIRO. DESPESAS DE CAPATAZIA. INCLUSÃO. IMPOSSIBILIDADE. ART. 4º, § 3º, DA IN SRF 327/2003. ILEGALIDADE.

1. O Acordo de Valoração Aduaneiro e o Decreto 6.759/2009, ao mencionar os gastos a serem computados no valor aduaneiro, referem-se às despesas com carga, descarga e manuseio das mercadorias importadas até o porto alfandegado. A Instrução Normativa 327/2003, por seu turno, refere-se a valores relativos à descarga das mercadorias importadas, já no território nacional.

2. A Instrução Normativa 327/2003 da SRF, ao permitir, em seu artigo 4º, § 3º, que se computem os gastos com descarga da mercadoria no território nacional, no valor aduaneiro, desrespeita os limites impostos pelo Acordo de Valoração Aduaneira e pelo Decreto 6.759/09, tendo em vista que a realização de tais procedimentos de movimentação de mercadorias ocorre apenas após a chegada da embarcação, ou seja, após a sua chegada ao porto alfandegado. Precedentes: AgRg no REsp 1.434.650/CE, Rel. Ministro Herman Benjamin, Segunda Turma, DJe 30/6/2015; REsp 1.239.625/SC, Rel. Ministro Benedito Gonçalves, Primeira Turma, DJe 4/11/2014.

Agravo interno não provido".

(AgInt no REsp 1566410/SC, Rel. Ministro BENEDITO GONÇALVES, PRIMEIRA TURMA, julgado em 18/10/2016, DJe 27/10/2016).

▸ **Importante:**

"TRIBUTÁRIO E PROCESSUAL CIVIL. RECURSO ESPECIAL. DEFICIÊNCIA NA FUNDAMENTAÇÃO RECURSAL, QUANTO À ALEGAÇÃO GENÉRICA DE OFENSA AOS ARTS. 489, 1.022 E 1.025 DO CPC/2015. SÚMULA 284/STF. AUSÊNCIA DE PREQUESTIONAMENTO DAS DISPOSIÇÕES DO DECRETO 92.930/86, DA CONVENÇÃO DE VIENA SOBRE O DIREITO DOS TRATADOS E DO ART. 3.2 DO ENTENDIMENTO RELATIVO ÀS NORMAS E PROCEDIMENTOS SOBRE SOLUÇÃO DE CONTROVÉRSIAS DA ORGANIZAÇÃO MUNDIAL DO COMÉRCIO (ESC). PREQUESTIONAMENTO CONFIGURADO, EM RELAÇÃO ÀS DEMAIS DISPOSIÇÕES NORMATIVAS INVOCADAS NO RECURSO ESPECIAL. IMPOSTO DE IMPORTAÇÃO. BASE DE CÁLCULO. VALOR ADUANEIRO. DESPESAS DE CAPATAZIA. INCLUSÃO. IMPOSSIBILIDADE. ART. 4º, § 3º, DA IN SRF 327/2003. ILEGALIDADE. RECURSO ESPECIAL PARCIALMENTE CONHECIDO, E, NESSA PARTE, IMPROVIDO.

1. Na forma da jurisprudência do STJ, o art. 4º, § 3º, da IN/SRF 327/2003, ao incluir os gastos de capatazia, efetuados após a chegada da mercadoria no país importador, na constituição do valor aduaneiro, para fins de cobrança do Imposto de Importação, desbordou de seus limites de regulamentação da legislação federal. Precedentes: STJ, REsp 1.239.625/SC, Rel. Ministro BENEDITO GONÇALVES, PRIMEIRA TURMA, DJe de 04/11/2014; AgRg no REsp 1.434.650/CE, Rel. Ministro HERMAN BENJAMIN, SEGUNDA TURMA, DJe de 30/06/2015; AgInt no REsp 1.566.410/SC, Rel. Ministro BENEDITO GONÇALVES, PRIMEIRA TURMA, DJe de 27/10/2016; REsp 1.528.204/SC, Rel. p/ acórdão Ministro MAURO CAMPBELL MARQUES, SEGUNDA TURMA, DJe de 19/04/2017.

2. Os serviços de capatazia encontram lastro normativo constitucional e infraconstitucional idôneo para a incidência de outro imposto, de competência dos

Municípios, qual seja, o imposto sobre serviços de qualquer natureza, como se constata por simples leitura do art. 156, III, da CF/88 c/c o item 87 da Lista de Serviços a que se refere o art. 8º do Decreto-lei 406/68, correspondente ao item 20 e subitens 20.01 e 20.02 da Lista de Serviços a que se refere o art. 1º da Lei Complementar 116/2003, que contemplam, como fato gerador do ISSQN, a prestação de serviços de capatazia em portos e aeroportos."

(REsp 1626971/SC, Rel. Ministra ASSUSETE MAGALHÃES, SEGUNDA TURMA, julgado em 25/04/2017, DJe 04/05/2017)

No entanto, o Superior Tribunal de Justiça alterou seu entendimento, no julgamento do REsp 1799306/RS e passou a compreender que os serviços de capatazia devem ser incluídos na composição do valor aduaneiro.

Nessa situação concreta, foi interposto recurso extraordinário ao Supremo Tribunal Federal, o qual foi inadmitido.

Em decorrência da inadmissão do recurso extraordinário, foi interposto, portanto, agravo para a Suprema Corte. Em decisão monocrática, decidiu o Supremo Tribunal Federal que a matéria não possuía cunho constitucional. Desta decisão, o contribuinte apresentou agravo interno (ARE 1298840 / RS), e o Plenário manteve a decisão do Ministro Luiz Fux.

Não obstante a posição da jurisprudência brasileira, foi publicado no Diário Oficial da União, na data de 8 de junho de 2022, o Decreto nº 11.090, de 7 de junho de 2022, o qual veio a alterar a redação do inciso II, do art. 77, do Decreto nº 6.759, de 5 de fevereiro de 2009, mais conhecido como Regulamento Aduaneiro (RA), o qual passa a vigorar com as seguintes alterações:

> Art. 77, II - os gastos relativos à carga, à descarga e ao manuseio, associados ao transporte da mercadoria importada, até a chegada aos locais referidos no inciso I, excluídos os gastos incorridos no território nacional e destacados do custo de transporte.

Portanto, nota-se que a redação atual do art. 77 do Regulamento Aduaneiro passa a excluir do valor aduaneiro os gastos incorridos no território nacional e destacados do custo de transporte, isto é, a capatazia.

Desta forma, o decreto presidencial coloca um ponto final em toda a discussão de décadas sobre o assunto, algo que é visto com bons olhos, principalmente com o intuito de impulsionar o comércio internacional e o fluxo de investimentos no Brasil, diminuindo a carga tributária incidente sobre as importações.

Foi publicada no Diário Oficial da União, em 23 de junho de 2022, a Instrução Normativa RFB nº 2090, de 22 de junho de 2022, a qual dispõe sobre a declaração e o controle do valor aduaneiro de mercadorias importadas.

A nova Instrução entrará em vigor a partir de 1º de julho e promoverá várias atualizações e aprimoramentos no controle do valor aduaneiro das mercadorias importadas, incluindo o estabelecimento de atributos e especificações relativos às mercadorias na NCM que passarão a ser informados na Declaração de Importação, em substituição a atual "Nomenclatura de Valor Aduaneiro e Estatística - NVE".

Segundo a nova IN da RFB, verifica-se o seguinte:

> Art. 9º Na determinação do valor aduaneiro, serão incluídos os seguintes elementos:
>
> I - O custo de transporte das mercadorias importadas até o porto ou aeroporto alfandegado de descarga ou o ponto de fronteira alfandegado onde devam ser cumpridas as formalidades de entrada no território aduaneiro;
>
> II - os gastos relativos a carga, descarga e manuseio, associados ao transporte das mercadorias importadas, até a chegada aos locais referidos no inciso i, excluídos os gastos incorridos no território nacional e destacados do custo de transporte; e
>
> III - o custo do seguro do transporte das mercadorias durante as operações referidas nos incisos I e II.
>
> § 2º Para os efeitos do disposto no inciso ii do caput, o destaque dos gastos incorridos no território nacional será aceito quando constar no conhecimento de carga ou documento equivalente, na fatura comercial ou na nota fiscal emitida pelo prestador dos serviços correspondentes.
>
> O §2º estabelece uma condição para a exclusão dos gastos incorridos no território nacional relacionados a descarga e manuseio da carga. A condição é que os gastos, os quais podem ser excluídos, constem do conhecimento de carga ou documento equivalente; ou da fatura comercial ou da nota fiscal emitida pelo prestador do serviço."

▸ Como esse assunto foi cobrado em prova?

Na prova de Auditor Fiscal da Receita Federal do Brasil/2012 – ESAF, a banca considerou incorreta a seguinte assertiva sobre o assunto: "O Acordo de Valoração Aduaneira estabelece seis métodos para o procedimento de valoração aduaneira, cuja utilização deve ser sequencial, de modo que, na impossibilidade de se pautar pelos anteriores, deve ser adotado o método subsequente. São eles: 1. método do valor de transação ajustado; 2. método do valor de transação de produtos similares ao importado; 3. método do valor de transação de produtos idênticos; 4.método dedutivo. 5. método computado; 6. método dos critérios razoáveis ou método razoável".

6. ALÍQUOTAS

Primeiramente, vale a pena relembrar que **pode o Poder Executivo alterar as alíquotas do imposto de importação por meio de decreto presidencial ou resolução da CAMEX.** Trata-se de uma verdadeira **exceção ao Princípio da "legalidade" tributária**, já abordado em capítulo anterior. O art. 21, do CTN, acompanha o texto Constitucional, do art. 153, §1°, da CF/88.

Foi por meio do Decreto n. 4.732/2003 que a **delegação à CAMEX** foi deferida para fixação das alíquotas do imposto de importação, assim como do imposto de exportação. Conforme já tratado anteriormente, tal delegação foi declarada constitucional pelo Supremo Tribunal Federal (STF), por ocasião do julgamento do RE 570680. Rel. Min Ricardo Lewandowksi, j. 28.10.2009.

Ocorre que o art. 3°, da Lei n. 3.244/1957 dispõe que a alteração da alíquota, em cada caso, não poderá ultrapassar 60% *ad valorem,* para mais ou para menos. Este dispositivo causou muitas controversas entre os importadores, restando ao Superior Tribunal de Justiça (STJ) definir que a conta referente aos 60% deve ser realizada considerando o valor da mercadoria com a alíquota posterior e comparando-o com a nova alíquota. Será a diferença entre os dois valores que não poderá ser superior a 60% do valor anterior.

> ▸ **Importante:**
>
> TRIBUTÁRIO. IMPOSTO DE IMPORTAÇÃO. MAJORAÇÃO DE ALÍQUOTA. LEGALIDADE. 1. No caso da compra de veículos importados, a majoração da alíquota de imposto de importacao de 32% (trinta e dois por cento) para 70% (setenta por cento), nos termos do Decreto n. 1.427/95, não ofende o disposto no art. 3° da Lei n. 3.244/57, visto que restou respeitado o limite de aumento estabelecido neste regramento. 2. Sendo ad valorem a natureza da alíquota aplicada para majoração da exação, a diferença de alíquota, a teor do art. 20, II, do CTN, deve ser relacionada ao preço normal da mercadoria, e não ao percentual das alíquotas anteriormente aplicadas. 3. Recurso não-provido.
>
> (STJ, Resp. 174836/ CE, rel. Min. João Otávio de Noronha, 2ª T, j. em 03/02/2005).

Em algumas situações em que as alíquotas do imposto de importação são consideradas como excessivas pelos importadores, o Supremo Tribunal Federal (STF), compreende que não é toda situação de aumento da alíquota **que fere o princípio do não confisco**, mas deve-se averiguar cada situação de importação específica, considerando os custos da carga tributária global, assim como as margens de lucro, a conjuntura econômica e social, além das condições de mercado.

Conforme já mencionado no início do ponto anterior, as alíquotas do imposto de importação podem ser **mistas, específicas**, também conhecidas **como *ad rem*, ou *ad valorem***, neste sentido é também o art. 75, RA.

As alíquotas específicas ou *ad rem* consistem na unidade de medida adotada pela legislação tributária, já a alíquota *ad valorem*, é o percentual sobre o preço normal – valor comercial – que o o produto, ou o seu simular, possa vir a alcançar no tempo da importação, em uma venda em condições de livre concorrência, para entrega no porto ou lugar de entrada do produto no país, conforme o art. VII, do Acordo Geral sobre Tarifas e Comércio (GATT).

6.1. Tarifa Externa Comum (TEC) e Nomenclatura Comum do Mercosul (NCM)

O Brasil, por integrar a "união aduaneira incompleta", MERCOSUL, possui um regime atribuído às alíquotas do imposto de importação denominado de Tarifa Externa Comum (TEC), aplicada aos produtos oriundos fora do bloco. Foi com o Tratado de Assunção, de 26.03.1991, por meio de seu art. 1º que metas como a livre circulação de bens, serviços e fatores produtivos deveriam ser implementadas por meio da mencionada **TEC**, por ocasião da criação do bloco.

Tarifa Externa Comum (TEC)
Menciona as alíquotas do imposto de importação, aplicáveis às mercadorias da Nomenclatura e utilizadas de maneira uniforme pelos países do MERCOSUL, exceto no que se refere aos produtos constantes das listas de exceções.

Para que tais metas fossem viabilizadas e para que todos os países integrantes do MERCOSUL cobrassem a mesma alíquota, indispensável foi a criação de uma nomenclatura comum. Em 1994, foi criada a Nomenclatura Comum do Mercosul (NCM), internalizada pelo Decreto n. 1.343/1994, a qual tem como referência o Sistema Harminizado de Designação e Codificação de Mercadorias (SH).

SH	NCM
Criação de subdivisões para a classificação de mercadorias de nível mais detalhado para além do código numérico de seis dígitos. No caso do MERCOSUL, a nomenclatura utiliza até oito dígitos (Convenção Internacional sobre o Sistema Harmonizado de Designação e de Codificação de Mercadorias – Bruxelas – 1983);	Relação completa de mercadorias e respectivos códigos os membros do MERCOSUL adotam, conforme o Sistema Harmonizado. São oito dígitos que compõem a NCM, sendo que os seis primeiros são idênticos ao padrão internacional, já o sétimo e oitavo dígitos correspondem a desdobramentos específicos atribuídos no âmbito do MERCOSUL.

O Sistema Harmonizado de Designação e de Codificação de Mercadorias (SH), criado por meio de uma Convenção Internacional, promulgada pelo Brasil através do Decreto nº 97.409/1988, é base para Nomenclatura em mais de

200 (duzentos) países, sendo atualizado pela Organização Mundial das Aduanas (OMA) a cada cinco anos, entrando em vigor em 1º de janeiro de cada ano.

Interessante mencionar que a VII Emenda à Nomenclatura do Sistema Harmonizado de Designação e de Codificação de Mercadorias (SH-2022) foi aprovada através da IN RFB nº 2054/2021, a qual entrou em vigor na data de 1º de janeiro de 2022. Foram incluídos e excluídos diversos itens da Nomenclatura Comum do Mercosul, uma vez que os seis primeiros dígitos correspondem ao SH, havendo uma nova reclassificação do produto em questão, influenciando na Tarifa Externa Comum (TEC) e na Tabela do Imposto sobre Produtos Industrializados (TIPI).

Quanto à Tarifa Externa Comum (TEC) e à Nomenclatura Comum do Mercosul (NCM), conforme o novo SH-2022, ocorreu em 1º de abril de 2022, já em relação à Tabela do Imposto sobre Produtos Industrializados (TIPI), em 1º de maio do mesmo ano, conforme será visto em capítulo específico.

A partir de 1º de abril de 2022, a Resolução Gecex/CAMEX nº 272, publicada no Diário Oficial da União em 29 de novembro de 2021, que alterou a NCM para adequação ao SH-2022, passou a produzir efeitos. No entanto, até 31 de dezembro de 2030 ficam mantidas as alíquotas do imposto de importação de 28% para os códigos NCMs previstos na Decisão CMC/Mercosul nº30/15 e de 35% para os códigos NCMs para a Decisão CMC/Mercosul nº 29/15.

Vale lembrar que até 31 de dezembro de 2022, as alíquotas do imposto de importação previstas no Anexo II da Resolução Gecex/CAMEX nº272/2021, estarão reduzidas, com base no art. 50, alínea *d*, do Tratado de Montevidéu de 1980.

Também, outro ponto interessante, é quanto às alíquotas excepcionais do imposto de importação aos códigos NCMs e destaques tarifários previstos nos Anexos III a VIII da Resolução Gecex/CAMEX nº 272/2021, dentre eles, a "Lista e Exceções de Bens de Informática e Telecomunicações e Bens de Capital", do Anexo VI. Neste caso mencionado, até 31 de dezembro de 2028, o Brasil poderá aplicar alíquota distinta da Tarifa Externa Comum (TEC), inclusive de 0% para importação destes bens, nos termos da Decisão CMC/Mercosul nº 08/21.

Pela redação do art. 4º, do Decreto n. 2.376/1997, a NCM será empregada nas operações de comércio exterior. Portanto, para saber qual será a TEC aplicável a determinado produto oriundo das negociações de importações, indispensável é conhecer a sua classificação.

NCM	Descrição	TEC (%)
04.01	Leite e creme de leite, não concentrados nem adicionados de açúcar ou de outros edulcorantes	

NCM	Descrição	TEC (%)
0401.10.10	Leite UHT (Ultra High Temperature)	14
04.02	Leite e creme de leite, concentrados ou adicionados de açúcar ou de outros edulcorantes	
0402.21.10	Leite integral	16
0402.21.20	Leite parcialmente desnatado	16
0402.21.30	Creme de Leite	16

Exemplo: 0401.20.10

04: Capítulo: dois primeiros dígitos do SH

01: Posição: quatro primeiros dígitos do SH

20: Subposição: seis primeiros dígitos do SH

1: Item: 7º dígito da NCM

0: Subitem: 8º dígito da NCM

▸ Atenção!

A NCM é baseada na Nomenclatura do Sistema Harmonizado de Designação e de Codificação de Mercadorias e adotada para a formulação da Tarifa Externa Comum (TEC) e da Tabela de Incidência do IPI (TIPI).

A classificação das mercadorias é um ato bem complexo, devendo seguir **regras:**

Regras para classificação de mercadorias
Os títulos dos capítulos são indicativos, e a classificação se dá pelo texto;
A referência a um artigo importado se aplica ao bem no estado em que se encontra, desde que apresente suas características essenciais;
Quando há mais de uma classificação possível, a mais específica prevalece sobre a mais genérica; nas misturas, prevalece a classificação do item que confere a característica essencial, quando não há previsão específica para a mistura;
As mercadorias que não possam ser classificadas pelas regras anteriores, se classificam na mesma forma que os produtos semelhantes;
Embalagens seguem a classificação da principal, salvo se elas forem o principal;

Regras para classificação de mercadorias
A classificação de mercadorias nas subposições de uma mesma posição determinada, para efeitos legais, pelos textos dessas subposições e das notas de subposição respectivas, assim como, mutatis mutandis, pelas regras precedentes, entendendo-se que apenas são comparáveis subposições do mesmo nível. Para os fins da presente regra, as notas de seção e de capítulo são também aplicáveis, salvo disposições em contrário.

6.1.1. Ex-tarifários

Foi a partir da publicação do Decreto n. 1.343, de 23 de dezembro de 1994 que o **ex-tarifário** foi criado. Consiste no **estímulo do investimento produtivo**, ou seja, um instrumento de política aduaneira, nos termos do CARF, e **não um benefício fiscal**, a partir da **redução do imposto de importação quanto aos bens de capital, bens de telecomunicação e bens de informática que não tenham produção nacional equivalente, desde que sejam novos.**

A partir de 2019, novas regras sobre o "ex-tarifário" foram implementadas, a partir da Portaria ME nº 309/2019, a qual revogou a Resolução Camex nº 66/2014. Logo, a redução da alíquota do Imposto de Importação de Bens de Capital, de Informática e de Telecomunicações, bem como de suas partes, peças e componentes, sem produção nacional equivalente, assinalados na Tarifa Externa Comum - TEC como BK ou BIT, poderá ser concedida na condição de "ex-tarifário", em conformidade com os requisitos e procedimentos estabelecidos nesta Portaria.

Vale mencionar que a redução das alíquotas do imposto de importação é concedida aos bens propriamente ditos, e não a requerentes determinados, no entanto, a instituição do "ex-tarifário" se dá a pedido de empresas brasileiras ou de associações representativas, desde que inexista produção nacional equivalente.

Em que pese essas informações, importante saber que atualmente não há prazo de vigência definido para o "ex-tarifário", além do que, também, são aplicáveis aos bem usados. Também, não importa se o bem é transportado por embarcação de bandeira brasileira, quando da sua importação.

Outro ponto que deve ser considerado é que as reduções tarifárias concedidas ao amparo do regime de "ex-tarifários" poderão ser revogadas antes do prazo de vigência estabelecido na Portaria que a concedeu, mediante demanda ou por iniciativa governamental, por existência de produção nacional equivalente, ou seja, além do prazo de 20 (vinte) dias após a solicitação por parte da indústria doméstica.

Uma inovação trazida é quanto à verificação de inexistência de similar nacional, a qual não é verificada a cada importação realizada, mas sim, no ato de criação do "ex-tarifário".

▶ **Cuidado:**

Cabe mencionar que o ex-tarifário consiste na criação de um código específico na Nomenclatura Comum do Mercosul (NCM).

▶ **Importante!**

Importante mencionar que com o novo SH-2022, o qual foi abordado no ponto anterior, no que concerne ao bens e mercadorias importados do exterior que não possuam similar nacional, definidos pela CAMEX, foram publicados no Diário Oficial da União, em 06 de abril de 2022, entrando em vigor 1º de maio de 2022, as Resoluções Gecex/CAMEX nº 322 e 323, as quais revogam e consolidam todas as normas que continham "ex-tarifários" BK e BIT, exceto autopeças, publicando novas listas "Ex".

A lista de bens sem similar nacional (Lessin) é composta por bens e mercadorias classificadas nos códigos NCM que sejam importados , cuja alíquota do imposto de importação seja de até 2% (dois porcento). Tal lista foi atualizada por meio da Resolução Gecex/ CAMEX nº 326/2022, publicada no Diário Oficial da União em 13 de abril de 2022.

Quanto aos produtos automotivos constantes na NCM como Bens de Capital e previstos na alíneas c, f, h e i do art. 1º ao 38º do Protocolo Adicional ao Acordo de Complementação Econômica nº 14, considerados como sem produção nacional ou equivalente, estes são contemplados pela Resolução Gecex/CAMEX nº 311, publicada no Diário Oficial da União em 02 de março de 2022, a qual alterou a alíquota para 0%, do imposto de importação, quanto aos itens que especifica.

Referente aos bens considerados como autopeças, os "ex-tarifários" destes estão contemplados pelas Resoluções Gecex/CAMEX nº 284 e 285, ambas de 2021, sendo que a primeira norma prevê alíquota de 2% do imposto de importação, ao passo que a segunda, de 0%. Vale salientar que apenas empresas habilitadas farão jus a tais benefícios.

7. REGIME DE TRIBUTAÇÃO SIMPLIFICADA

Foi criado através do Decreto-Lei 1.804/1980 e encontra-se no art. 99, do RA, contemplando mercadorias importadas por remessas postais internacionais.

▶ **Importante:**

Art. 99, RA. O regime de tributação simplificada é o que permite a classificação genérica, para fins de despacho de importação, de bens integrantes de remessa postal internacional, mediante a aplicação de alíquotas diferenciadas do imposto de importação, e isenção do imposto sobre produtos industrializados, da contribuição para o PIS/PASEP-Importação e da COFINS-Importação.

▸ Atenção!

Atualmente é a Portaria MF nº 156, de 24 de junho de 1999 que estabelece os requisitos e condições para a aplicação do Regime de Tributação Simplificada.

Por este regime, há a **dispensa do registro da DI**, incidindo uma **alíquota de 60%** sobre o valor aduaneiro dos bens importados, aplicando-se se o valor da mercadoria for de **até US$3.000,00** (três mil dólares norte-americanos), não incluindo tabaco e bebida alcoólica.

Entretanto, há duas situações distintas. Primeiramente, incidirá uma **alíquota de 0%** sobre fármacos, cujo valor seja de **até US$10.000,00** (dez mil dólares norte-americanos), desde que seja referente à importação por pessoa física para consumo próprio. Em outra situação haverá **isenção**, isto é, dispensa legal do pagamento do imposto de importação, se o destinatário e o remetente forem pessoas físicas e o valor do bem seja de até US$50,00 (cinquenta dólares norte-americanos). A IN RFB n. 1737/2017 dispõe acerca de outras hipóteses de isenções.

▸ Atenção!

A alíquota de 0% (zero por cento) não significa isenção, mas apenas que o ente tributante definiu que a tributação daquela operação ou produto seria zerada, visando uma política econômica provisória de incentivo ao consumo. Nada impede que haja a revogação da alíquota zero, estabelecendo-se outra alíquota para a operação.

▸ Atenção!

Vale lembrar, conforme já explicado anteriormente, que acaso o valor da mercadoria seja superior a US$3.000,00 (três mil dólares norte-americanos) ou for enquadrado como produto de tabacaria ou bebida alcoólica, será aplicável o regime de importação comum, devendo ser registrada a declaração de importação de consumo.

▸ Atenção!

Nada obsta que o importador que faça jus ao regime de tributação simplificada opte pelo regime de importação comum, consistindo em uma faculdade.

▸ Atenção

Importante destacar que o valor limite consiste no valor da mercadoria e não no valor aduaneiro, embora, para fins de incidência do imposto de importação, conforme já abordado anteriormente, a alíquota incidirá sobre o valor aduaneiro.

Outros produtos passaram a integrar o regime de tributação simplificada, através da Portaria MF n. 703/1994 revogada pela Portaria MF nº 316, de 28 de dezembro de 1995, tais como cosméticos e perfumaria, isto porque o Decreto--Lei n. 1804/1980 permite ao Ministro da Fazenda criar grupos de mercadorias, assim como, fixar quota de isenção do imposto no limite de US$100,00 (cem dólares) e estender o regime para mercadorias importadas por companhias aéreas ou por empresas de *courier*.

Em relação aos demais tributos aduaneiros, a maioria é contemplada por isenção, salvo o ICMS, nos termos do Decreto-Lei n. 1804/1980. Logo, o IPI é contemplado pela isenção, caso a mercadoria seja importada por meio do regime de tributação simplificada, assim como o PIS/PASEP – importação e a COFINS – importação, por disposição expressa do art. 9º, da Lei n. 10.865/2004. Quanto às contribuições, importante conhecer as hipóteses de isenções que o referido artigo aborda:

a) amostras e remessas postais internacionais, sem valor comercial;

b) remessas postais e encomendas aéreas internacionais, destinadas a pessoa física;

c) bagagem de viajantes procedentes do exterior e bens importados a que se apliquem os regimes de tributação simplificada ou especial.

Portanto, lembre-se:

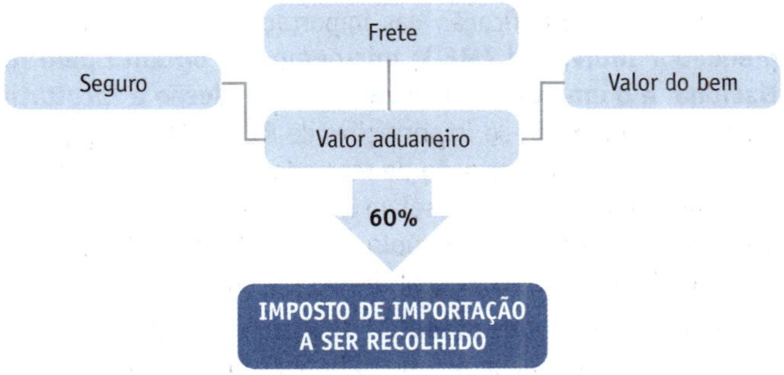

8. REGIME DE TRIBUTAÇÃO ESPECIAL

Tal tema foi abordado no ponto do capítulo sobre bagagem de viajante, vale a pena a releitura do ponto específico.

Para fins de recordação, o regime de tributação especial consiste na incidência do imposto de importação, cuja alíquota será de 50% (cinquenta por cento) em face do valor tributável dos bens. Quanto aos demais tributos aduaneiros, estes estarão contemplados pela isenção tributária.

A alíquota de 50% (cinquenta por cento) incidirá quando as **bagagens extrapolarem a quota de isenção**, conforme detalhado no capítulo específico, de US$500,00 (quinhentos dólares norte-americanos) ou de US$300,00 (trezentos dólares norte-americanos) ou quando houver descumprimento das condições da norma que concedeu a isenção.

No mais, incidirá a alíquota de 50% (cinquenta por cento) quanto às aquisições em lojas francas, desde que superem a quota de isenção de **US$1000,00 (mil dólares norte-americanos)** ou de **US$500,00 (quinhentos dólares norte-americanos conforme a Portaria ME nº 15.224, publicada em 31 de dezembro de 2021)**, em caso de lojas francas de pontos de fronteiras sendo que a medida também é aplicável aos *free shops* instalados nas cidades gêmeas, conforme será detalhado no capítulo sobre regimes aduaneiros especiais.

9. REGIME DE TRIBUTAÇÃO UNIFICADA

Com o intuito de **diminuir a prática do crime de descaminho na região de fronteira Brasil-Paraguai**, cujo tipo penal está previsto no art. 334, CP, consistindo em iludir, no todo ou em parte, o pagamento de direito ou imposto devido pela entrada, pela saída ou pelo consumo de mercadoria, o governo brasileiro criou, por meio da Lei n. 11.898/2009, o Regime de Tributação Unificada (RTU), regulamentado pela IN RFB n. 1698/2017.

Por ele, haveria a simplificação das importações do Paraguai por parte de **Microempreededor Individual (MEI), microempresa optante pelo regime do Simples Nacional e o empresário individual,** cuja **adesão é facultativa**, e que não extrapolem o limite anual de importações de R$110.000,00 (cento e dez mil reais). O regime permite a importação de mercadorias expressamente designadas no Decreto n. 6956/2009, desde que sejam novas e que só possam ser revendidas a consumidor final, incidindo uma alíquota única de 25% (fechada) sobre o valor das aquisições, excluindo o ICMS, o qual deverá ser recolhido à parte.

Os tributos contemplados pelo RTU deverão ser quitados no registro da declaração de importação, além do que, o importador não fará jus a benefícios de isenção ou redução quanto ao imposto de importação (II), imposto sobre produtos industrializados (IPI) e o PIS/PASEP – importação e COFINS-importação, uma vez que a alíquota de 25% não considera os tributos separadamente, dado que é única.

10. PAGAMENTO DO IMPOSTO

Neste ponto da do capítulo, indispensável é relembrar os aspectos do lançamento tributário já estudado anteriormente.

Quanto ao imposto de importação, há uma grande discussão doutrinária acerca da modalidade aplicável. Compreende-se que o lançamento é misto ou por declaração, uma vez que o sujeito passivo presta as informações necessárias à autoridade competente para lançar. Desta feita, o lançamento se perfaz por meio do documento expedido pela autoridade competente diante da apresentação da Declaração de Importação. No mais, há jurisprudência do Superior Tribunal de Justiça que confirma a modalidade aplicável ao imposto.

▸ **Importante:**

"(...)2. Discute-se nos autos a possibilidade de posterior revisão de lançamento do imposto de importação por erro de classificação operada pelo Fisco, que aceitou as declarações do importador quando do desembaraço aduaneiro. 3. Hipótese em que o Tribunal de origem, em conformidade com o conjunto fático-probatório dos autos, concluiu que não houve erro passível de revisão do lançamento. (STJ, AgRg no REsp 1366536/RJ, rel. Min. Humberto Martins, 2ª T, Dje. 14/06/2013).

Embora há quem compreenda que o imposto de importação estará sujeito ao lançamento por homologação, dado que é pago mediante débito automático na conta do importador, cabendo à Receita Federal do Brasil proceder à conferência, podendo lavrar um auto de infração, acaso constate insuficiência no recolhimento, procedendo ao lançamento de ofício do referido imposto.

Calculado aplicando-se a alíquota correspondente à mercadoria importada sobre a base de cálculo, conforme disposto na Tarifa Exterma Comum (TEC). Logo, o importador deverá informar a classificação fiscal da mercadoria na declaração de importação (DI) e, posteriormente, o Siscomex irá proceder a verificação da alíquota aplicável ao imposto de importação, a qual incidirá sobre a base de cálculo. Esta é a regra, embora tal situação será aplicável no caso de regime de tributação simplificada, assim como no regime de tributação especial e no regime de tributação unificada.

▸ **Atenção!**

Em relação ao valor aduaneiro, base de cálculo do imposto de importação, caso esteja expresso em moeda estrangeira, algo muito comum nas operações de comércio exterior, deverá ser convertido à taxa de câmbio vigente no dia da ocorrência do fato gerador, nos termos do art. 97, do RA. Entretanto, deverá ser utilizada a taxa de câmbio vigente na data do registro da declaração de importação.

Art. 97. Para efeito de cálculo do imposto, os valores expressos em moeda estrangeira deverão ser convertidos em moeda nacional à taxa de câmbio vigente na data em que se considerar ocorrido o fato gerador.

Interessante é a cobrança do imposto de importação quando as alíquotas são mistas. Neste caso, a cobrança poderá ser cumulativa ou alternativa. Pelo primeiro critério, o imposto de importação será calculado somando-se os valores obtidos pela aplicação das alíquotas a*d valorem* e específicas, ao passo que pela cobrança alternativa, recolhe-se, apenas, um dos valores.

Quanto à restituição do imposto de importação e a compensação, os artigos 110 ao 113, do regulamento aduaneiro dispõe sobre cinco situações cabíveis.

Restituição e compensação do imposto de importação
Verificado o exeço de pagamento, por conta de erro na base de cálculo, ou na alíquota incidente ou no cálculo do montante devido;
Havendo extravio ou avaria da mercadoria, objeto da importação;
Na época do fato gerador, o contribuinte era beneficiário de isenção ou de redução em caráter geral ou já havia preenchido os requisitos para a concessão da isenção onerosa;
Reforma, anulação, revogação ou rescisão de decisão condenatória;
Se estiver configurado o regime aduaneiro especial de admissão temporária, a mercadoria regressar ao exterior antes de findo o prazo concedido para o regime.

Em relação à estas situações, alguns comentários devem ser feitos.

Primeiramente, ocorrendo **avaria da mercadoria importada, não haverá cobrança dos tributos aduaneiros incidentes, diferentemente no caso de extravio, sendo que especificamente quanto à mercadoria extraviada, o responsável tributário será cobrado quanto aos tributos aduaneiros incidentes.**

Já a última situação, em relação à devolução da mercadoria importada sob regime aduaneiro especial de admissão temporária, o regime específico prevê que o imposto de importação será cobrado proporcionalmente ao tempo da concessão do regime, sendo de 1% por mês de permanência do bem em território aduaneiro pátrio. Logo, se a mercadoria for reexportada antes de findo prazo estabelecido, poderá ser solicitada a restituição dos tributos pagas.

Ademais, as **restituições poderão ser realizadas por solicitação do importador ou de ofício, por parte da autoridade competente.** Quanto à **compensação, só poderão ser compensados créditos com débitos do próprio importador relativos a quaisquer tributos e contribuições federais administrados pela Secretaria da Receita Federal do Brasil.** Entretanto, não poderá ser utilizada a importância paga a mais a título de imposto de importação para compensar débito devido no momento do registro da declaração de importação; assim como com os débitos encaminhados à Procuradoria da Fazenda Nacional para inscrição em dívida ativa; débitos inclusos em programas de parcelamento; além de ser inviável a compensação com débitos objetos de outra compensação, dai que não tenha sido homologada. Nestas duas últimas duas situações apresentadas, por estarem finalizadas, é inviável a compensação tributária.

11. ISENÇÕES E REDUÇÕES DO IMPOSTO DE IMPORTAÇÃO

Por conta da redação do art. 111, do Código Tributário Nacional (CTN), as isenções tributárias e os demais benefícios fiscais, como as reduções do imposto de importação, devem ser interpretadas literalmente. A doutrina de Direito Tributário tece críticas aos termos empregados, uma vez que "literal" e "interpretação" consistem em opostos. Misabel Derzi (BALEEIRO, DERZI, 2015, p. 1083) ensina que as matérias elencadas nos incisos do art. 111, do CTN, incluindo as isenções tributárias, não podem ser contempladas em situações não abarcadas. Isso não significa em que há uma insterpretação restritiva, mas sim, não é extensiva, não podendo contemplar situações hipotéticas não descritas na lei.

Embora o art. 111, do CTN disponha neste sentido, há jurisprudências anteriores do Superior Tribunal de Justiça (STJ) já tenham compreendido que se uma norma tributária concede isenção para determinado tributo, esta espécie de benefício fiscal deverá também, contemplar as peças desses produtos, como no caso do entendimento provido no julgamento do Resp 20983/PE, rel. Min. Milton Luz Pereira, 1ª T, j. 31.08.1994.

Primeiramente, o regulamento aduaneiro dispõe sobre a modalidade de **isenção e de redução do imposto vinculada à destinação de bens**, por isso que é conclusiva a adoção da modalidade de isenções e reduções objetivas. Logo, como são vinculadas à destinação de bens, posteriormente, a isenção deverá ser comprovada e, se a finalidade se mantiver, nada obsta que mediante prévia decisão da autoridade aduaneira, a mercadoria importada objeto da isenção poderá ser transferida com a manutenção do benefício fiscal, consoante dispõe o art. 135, do regulamento aduaneiro.

> **Atenção!**
> Se a mercadoria for utilizada para finalidade distinta da que fundamentou a concessão da isenção ou da redução do imposto de importação, este será cobrado retroagindo à data do registro da declaração de importação, nos termos do art. 134, do regulamento aduaneiro.

Há outras possibilidades de **isenção e redução subjetiva**, entretanto a mercadoria objeto destes benefícios ao ser transferida para outra pessoa estará sujeita ao recolhimento do imposto de importação, levando em consideração a depreciação ocorrida entre o registro da declaração de importação e o ato da transferência. Caso não haja o recolhimento, o adquirente ou cessionário da mercadoria estará sujeito à responsabilidade solidária quanto ao adimplemento do referido imposto devido.

No mais, a isenção ou a redução do imposto somente será aceitável se decorrer de lei ou de ato internacional, nos termos do art. 115, do RA. Lembrando que esta lei deverá ser específica!

Em relação ao ato internacional que disponha acerca da isenção, necessariamente deverá ser realizada uma investigação de fato que constate que o produto beneficiário foi produzido no país com o qual o Brasil firmou um Acordo Internacional, conforme o art 117, do regulamento aduaneiro.

Pela redação do dispositivo do regulamento aduaneiro mencionado, deduz-se que só se considera país de origem aquele que tiver produzido integralmente o produto ou onde tenha ocorrido a transformação substancial.

Por **transformação substancial** compreende-se aquela em que a mercadoria, a princípio, possuia um determinado código e, após o processo de industrialização, passou a ter um código diverso, denominando, tal procedimento, de "salto tarifário", uma vez que ocorre uma alteração na posição tarifária.

Acaso o beneficiário deixe de cumprir os requisitos indispensáveis para a obtenção da isenção tributária, o imposto de importação será recolhido sem depreciação e acrescido de juros de mora e multa, nos termos do art. 120 do RA.

Importante destacar que há alguns requisitos para que mercadoria seja beneficiária do referido imposto de importação, como regra. Vide os artigos 118 e 119, ambos do regulamento aduaneiro:

> Art. 118, RA. Observadas as exceções previstas em lei ou neste Decreto, a isenção ou a redução do imposto somente beneficiará mercadoria sem similar nacional e transportada em navio de bandeira brasileira.
>
> Art. 119, RA. A concessão e o reconhecimento de qualquer incentivo ou benefício fiscal relativo ao imposto ficam condicionados à comprovação pelo contribuinte, pessoa física ou jurídica, da quitação de tributos e contribuições federais:
>
> Parágrafo único. O disposto no caput não se aplica:
>
> I – às importações efetuadas pela União, pelos Estados, pelo Distrito Federal, pelos Territórios e pelos Municípios; e
>
> II – às autarquias e às fundações instituídas e mantidas pelo poder público, relativamente às importações vinculadas a suas finalidades essenciais ou às delas decorrentes.

A condição para que a **isenção** seja reconhecida quanto ao **transporte da mercadoria em navio de bandeira brasileira**, está expressa nos artigos 210 e 211, ambos do regulamento aduaneiro, cuja leitura é indispensável, dado que já foram cobrados na literalidade, em prova da Receita Federal do Brasil:

> Art. 210, RA. Respeitado o princípio de reciprocidade de tratamento, é obrigatório o transporte em navio de bandeira brasileira:
>
> I – das mercadorias importadas por qualquer órgão da administração pública federal, estadual e municipal, direta ou indireta; e
>
> II – de qualquer outra mercadoria a ser beneficiada com isenção ou redução do imposto.
>
> § 1º Para os fins deste artigo, considera-se de bandeira brasileira o navio estrangeiro afretado por empresa nacional autorizada a funcionar regularmente.
>
> §2º A obrigatoriedade prevista no caput é extensiva à mercadoria cujo transporte esteja regulado em acordos ou em convênios firmados ou reconhecidos pelas autoridades brasileiras, obedecidas as condições neles fixadas.
>
> § 3º São dispensados da obrigatoriedade de que trata o caput:
>
> I – bens doados por pessoa física ou jurídica residente ou sediada no exterior.
>
> §4º O cumprimento da obrigatoriedade referida no caput poderá ser suprido mediante a apresentação de documento de liberação da carga expedido pelo órgão competente do Ministério dos Transportes.
>
> Art. 211, RA. O descumprimento da obrigação referida no caput do art. 210, quanto:
>
> I – ao inciso I, obrigará a unidade aduaneira a comunicar o fato, em cada caso, ao órgão competente do Ministério dos Transportes, sem prejuízo do desembaraço aduaneiro da mercadoria com isenção; e
>
> II – ao inciso II, importará a perda do benefício de isenção ou de redução.

Logo, como regra**, não poderá existir produção nacional de produtos similares; o produto deverá ser transportado por navio de bandeira brasileira e o importador deverá comprovar a quitação dos tributos e das contribuições incidentes.**

O Regulamento Aduaneiro define como **produto similar ao estrangeiro**, o **nacional em condições de substituir o importado**, observando normas básicas dispostas no art. 190 do RA.

> **▸ Importante:**
>
> Art. 190, RA. Considera-se similar ao estrangeiro o produto nacional em condições de substituir o importado, observadas as seguintes normas básicas:
>
> I – qualidade equivalente e especificações adequadas ao fim a que se destine;
>
> II – preço não superior ao custo de importação, em moeda nacional, da mercadoria estrangeira, calculado o custo com base no preço Cost, Insurance and Freight – CIF, acrescido dos tributos que incidem sobre a importação e de outros encargos de efeito equivalente; e
>
> III – prazo de entrega normal ou corrente para o mesmo tipo de mercadoria.
>
> Parágrafo único. Não será aplicável o conceito de similaridade conforme o disposto no caput, quando importar em fracionamento da peça ou máquina, com prejuízo da garantia de seu bom funcionamento ou com retardamento substancial no prazo de entrega ou montagem.

Entretanto, há situações em que a **apuração da similaridade está dispensada**, como quanto à bagagem de viajantes, bens adquiridos em lojas francas, amostras e bens contidos em remessas postais internacionais, sem valor comerciais, e outras situações elencadas no art. 201, do regulamento aduaneiro.

A apuração ocorrerá por ocasião do **licenciamento das importações**, a qual ocorrerá em **momento anterior ao embarque da mercadoria**. Caberá ao Departamento de Comércio Exterior (Decex) investigar a existência da similaridade, nos termos da Portaria Secex n. 23/2011.

No mais, o requisito que trata sobre a quitação dos tributos deverá ser desconsiderado nos casos de dispensa, conforme o art. 119 do RA.

> **▸ Como esse assunto já foi cobrado em prova?**
>
> Na prova de Auditor Fiscal da Receita Federal do Brasil/ 2000 – ESAF, foi cobrada a seguinte questão sobre o assunto:
>
> De uma maneira geral, com as exceções previstas na legislação específica, pode-se afirmar que os requisitos de inexistência e similar nacional e de transporte obrigatório em navio de bandeira brasileira devem ser observados nas importações:
>
> a) Às quais se aplicam os regimes aduaneiros especiais, excluídos os de trânsito aduaneiro e exportações temporárias;
>
> b) beneficiadas com isenções ou reduções do imposto de importação vinculadas à qualidade do importador, à destinação dos bens e as decorrentes de Acordo Internacionais;
>
> c) Beneficiadas com alíquota zero ou redução de alíquota do imposto de importação constantes em TEC;

d) Beneficiada com isenção ou suspensão do imposto de importação;

e) Beneficiadas com isenções ou reduções do imposto de importação.

RESPOSTA: E

Capítulo 5

IMPOSTO DE EXPORTAÇÃO

1. IMPOSTO DE EXPORTAÇÃO

Também está expresso no art. 153, II, da CF/88 e regulamentado pelo Decreto-Lei n. 1578/1977. Assim como o imposto de importação, não observa os princípios da legalidade e o da anterioriade, seja o da noventena seja o do exercício financeiro.

Logo, as alíquotas podem ser majoradas por meio de decreto do chefe do Poder Executivo Federal ou por meio de Resolução da CAMEX e não precisam observar o próximo exercício financeiro ou os noventa dias para entrarem em vigor, podendo ser cobradas de imediato, uma vez que o caráter extrafiscal do imposto do exportação prevalece.

2. INCIDÊNCIA

O imposto de exportação **incide sobre mercadoria nacional ou nacionalizada destinada ao exterior**. Lembrando que se considera nacionalizada a mercadoria estrangeira importada a título definitivo. Caberá à Câmara de Comércio Exterior (CAMEX), observada a legislação específica, relacionará as mercadorias sujeitas ao imposto.

▸ **Como esse assunto já foi cobrado em prova?**

Na prova de Analista Tributário da Receita Federal do Brasil/2012 – ESAF, a banca cobrou a seguinte questão:

Acerca do Imposto de Exportação, analise os itens a seguir, classificando-os como verdadeiros (V) ou falsos (F). Em seguida, escolha a opção adequada às suas respostas.

I. A Câmara de Comércio Exterior, observada a legislação específica, relacionará as mercadorias sujeitas ao imposto de exportação, mas de acordo com o art. 153, §1º da CF/88, a alteração das alíquotas do imposto é de competência privativa do Chefe do Poder Executivo;

II. Mesmo considerando a função regulatória do IE, suas alíquotas poderão ser manejadas sem a observância de condições e limites estabelecidos em lei em sentido estrito;

III. Segundo entendimento do STF, é incompatível com a CF/88 a norma infraconstitucional que atribui a órgão integrante do Poder Executivo da União a faculdade de estabelecer as alíquotas do IE;

IV. O IE incide sobre mercadoria nacional ou nacionalizada destinada ao exterior. Considera-se nacionalizada a mercadoria estrangeira importada a título definitivo.

a) Estão corretos somente os itens II e III;
b) estão corretos somente os itens I e III;
c) Estão corretos somente os itens I e II;
d) Estão corretos somente os itens II e IV;
e) todos os itens estão corretos

RESPOSTA: D

3. FATO GERADOR

Nos termos do art. 213, do regulamento aduaneiro, o imposto de exportação tem como fato gerador a **saída da mercadoria do território aduaneiro**, com isso, compreende-se que o fato gerador do imposto de exportação é formado por **três aspectos: o material, o espacial e o temporal.**

Logo, para que ocorra o fato gerador do imposto de exportação, é indispensável que **haja a saída da mercadoria do território aduaneiro**, embora seja de difícil constatação averiguar quando realmente ocorre a saída, porquanto, o parágrafo único do mesmo dispositivo do regulamento aduaneiro resolveu adotar para efeito de cálculo do imposto, a data de registro do registro de exportação no Sistema Integrado de Comércio Exterior (SISCOMEX), ato que representa o início da exportação da mercadoria.

4. BASE DE CÁLCULO

Diferentemente do imposto de importação, a base de cálculo do imposto de exportação consiste no **preço no normal do produto**. Logo, **não é o valor aduaneiro**!

▸ **Importante:**

"Art. 214. A base de cálculo do imposto é o preço normal que a mercadoria, ou sua similar, alcançaria, ao tempo da exportação, em uma venda em condições de livre concorrência no mercado internacional, observadas as normas expedidas pela Câmara de Comércio Exterior.

§1º Quando o preço da mercadoria for de difícil apuração ou for suscetível de oscilações bruscas no mercado internacional, a Câmara de Comércio Exterior fixará critérios específicos ou estabelecerá pauta de valor mínimo, para apuração da base de cálculo.

§2º Para efeito de determinação da base de cálculo do imposto, o preço de venda das mercadorias exportadas não poderá ser inferior ao seu custo de aquisição ou de produção, acrescido dos impostos e das contribuições incidentes e da margem de lucro de quinze por cento sobre a soma dos custos, mais impostos e contribuições."

Quanto à conversão do valor na moeda estrangeira para a moeda nacional para cálculo do imposto de exportação, utiliza-se a taxa de câmbio do dia anterior, conforme o art. 2º, parágrafo único, da Resolução Bacen n. 2.136, de 28 de dezembro de 1994.

5. ALÍQUOTAS

Nos termos do regulamento aduaneiro, a alíquota consiste em 30%, no entanto, conforme já explanado anteriormente, a CAMEX possui atribuição para alterar as alíquotas dos tributos aduaneiros, incluindo o imposto de exportação para qualquer produto.

Para a maioria dos produtos, a CAMEX reduziu a alíquota para 0%, exceto para os três casos. O próprio regulamento aduaneiro faz a observação de que a alíquota máxima não poderá ser superior a 150%.

Alíquotas	Produtos
150%	Cigarros contendo tabaco, quando destinados à América do Sul e Central, inclusive Caribe, ressalvadas as hipóteses de isençãp previstas em lei;
150%	Armas e munições, quando destinadas à América Central, inclusive Caribe, e América do Sul, ressalvadas as operações listadas na Resolução Camex n. 88/2010;
9%	Couros e peles, como dispõe a Circular Bacen n. 2767, de 11 de julho de 1997 e a Resolução Camex n. 42, de 19 de dezembro de 2006.

▸ **Atenção!**

Em relação às alíquotas de 150%, nos dois primeiros pontos, estas são exacerbadas com o intuito de evitar que tais produtos saiam ilegalmente do país. Vale a pena destacar que há apenas a incidência do imposto de exportação, logo, não incidem o IPI, ICMS, PIS e COFINS, já que há imunidade nas exportações. No mais, o próprio regulamento aduaneiro prevê a possibilidade da dispensa da cobrança de imposto de exportação em relação à mesma mercadoria quando o destino é um determinado país e a cobrança quando é outro. Já a alíquota de 9% é para evitar o desabastecimento do mercado interno em relação ao produto.

6. PAGAMENTO

Conforme disposto na Portaria n. 674/1994 do Ministério da Fazenda, o pagamento do imposto de exportação deverá ser realizado em no máximo 15 dias contados do registro da declaração para despacho aduaneiro, não podendo, a mercadoria, deixar o território aduaneiro, enquanto o referido imposto não for quitado.

▸ **Como esse assunto já foi cobrado em prova?**

Na prova de Auditor Fiscal da Receita Federal do Brasil/2002 – ESAF, a banca cobrou a seguinte questão:

O preço normal determinado legalmente para apuração da base de cálculo do imposto de exportação corresponde:

a) Ao preço da mercadoria, ou seu similar, fixado periodicamente pelo Conselho Monetário Nacional em pauta de valor mínimo vigente ao tempo da exportação;
b) Ao valor externo da mercadoria, identificado como o preço com que a mesma ou similar é normalmente oferecida à venda no mercado atacadista do país, somado às despesas para sua colocação no ponto de saída (porto, aeroporto ou fronteira terrestre), deduzidos, quando for o caso, os impostos exigíveis para consumo interno e recuperáveis pela exportação;
c) Ao preço que a mercadoria, ou seu similar, alcançaria ao tempo da exportação, em uma venda em condições de livre concorrência no mercado internacional, observadas as normas baixadas pela Câmara de Comércio Exterior;
d) Ao valor de transação, ou seja, o preço efetivamente pago ou a ser pago pelo comprador no exterior;
e) Ao preço nunca inferior a um preço de referência fixado pela Secretaria de Comércio Exterior para a mercadoria a ser exportada sendo o parâmetro utilizado para sua aceitação no SISCOMEX.

RESPOSTA: C

Capítulo 6

IMPOSTO SOBRE PRODUTOS INDUSTRIALIZADOS VINCULADO À IMPORTAÇÃO

1. IPI

O Imposto sobre produtos industrializados está previsto no art. 153, IV, da CF/88, incidindo sobre a produção e a circulação.

Necessariamente, observará o **princípio da seletividade**, diferentemente do ICMS, nos termos do §3°, do art. 153, da CF/88. Também é **não cumulativo**, pois compensa-se o que for devido em cada operação com o montante cobrado nas anteriores.

Conforme mencionado anteriormente, não incidirá sobre produtos destinados ao exterior, uma vez que há imunidade tributária.

Em regra, está sujeito ao lançamento por homologação, cabendo ao contribuinte apurar o devido e recolher o *quantum* devido. Entretanto, o Fisco poderá lançar de ofício eventuais diferenças apuradas.

Em relação aos princípios do Direito Tributário na Constituição Federal de 1988, o IPI não observa o princípio da legalidade em relação à majoração das suas alíquotas, dado que o Poder Executivo poderá alterá-las, nos termos do art. 153, §1°, CF/88, obedecendo os limites da lei. Assim como, o IPI não obedece o princípio da anterioridade do exercício, embora o princípio da anterioridade nonagesimal ou mitigada, prevista no art. 150, III, c, da CF/88, deva ser observado. Logo, acaso a alíquota do IPI em relação a determinada mercadoria seja majorada por ato do Poder Executivo Federal, para que esta seja cobrada, deverão ser observados 90 dias.

Isto porque, o IPI é considerado um imposto **essencialmente extrafiscal,** já que viabiliza a seletividade, principalmente no que tange aos produtos não essenciais à sociedade, como o tabaco e as bebidas alcoolicas, desestimulando o consumo desenfreado destes.

Classificação do IPI
Federal;
Privativo;
Não vinculado;
Arrecadação não vinculada;
Indireto;
Ordinário;
Extrafiscal.

Dentre as normas, destaca-se o Decreto n. 7.212/2010, mais conhecido como Regulamento do IPI, ou RIPI, objeto de estudo da disciplina de legislação tributária, embora seja essencial para o estudo em Direito Aduaneiro.

Também, importante destacar que foi publicado o Decreto nº 11.055, no Diário Oficial da União, em 29 de abril de 2022, o qual alterou a Tabela de Incidência do Imposto sobre Produtos Industrializados (TIPI), aprovada pelo Decreto nº 10.923/21, vindo a ampliar as reduções das alíquotas do IPI, de 25% para 35%, cujos efeitos se deram a partir de 1º de maio deste mesmo ano, conforme será abordado em ponto específico deste capítulo.

2. SUJEITOS ATIVO E PASSIVO

Em relação à sujeição ativa, o IPI é um imposto federal, logo, de competência da União, cobrado e fiscalizado pela Secretaria da Receita Federal do Brasil.

Em relação aos sujeitos passivos, o art. 51, do Código Tributário Nacional compreende como contribuintes o industrial, o arrematante e o importador. Para o Direito Aduaneiro, é indispensável conhecer a figura do importador.

Para o RIPI, o importador é o contribuinte do imposto, em relação ao fato gerador decorrente do desembaraço aduaneiro de produto de procedência estrangeira. Entretanto, o regulamento aduaneiro, no art. 660, dispõe o transportador e o depositário como responsáveis tributários pelo recolhimento do IPI vinculado à importação no caso de mercadorias extraviadas.

Assim como o regulamento aduaneiro, o regulamento do IPI, traz expressamente a relação de **responsáveis solidários** pelo pagamento do referido imposto vinculado à importação em seu art. 27.

Vide o art. 27, do RIPI:

Responsáveis solidários do IPI (art. 27, RIPI)	
a)	o adquirente ou cessionário de mercadoria importada beneficiada com isenção ou redução do imposto pelo seu pagamento e dos acréscimos legais;
b)	o adquirente de mercadoria de procedência estrangeira, no caso de importação realizada por sua conta e ordem, por intermédio de pessoa jurídica importadora, pelo pagamento do imposto e acréscimos legais;
c)	o encomendante predeterminado que adquire mercadoria de procedência estrangeira de pessoa jurídica importadora, na operação a que se refere o § 3º do art. 9º, pelo pagamento do imposto e acréscimos legais;
d)	o beneficiário de regime aduaneiro suspensivo do imposto, destinado à industrialização para exportação, pelas obrigações tributárias decorrentes da admissão de mercadoria no regime por outro beneficiário, mediante sua anuência, com vistas na execução de etapa da cadeia industrial do produto a ser exportado.

3. FATO GERADOR

Primeiramente, vale a pena conhecer os casos em que o regulamento aduaneiro dispõe acerca da **não incidência do IPI na importação**, nos termos do §1º, do art. 237, do regulamento aduaneiro. Não ocorrerá a incidência quanto aos produtos chegados no país enquadrados nas hipóteses dos incisos I e II do art. 71, do RA, que tenham sido desembaraçados.

Tais hipóteses mencionadas se referem à "mercadoria estrangeira que, corretamente descrita nos documentos de transporte, chegar ao País por erro inequívoco ou comprovado de expedição, e que for redestinada ou devolvida para o exterior", assim como à "mercadoria estrangeira idêntica, em igual quantidade e valor, e que se destine a reposição de outra anteriormente importada que se tenha revelado, após o desembaraço aduaneiro, defeituosa ou imprestável para o fim a que se destinava, desde que observada a regulamentação editada pelo Ministério da Fazenda."

Também, o art. 237, §1º, II menciona quanto à não incidência do IPI em relação às embarcações referidas no inciso V, do art. 71, do RA:

> "Art. 71, V – embarcações construídas no Brasil e transferidas por matriz de empresa brasileira de navegação para subsidiária integral no exterior, que retornem ao registro brasileiro, como propriedade da mesma empresa nacional de origem."

Tais hipóteses de não incidência são as abordadas no capítulo sobre imposto de importação.

De acordo com o Código Tributário Nacional (CTN), o **fato gerador do IPI** consiste na arrematação da mercadoria, quando apreendida ou abandonada e levada a leilão; na saída da mercadoria do estabelecimento e; no seu desembaraço aduaneiro, quando de precedência estrangeira.

Fato gerador IPI	
a)	arrematação da mercadoria, quando apreendida ou abandonada e levada a leilão;
b)	saída da mercadoria do estabelecimento;
c)	desembaraço aduaneiro da mercadoria, quando de precedência estrangeira.

Por ocasião da importação, o fato gerador do IPI será o desembaraço aduaneiro, assim definido no art. 238 do RA.

▸ **Cuidado:**

Entretanto, o §1º, do art. 238 prevê a ocorrência fictícia do fato gerador, uma vez que considera-se ocorrido o desembaraço aduaneiro da mercadoria quando constar como importada e cujo extravio tenha sido verificado pela autoridade aduaneira, inclusive na hipótese de mercadoria sob regime suspensivo de tributação.

Já o §2º, do mesmo artigo, dispõe as situações que **não constituem fato gerador** do IPI, mencionando as hipóteses elencadas nos incisos I a V, do art. 70, do RA, já mencionadas anteriormente, as quais dispõe sobre **mercadoria nacionalizada que retorne ao país e esteja dentre as situações de exceção**, tais quais:

Não constituem fato gerador do IPI	
a)	enviada em consignação e não vendida no prazo autorizado;
b)	devolvida por motivo de defeito técnico, para reparo ou para substituição;
c)	por motivo de modificações na sistemática de importação por parte do país importador;
d)	por motivo de guerra ou de calamidade pública;
e)	por outros fatores alheios à vontade do exportador.

Também, os produtos que estejam contemplados pelo regime aduaneiro especial de exportação temporária, ainda que descumprido o regime.

▸ **Importante**

Interessante é a redação do §3º, do artigo, a qual dispõe que as mercadorias a granel, como o trigo, **diversamente do que ocorre em relação ao imposto de**

importação, as diferenças percentuais apuradas na verificação da mercadoria, no curso do despacho aduaneiro, não são consideradas para efeito de exigência do IPI vinculado à importação, até o limite de um por cento, somente sendo cobrado o imposto em relação ao que exceder 1% (um por cento).

▸ **Atenção!**

Para as questões de legislação tributária, imprescindível conhecer a redação do parágrafo único do art. 35, do RIPI, o qual dispõe que "(...) considerar-se-á ocorrido o respectivo desembaraço aduaneiro da mercadoria que constar como tendo sido importada e cujo extravio ou avaria venham a ser apurados pela autoridade fiscal, inclusive na hipótese de mercadoria sob regime suspensivo de tributação." Logo, o RIPI ainda inclui na hipótede de fato gerador fictício as situações de avaria da mercadoria, diversamente do RA, o qual excluiu do art. 238. Portanto, para as questões de Direito Aduaneiro, vale a redação do art. 238, do regulamento aduaneiro, atualizado pelo Decreto. 8.010/2013.

A mesma regra aplicável ao imposto de importação é aplicável ao IPI vinculado às importações quanto ao vencimento do prazo de permanência da mercadoria importada em recinto alfandegado. Portanto, se o importador resolver iniciar o despacho aduaneiro da mercadoria considerada como abandonada, o fato gerador do IPI, nos termos do inciso XIII, do art. 36, do RIPI, será na data do vencimento do prazo de permanência da mercadoria no recinto alfandegado, antes de aplicada a pena de perdimento.

> "Art. 36. Considera-se ocorrido o fato gerador: (...)
>
> XIII – na data do vencimento do prazo de permanência da mercadoria no recinto alfandegado, antes de aplicada a pena de perdimento, quando as mercadorias importadas forem consideradas abandonadas pelo decurso do referido prazo."

4. TABELA DE INCIDÊNCIA DO IPI (TIPI)

Assim como o imposto de importação, as alíquotas do IPI estão expressas em uma tabela, instituída por meio do Decreto nº 10923, de 30 de dezembro de 2021, sendo constitucional tal meio, uma vez que é uma exceção ao princípio da legalidade tributária no que concerne às alíquotas.Como o IPI também incide nas operações internas, não cabe à CAMEX alterar as alíquotas, mas sim, o chefe do Poder Executivo.

Portanto, verifica-se a classificação da mercadoria na tabela, por meio da Nomenclatura Comum do Mercosul (NCM), e encontra-se a alíquota correspondente, assim como ocorre na TEC.

▸ Importante!

O Sistema Harmonizado de Designação e de Codificação de Mercadorias (SH), criado por meio de uma Convenção Internacional, promulgada pelo Brasil através do Decreto nº 97.409/1988, é base para Nomenclatura em mais de 200 (duzentos) países, sendo atualizado pela Organização Mundial das Aduanas (OMA) a cada cinco anos, entrando em vigor em 1º de janeiro de cada ano.

Interessante mencionar que a VII Emenda à Nomenclatura do Sistema Harmonizado de Designação e de Codificação de Mercadorias (SH-2022) foi aprovada através da IN RFB nº 2054/2021, a qual entrou em vigor na data de 1º de janeiro de 2022. Foram incluídos e excluídos diversos itens da Nomenclatura Comum do Mercosul, uma vez que os seis primeiros dígitos correspondem ao SH, havendo uma nova reclassificação do produto em questão, influenciando na Tarifa Externa Comum (TEC) e na Tabela do Imposto sobre Produtos Industrializados (TIPI).

Quanto à Tarifa Externa Comum (TEC) e à Nomenclatura Comum do Mercosul (NCM), conforme o novo SH-2022, ocorreu em 1º de abril de 2022, já em relação à Tabela do Imposto sobre Produtos Industrializados (TIPI), em 1º de maio do mesmo ano, conforme será visto em capítulo específico.

Com isso, acaso ocorra alguma modificação na NCM, a TIPI também será modificada por meio de ato da Receita Federal, conforme disposto no art. 4º, do Decreto nº 10.923/2021.

▸ Atenção!

Com o Decreto nº 11.055, de 28 de abril de 2022, a Tabela de Incidência do Imposto sobre Produtos Industrializados (TIPI), aprovada pelo Decreto nº 10.923, de 30 de dezembro de 2021, foi alterada.

5. BASE DE CÁLCULO

Assim como ocorre no caso do imposto de importação, na TIPI, há alíquotas **específicas e *ad valorem***. Também se encontra a notação NT, cujo significado é "não tributado", referente a produtos não industrializados.

▸ Atenção!

Em relação aos cigarros e bebidas, a alíquota será específica, já que corresponderá à unidade. Em relação ao parágrafo único do art. 240, do regulamento aduaneiro, é quanto às mercadorias não identificadas.

Quando a alíquota for *ad valorem*, nos termos do art. 239, do regulamento aduaneiro, base de cálculo do imposto, na importação, é o valor que servir ou que serviria de base para cálculo do imposto de importação, por ocasião do despacho aduaneiro, acrescido do montante desse imposto e dos encargos cambiais efetivamente pagos pelo importador ou dele exigíveis.

▸ **Importante:**

A base de cálculo do IPI vinculado à importação é o valor aduaneiro acrescido do próprio IPI e dos encargos cambiais, nos termos do art. 239, do regulamento aduaneiro.

Atualmente, tanto o Supremo Tribunal Federal (STF) como o Superior Tribunal de Justiça (STJ), possuem entendimento de que **é inconstitucional incluir descontos concedidos incondicionalmentes na base de cálculo do IPI.**

▸ **Importante:**

"TRIBUTÁRIO. IPI. DESCONTOS INCONDICIONAIS. JUROS. BASE DE CÁLCULO. PRESCRIÇÃO QÜINQÜENAL. PROVA DA NÃO TRANSFERÊNCIA DO ENCARGO. APROVEITAMENTO. CORREÇÃO MONETÁRIA. SUCUMBÊNCIA. (...)2. A determinação de não exclusão do valor dos descontos incondicionais da base de cálculo do IPI é inconstitucional, consoante já declarado por este Regional na Arguição de Inconstitucionalidade na AMS nº 96.04.59407-9/PR. (STF, RE 567.935/ SC, Min. Rel. Marco Aurélio, 04/09/2014)."

No mesmo sentido, AR 4382 SP 2009/0239824-5/SP, rel. Min. Fancisco Falcão, Dje. 29.11.2017.

Isso porque, segundo o STF "(...) A solução da controvérsia está em definir se o artigo 15 da Lei nº 7.798, de 1989, ao dar nova redação ao § 2º do artigo 14 da Lei nº 4.502, de 1964, determinando a inclusão dos descontos incondicionais na base de cálculo do Imposto sobre Produtos Industrializados – IPI, revela-se inconstitucional por afronta ao artigo 146, inciso III, alínea "a", da Carta Federal, prevalecendo a disciplina da matéria veiculada por lei complementar – artigo 47, inciso II, alínea "a", do Código Tributário Nacional."

Assim, se forem descontos condicionais, estes comporão a base de cálculo do IPI vinculado às importações.

A mesma sistemática do imposto de importação se aplica ao IPI vinculado às importações quanto ao pagamento. Será calculado por meio da aplicação da alíquota da TIPI sobre a respectiva base de cálculo, sendo debitado automaticamente por ocasião do registro da declaração de importação (DI), nos termos do art. 242 do RA.

6. IMUNIDADES, ISENÇÕES E SUSPENSÃO

Em regra, as isenções do IPI se referem ao produto, logo, são **objetivas**. Entretanto, há a possibilidade da lei instituir isenções quanto ao contribuinte, isto é, subjetivas, de acordo com a redação do art. 243, do regulamento aduaneiro. Tanto é que o art. 245, do RA estipula aulguns entes que são isentos do IPI na importação, desde que se tratem de mercadorias importadas por estes sujeitos:

Isenções subjetivas IPI na importação
Pela União, pelos Estados, pelo Distrito Federal, pelos Territórios, pelos Municípios e pelas respectivas autarquias;
Pelos partidos políticos e pelas instituições de educação ou de assistência social;
Pelas missões diplomáticas e repartições consulares de caráter permanente e pelos respectivos integrantes;
Pelas representações de organismos internacionais de caráter permanente, inclusive os de âmbito regional, dos quais o Brasil seja membro, e pelos respectivos integrantes;
Pelas instituições científicas e tecnológicas e por cientistas e pesquisadores.

Se a isenção estiver condicionada à destinação do produto, ou seja, tratar-se de isenção objetiva, e a este for dado destino diverso do previsto, estará o responsável pelo fato sujeito ao pagamento do imposto, dos juros de mora e da penalidade cabível, como se a isenção não existisse. Salvo comprovado intuito de fraude, o imposto será devido, sem multa de ofício, se recolhido espontaneamente, antes do fato modificador da destinação, se esta se der após um ano da ocorrência do fato gerador, não sendo exigível após o decurso de três anos.

> **Atenção!**
> Em relação a este ponto, o IPI diverge do II, uma vez que não haverá a cobrança do referido imposto somente após cinco anos, nos termos do art. 135, do regulamento aduaneiro.

Já em relação à **isenção subjetiva**, a transferência para indivíduo diverso que não ostente a mesma qualidade do que faz jus à isenção, importa no prévio pagamento do IPI, reduzido proporcionalmente à depreciação dos bens.

Também, acaso ocorra descumprimento de algum requisito da isenção, o imposto será cobrado integralmente, **retroagindo à data da DI.**

O regulamento aduaneiro prevê algumas hipóteses de **suspensão do pagamento do IPI**, nos casos de importação de componentes de chassis, carrocerias, acessórios, partes e peças de alguns veículos autopropulsados e de matérias-primas, produtos intermediários e matérias de embalagem, importados por pessoas jurídicas preponderantemente exportadoras ou por estabelecimento industrial fabricante preponderantemente dos bens constantes no rol do art. 247, do regulamento aduaneiro.

Por fim, quanto à imunidade, todos os preceitos constitucionais relativos aos impostos são aplicáveis igualmente ao IPI vinculado às importações.

Capítulo 7

CONTRIBUIÇÃO PARA O PIS/PASEP IMPORTAÇÃO E COFINS IMPORTAÇÃO

1. AS CONTRIBUIÇÕES SOCIAIS NA CONSTITUIÇÃO

Conforme dispõe o art. 149, §2º, II, da CF/88, compete exclusivamente à União instituir contribuições sociais sobre a **importação de produtos estrangeiros ou serviços.**

Ambas as contribuições a serem estudadas detalhadamente nesse capítulo foram criadas por meio da Lei n. 10.865/2004. Assim como os impostos estudados, as contribuições obedecem aos princípios do Direito Tributário na Constituição Federal de 1988, exceto no que tange ao princípio da anterioridade anual, por força do art. 195, §6º, da CF/88, cuja redação dispõe que tais contribuições sociais **só poderão ser exigidas após decorridos noventa dias da data da publicação da lei que as houver instituído ou modificado**. Ou seja, somente observarão o princípio da anterioridade nonagesimal, também conhecida como mitigada, noventena ou, consoante a doutrina específica quanto às contribuições, **especial.**

2. CONTRIBUINTES E RESPONSÁVEIS

Conforme dispõe o regulamento aduaneiro, é contribuinte da contribuição para o PIS/PASEP-Importação e da COFINS-Importação:

Contribuintes	
a)	o importador, assim considerada qualquer pessoa que promova a entrada de bens estrangeiros no território aduaneiro;
b)	o destinatário de remessa postal internacional indicado pelo respectivo remetente;
c)	o adquirente de mercadoria entrepostada.

Já os responsáveis solidários são, nos termos do art. 255, do regulamento aduaneiro:

Responsáveis solidários	
a)	o depositário, assim considerada qualquer pessoa incumbida da custódia de bem sob controle aduaneiro;
b)	o transportador, quando transportar bens procedentes do exterior ou sob controle aduaneiro, inclusive em percurso interno;
c)	o representante, no País, do transportador estrangeiro;
d)	o expedidor, o operador de transporte multimodal ou qualquer subcontratado para a realização do transporte multimodal;
e)	o adquirente de bens estrangeiros, no caso de importação realizada por sua conta e ordem, por intermédio de pessoa jurídica importadora.

3. INCIDÊNCIA E FATO GERADOR

As referidas contribuições incidem sobre a importação de produtos estrangeiros, conforme o art. 249, do regulamento aduaneiro. O parágrafo único do dispositivo menciona o art. 70, o qual traz o rol de bens considerados como estrangeiros para fins de incidência da PIS/PASEP importação e COFINS importação, o qual vale a pena a lembrança, uma vez que é de incidência significativa nas provas de concurso público:

> "Art. 70. Considera-se estrangeira, para fins de incidência do imposto, a mercadoria nacional ou nacionalizada exportada, que retorne ao País, salvo se:
>
> I - enviada em consignação e não vendida no prazo autorizado;
>
> II - devolvida por motivo de defeito técnico, para reparo ou para substituição;
>
> III - por motivo de modificações na sistemática de importação por parte do país importador;
>
> IV - por motivo de guerra ou de calamidade pública; ou
>
> V - por outros fatores alheios à vontade do exportador."

Já o art. 71, do RA, também é válido para o estudo das contribuições sociais ora mencionadas, dado que dispõe sobre a não incidência aplicável também à tais tributos:

a) mercadoria estrangeira que, corretamente descrita nos documentos de transporte, chegar ao País por erro inequívoco ou comprovado de expedição, e que for redestinada ou devolvida para o exterior;

b) mercadoria estrangeira idêntica, em igual quantidade e valor, e que se destine a reposição de outra anteriormente importada que se tenha revelado, após o desembaraço aduaneiro, defeituosa ou imprestável para o fim a que se destinava, desde que observada a regulamentação editada pelo Ministério da Fazenda;

c) mercadoria estrangeira que tenha sido objeto da pena de perdimento, exceto na hipótese em que não seja localizada, tenha sido consumida ou revendida;

d) mercadoria estrangeira devolvida para o exterior antes do registro da declaração de importação, observada a regulamentação editada pelo Ministério da Fazenda;

e) embarcações construídas no Brasil e transferidas por matriz de empresa brasileira de navegação para subsidiária integral no exterior, que retornem ao registro brasileiro, como propriedade da mesma empresa nacional de origem;

f) mercadoria estrangeira destruída, sob controle aduaneiro, sem ônus para a Fazenda Nacional, antes de desembaraçada;

g) mercadoria estrangeira em trânsito aduaneiro de passagem, acidentalmente destruída.

▸ **Cuidado:**

O art. 250, RA não exclui da incidência das contribuições sociais as embarcações do inciso V, art. 71, RA, disposta na letra E do quadro acima! Haverá incidência das contribuições, embora seja um caso de alíquota de 0%, a qual poderá deixar de possuir tal alíquota, conforme prevê o art. 8º, §12, II, Lei n. 10.865/2004. Ou seja, é um caso de desoneração, conforme a doutrina majoritária compreende.

"Art. 8º As contribuições serão calculadas mediante aplicação, sobre a base de cálculo de que trata o art. 7º desta Lei, das alíquotas: (...)

§ 12. Ficam reduzidas a 0 (zero) as alíquotas das contribuições, nas hipóteses de importação de:

II – embarcações construídas no Brasil e transferidas por matriz de empresa brasileira de navegação para subsidiária integral no exterior, que retornem ao registro brasileiro como propriedade da mesma empresa nacional de origem."

Quanto ao **fato gerador**, aplicam-se as mesmas disposições do imposto de importação aplicáveis aos aspectos espacial e material.

> **Importante:**
> Não são cobradas as contribuições quando não é cobrado o imposto de importação, salvo a situação do art. 71, V, do RA, já mencionada.

4. BASE DE CÁLCULO

A Lei n. 12.865/2013 dispõe que a **base de cálculo** destas contribuições consiste no **valor aduaneiro.** Ocorre que, anteriormente havia previsão legal no sentido de que a base de cálculo era o valor aduaneiro acrescido do valor das próprias contribuições (cálculo "por dentro") e o ICMS, conforme o art. 7º, da Lei n. 10.865/2004.

> "Art. 7º A base de cálculo será:
>
> I – o valor aduaneiro, assim entendido, para os efeitos desta Lei, o valor que servir ou que serviria de base para o cálculo do imposto de importação, acrescido do valor do Imposto sobre Operações Relativas à Circulação de Mercadorias e sobre Prestação de Serviços de Transporte Interestadual e Intermunicipal e de Comunicação – ICMS incidente no desembaraço aduaneiro e do valor das próprias contribuições, na hipótese do inciso I do caput do art. 3º desta Lei."

Tal entendimento legal foi considerado **inconstitucional** pelo Supremo Tribunal Federal (STF) no julgamento do **Recurso Extraordinário 559937/RS**, uma vez que tal entendimento iria contrariamente ao que dispõe a Emenda Constitucional 42/2003 que modificou o art. 149, da CF/88.

> "Art. 149, § 2º, CF/88. As contribuições sociais e de intervenção no domínio econômico de que trata o caput deste artigo. (...)
>
> III – poderão ter alíquotas:
>
> *a)* ad valorem, tendo por base o faturamento, a receita bruta ou o valor da operação e, no caso de importação, o valor aduaneiro."

> **Importante:**
> "(...) 9. Inconstitucionalidade da seguinte parte do art. 7º, inciso I, da Lei n. 10.865/ 2004: 'acrescido do valor do Imposto sobre Operações Relativas à Circulação de Mercadorias e sobre Prestações de Serviços de Transporte Interestadual e Intermunicipal e de Comunicação – ICMS incidente no desembaraço aduaneiro e do valor das próprias contribuições, por violação do art. 149, §2º, III, 'a', da CF, acrescido pela EC 33/1."
>
> Esse é o entendimento do STJ no julgamento do Recurso Extraordinário 559937/RS.

▸ **Como esse assunto foi cobrado em prova de concurso público?**

Na prova de Auditor Fiscal da Receita Federal do Brasil/2014 – ESAF, a banca examinadora cobrou a seguinte questão:

Recentemente, o STF exarou importante decisão sobre a base de cálculo do PIS/PASEP- importação e da COFINS – importação, conforme se verifica do julgamento do RE n.559.937/RS. De acordo com essa paradigmática decisão, analise os itens a seguir e, em seguida, analise a opção correta.

I. A referência ao "valor aduaneiro" no art. 149. §2º, III, 'a', da CF/88 implicou a utilização de expressão com sentido técnico inequívoco, porquanto já era utilizada pela legislação tributária para indicar a base de cálculo do imposto de importação;

II. A Lei n. 10.865, de 30 de abril de 2004, ao instituir o PIS/PASEP – importação e a COFINS – importação, alargou, inovou, alterou o conceito de valor aduaneiro, de modo que passasse a abranger, para fins de apuração de tais contribuições, outras grandezas nele não contidas;

III. O gravame das operações de importação se dá como concretização do princípio da isonomia;

IV. A Corte julgou inconstitucional a seguinte parte do art. 7º, inciso I, da Lei n. 10.865, de 30 de abril de 2004: "acrescido do valor do Imposto sobre Operações Relativas à Circulação de Mercadorias e sobre Prestação de Serviços de Transporte Interestadual e Intermunicipal e de Comunicação – ICMS incidente no desembaraço aduaneiro e do valor das próprias contribuições."

a) Estão corretos somente os itens I e II;
b) Estão corretos somente os itens I e III;
c) Estão corretos somente os itens II, III e IV;
d) Estão corretos somente os itens I e IV;
e) Todos os itens estão corretos.

RESPOSTA: B

Por fim, vale mencionar que o regulamento aduaneiro prevê a possibilidade da **base de cálculo reduzida**, consoante disposto no § 3º, do art. 253, RA.

5. ALÍQUOTAS

Por conta da Lei n. 13. 137/2015, as alíquotas foram elevadas:

PIS/PASEP importação	COFINS importação
2,1%	9,25%

6. ISENÇÕES E IMUNIDADES

Quanto às **imunidades**, não incidem tais contribuições sobre o ouro definido como ativo financeiro ou instrumento cambial, nos termos do art. 153, §5º, da CF/88. Também, destacam-se as imunidades em relações às entidades beneficentes de assistência social, desde que cumpram as respectivas exigências, conforme dispõe o art. 195, §7º, da CF/88.

> **▸ Atenção**
>
> Por questão lógica, não cabe atribuir imunidade das contribuições PIS/PASEP importação e COFINS importação às exportações.

Quanto às **isenções**, o regulamento aduaneiro traz algumas hipóteses em seu art. 256, equiparando às situações do imposto de importação. Também se destaca o art. 257, do RA quanto às isenções subjetivas, sendo que a transferência de propriedade ou a cessão de uso dos bens, a qualquer título, obriga ao prévio pagamento da contribuição para o PIS/PASEP-Importação e da COFINS-Importação, salvo exceções previstas no parágrafo único do dispositivo, não sendo aplicável a regra quanto aos bens transferidos ou cedidos:

a) a pessoa ou a entidade que goze de igual tratamento tributário, mediante prévia decisão da autoridade aduaneira;

b) após o decurso do prazo de três anos, contados da data do registro da declaração de importação;

c) a entidades beneficentes, reconhecidas como de utilidade pública, para serem vendidos em feiras, bazares e eventos semelhantes, desde que recebidos em doação de representações diplomáticas estrangeiras sediadas no País.

Em relação às **isenções objetivas**, destaca-se o art. 258, do regulamento aduaneiro, o qual dispõe acerca da vinculação da destinação dos bens, ficando condicionada à comprovação posterior do seu efetivo emprego nas finalidades que motivaram a concessão.

> **▸ Importante:**
>
> Mantidas as finalidades que motivaram a concessão e mediante prévia decisão da autoridade aduaneira, poderá ser transferida a propriedade ou cedido o uso dos bens antes de decorrido o prazo de três anos, contados da data do registro da correspondente declaração de importação.

▸ **Cuidado:**

Salvo disposição expressa em contrário, quando a não incidência, a isenção, a suspensão ou a redução das alíquotas da contribuição para o PIS/PASEP-Importação e da COFINS-Importação for condicionada à destinação do bem ou do serviço, e a este for dado destino diverso, ficará o responsável pelo fato sujeito ao pagamento das contribuições e das penalidades cabíveis, como se a não incidência, a isenção, a suspensão ou a redução das alíquotas não existisse.

7. PROGRAMAS DE REDUÇÃO E DE SUSPENSÃO DE PAGAMENTO

Entre os artigos 260 a 292 do regulamento aduaneiro, estão presentes os casos em que as importações poderão ser contempladas por **reduções ou suspensão** na cobrança das contribuições do PIS/PASEP importação e COFINS importação.

Quanto ao programa de redução, atualmente existe, apenas, um único vigente, o **PADIS**. O Programa de Apoio ao Desenvolvimento Tecnológico da Indústria de Semicondutores (PADIS), cujas alíquotas reduzidas a 0% para importações de insumos ou bens destinados ao ativo imobilizado de pessoa jurídica, a qual investe em pesquisa e desenvolvimento de eletrônicos semicondutores ou *displays*.

No que tange ao programa de suspensão, o art. 260, do regulamento aduaneiro dispõe que as normas relativas à suspensão do pagamento do imposto de importação ou do imposto sobre produtos industrializados vinculado à importação, referentes aos regimes aduaneiros especiais, aplicam-se também à contribuição estudadas.

Primeiramente, o regime aplicável à **Zona Franca de Manaus**, de importação de bens, cuja finalidade é a elaboração de matérias-primas, de produtos intermediários ou materiais de embalagem para o emprego em processo de industrialização por indústrias instaladas na ZFM e consoante projetos aprovados pelo Conselho de Administração da Superintendência da ZFM (SUFRAMA) (art. 262, RA).

> "Art. 263, RA. A suspensão de que trata o art. 261 aplica-se também nas importações de máquinas, aparelhos, instrumentos e equipamentos, novos, para incorporação ao ativo imobilizado da pessoa jurídica importadora."

Após decorridos 18 (dezoito) meses, a **suspensão será convertida em alíquota de 0%** (§ 1º), devendo recolher as contribuições, somadas a juros e multa de mora, incidentes desde o dia do registro da DI, a pessoa jurídica importadora que não incorporar tais bens ao seu ativo imobilizado ou revender os bens antes do término do prazo referente, sob pena de ser cabível o lançamento de ofício, com aplicação de juros e da **multa** prevista no art. 725, dor regulamento aduaneiro. Embora seja assunto estudado em capítulo específico, vale a pena conhecer a redação do artigo mencionado, já que há alta incidência nas provas de concurso público:

> **▸ Importante:**
>
> "Art. 725. Nos casos de lançamentos de ofício, relativos a operações de importação ou de exportação, serão aplicadas as seguintes multas, calculadas sobre a totalidade ou a diferença dos impostos ou contribuições de que trata este Decreto.
>
> I - de setenta e cinco por cento, nos casos de falta de pagamento, de falta de declaração e nos de declaração inexata, excetuada a hipótese do inciso II; e
>
> II - de cento e cinquenta por cento, independentemente de outras penalidades administrativas ou criminais cabíveis, nos casos previstos nos arts. 71, 72 e 73 da Lei nº 4.502, de 1964.
>
> Parágrafo único. As multas a que se referem os incisos I e II passarão a ser de cento e doze inteiros e cinco décimos por cento e de duzentos e vinte e cinco por cento, respectivamente, nos casos de não atendimento pelo sujeito passivo, no prazo marcado, de intimação para:
>
> I - prestar esclarecimentos;
>
> II - apresentar a documentação técnica referida no § 1º do art. 19; ou
>
> III - apresentar os arquivos ou sistemas de que trata o § 2º do art. 19."

Outro regime é o Regime Especial de Tributação para a Plataforma de Exportação de Serviços de Tecnologia da Informação – **REPES** (art. 264 a 270, RA). Consiste na importação de bens novos destinados ao desenvolvimento, no País, de software e de serviços de tecnologia da informação, quando importados diretamente pelo beneficiário do regime para incorporação ao seu ativo imobilizado. Ocorrerá a **suspensão do pagamento** da contribuição para o PIS/PASEP-Importação e da COFINS-Importação.

Nos termos da Lei n. 12.715/2012, norma específica, a qual deve ser levada em consideração em face do art. 265 do RA:

> "Art. 61. É beneficiária do Repes a pessoa jurídica que exerça preponderantemente as atividades de desenvolvimento de software ou de prestação de serviços de tecnologia da informação e que, por ocasião da sua opção pelo Repes, assuma compromisso de exportação igual ou superior a 50% (cinquenta por cento) de sua receita bruta anual decorrente da venda dos bens e serviços de que trata este artigo."

> **Atenção!**
>
> Exportações ≥ 50% da receita bruta anual da venda destes produtos. É indispensável a observação de que tal percentual é distinto do que o art. 265, do regulamento aduaneiro dispõe. O regulamento menciona ser um percentual de 60%, no entanto, o art. 61, da Lei n. 12715/2012 menciona ser 50%. **Prevalece a legislação específica**, até porque o próprio art. 265, §2º dispõe que ato normativo próprio poderá reduzir o percentual para até 50%.

O percentual de receita de exportação acima será apurado considerando-se a média obtida, a partir do ano-calendário subsequente ao do início de utilização dos bens adquiridos ao amparo do REPES durante o período de três anos-calendário. O prazo para o início de utilização não poderá ser superior a um ano, contado da data do registro da declaração de importação.

Vale salientar que a referida suspensão do pagamento das contribuições, depois de cumprido o compromisso de exportação, converte-se em:

a) **alíquota zero**, quando se tratar de suspensão da contribuição para o **PIS/PASEP-Importação e da COFINS-Importação**;

b) **isenção**, quando se tratar de suspensão do imposto sobre produtos industrializados (**IPI**).

Acaso o **compromisso de exportação seja descumprido**, a pessoa jurídica beneficiária do regime terá sua adesão cancelada, assim como sempre que se apure que o beneficiário não satisfazia as condições ou não cumpria os requisitos para a adesão ou deixou de satisfazer as condições ou de cumprir os requisitos para a adesão, bem como, a seu próprio a pedido.

Ocorrendo o cancelamento da adesão ao regime, a pessoa jurídica dele excluída fica obrigada a recolher **juros e multa de mora**, na forma da lei, contados **a partir da data do registro da declaração de importação** referente às **contribuições** não pagas em decorrência da suspensão na condição de contribuinte, em relação aos bens e desde a ocorrência do **fato gerador**, referente ao **imposto sobre produtos industrializados** não pago em decorrência da suspensão.

Sobre tal multa, o art. 270 do RA menciona que será aplicada sobre o valor das contribuições não recolhidas, proporcionalmente à diferença entre o percentual mínimo de exportações estabelecido no art. 265 e o efetivamente alcançado. Importante se recordar de que se aplica o percentual disposto no art. 61 da Lei n. 12.715/2012.

> **Atenção**
>
> A pessoa jurídica excluída do REPES poderá pleitear uma nova adesão após decorridos 2 anos da exclusão.

Ainda sobre as referidas **contribuições**, o art. 269, do RA, dispõe que a **transferência de propriedade ou a cessão de uso**, a qualquer título, dos bens importados com suspensão do pagamento, antes da conversão das alíquotas a zero, deve ser precedida de **recolhimento**, pelo beneficiário do regime, de **juros e multa de mora, contados da data do registro da declaração de importação.**

Já a transferência de propriedade ou a cessão de uso, a qualquer título, dos bens importados com suspensão do pagamento do **imposto sobre produtos industrializados**, antes de ocorrer a conversão em isenção, deve ser precedida do recolhimento, pelo beneficiário do regime, de **juros e multa de mora, contados da ocorrência do fato gerador.**

Para facilitar a memorização de ambos os casos apresentados, vide uma tabela esquematizada sobre o assunto:

PIS/PASEP – importação e COFINS – importação	IPI
Ocorrendo o cancelamento da adesão ao regime, a pessoa jurídica dele excluída fica obrigada a recolher **juros e multa de mora**, na forma da lei, contados **a partir da data do registro da declaração de importação** referente às **contribuições** não pagas em decorrência da suspensão na condição de contribuinte.	Ocorrendo o cancelamento da adesão ao regime, a pessoa jurídica dele excluída fica obrigada a recolher **juros e multa de mora**, na forma da lei, desde a ocorrência do **fato gerador**, referente ao **imposto sobre produtos industrializados** não pago em decorrência da suspensão.
A **transferência de propriedade ou a cessão de uso**, a qualquer título, dos bens importados com suspensão do pagamento, antes da conversão das alíquotas a zero, deve ser precedida de **recolhimento**, pelo beneficiário do regime, de **juros e multa de mora, contados da data do registro da declaração de importação.**	A transferência de propriedade ou a cessão de uso, a qualquer título, dos bens importados com suspensão do pagamento do **imposto sobre produtos industrializados**, antes de ocorrer a conversão em isenção, deve ser precedida do recolhimento, pelo beneficiário do regime, de **juros e multa de mora, contados da ocorrência do fato gerador.**

▸ Como esse assunto foi cobrado em prova de concurso público?

Na prova de Auditor Fiscal da Receita Federal do Brasil/2012 – ESAF, a banca organizadora cobrou a seguinte questão sobre o assunto:

Sobre as suspensões e as alíquotas (programas especiais específicos) da PIS/PASEP- importação e COFINS – importação, assinale a opção correta.

a) O Regime Especial de Tributação para Plataforma de Exportação de Serviços de Tecnologia da Informatização – RESPES permite a importação de bens novos destinados aos desenvolvimento, no País, de software e de serviços de tecnologia da informação, quando importados diretamente pelo beneficiário do Regime para incorporação ao seu ativo imobilizado, com suspensão do pagamento da Contribuição para o PIS/PASEP – importação e o da COFINS – importação;

b) De acordo com o art. 2º da Lei n. 11.196 de novembro de 2005, com redação dada pela MP n. 563/2012, é beneficiária do Regime Especial de Tributação para a Plataforma de Exportação de Serviços de Tecnologia da Informação – REPES, a pessoa jurídica que exerça preponderantemente as atividades de desenvolvimento de software ou de prestação de serviços de tecnologia da informação, e que, por ocasião da sua opção pelo REPES, assuma compromisso de exportação igual ou superior a setenta por cento de sua receita bruta anual decorrente da venda dos referidos bens e serviços;

c) O Regime Especial de Aquisição de Bens de Capital para Empresas Exportadoras – RECAP permite a importação de máquinas, aparelhos, instrumentos e equipamentos, novos, relacionados em ato normativo específico, quando importados diretamente pelo beneficiário do regime para incorporação ao seu ativo imobilizado, com suspensão do pagamento da contribuição para o PIS/PASEP – importação e da COFINS – importação. O benefício de suspensão poderá ser usufruído nas importações realizadas no período de cinco anos contados da data de adesão ao RECAP;

d) O Regime Especial de incentivos para Desenvolvimento da Infraestrutura – REIDI permite a importação de máquinas, aparelhos, instrumentos e equipamentos, novos, e de materiais de construção, quando importados diretamente pelo beneficiário do regime para utilização ou incorporação em obras de infraestrutura destinadas ao ativo imobilizado, com redução a um por cento das alíquotas da contribuição para o PIS/PASEP –importação e da COFINS-importação;

e) É beneficiária do Regime Especial de Incentivos para o Desenvolvimento da Infraestrutura – REIDI somente a pessoa jurídica que tenha projeto aprovado para implantação de obras de infraestrutura nos setores de transportes, portos, energia e irrigação.

RESPOSTA: A

O Regime Especial de Aquisição de Bens de Capital para Empresas Exportadoras (**RECAP**) (arts. 271 a 275, RA), ou seja, aquelas cuja receita bruta de exportação atinge no **mínimo 50% da receita bruta total**. Devem assumir o **compromisso de manter o percentual de exportações durante 2 (dois) anos seguintes, isto é, por 3 (três) anos.**

> ▸ **Atenção:**
>
> Para fins de prova de concurso público, é de suma importância conhecer o conceito que o art. 271, do regulamento aduaneiro traz sobre o RECAP:
>
> "Art. 271, RA. O Regime Especial de Aquisição de Bens de Capital para Empresas Exportadoras - RECAP é o que permite a importação de máquinas, aparelhos, instrumentos e equipamentos, novos, relacionados em ato normativo específico, quando importados diretamente pelo beneficiário do regime para incorporação ao seu ativo imobilizado, com suspensão do pagamento da contribuição para o PIS/PASEP-Importação e da COFINS-Importação."

Conforme dispõe o art. 274, do RA, a suspensão poderá ser convertida em alíquota de 0%, desde que "cumpridas as condições de que trata o caput do art. 272, observado o prazo a que se refere o inciso I do art. 273; cumpridas as condições de que trata o § 2º do art. 272, observado o prazo a que se refere o inciso II do art. 273; ou transcorrido o prazo de dezoito meses, contados da data de registro da declaração de importação, no caso do beneficiário de que trata o § 4º do art. 272".

Pelo Regime Especial de incentivos para o desenvolvimento da infraestrutura – REIDI (art. 286 a 290, RA), ocorre a importação de máquinas, aparelhos, instrumentos e equipamentos novos e de materiais de construção para o ativo imobilizado, cujo intuito é viabilizar obras de infraestruturas em portos, setores de transporte, irrigação, energia e saneamento básico.

Ocorrerá a conversão em alíquota de 0%, após decorridos 18 (dezoito) meses da incorporação dos bens ao ativo. Se não ocorrer a incorporação ou se ocorrer a venda, antes de decorrido o prazo de 18 meses, haverá o recolhimento da contribuição suspensa, acrescida de juros e multa de mora, contados a partir do registro da declaração de importação.

Capítulo 8

IMPOSTO SOBRE OPERAÇÕES RELATIVAS À CIRCULAÇÃO DE MERCADORIAS E SOBRE PRESTAÇÃO DE SERVIÇOS DE TRANSPORTE INTERESTADUAL E INTERMUNICIPAL E DE COMUNICAÇÃO VINCULADO À IMPORTAÇÃO

O ICMS é instituído pelos estados e pelo Distrito Federal, nos termos do art. 155, II, da CF/88. Ademais, desde que observada a **Lei complementar n. 87/1996 (Lei Kandir)**, cada unidade federada tem a faculdade de instituir suas respectivas regras para o determinado imposto.

Vale lembrar que o ICMS combustível terá **suas alíquotas fixadas por meio de convênio entre os Estados e o Distrito Federal**, consubstanciando uma verdadeira exceção ao princípio da legalidade tributária. Neste mesmo caso, o restabelecimento de alíquotas poderá ser concretizado dispensada a necessidade do respeito ao princípio da anterioridade anual, ou seja, não é necessário aguardado o início do próximo exercício financeiro.

Nos termos do art. 155, §2º, o referido imposto poderá ser seletivo, tornando-se uma **faculdade** para o ente da federação em instituir alíquotas maiores para produtos supérfluos e menores para produto essencial, como ocorre no caso concreto do IPI. Embora haja doutrina relevante em sentido contrário, como no caso de Roque Antônio Carrazza, esta é a posição a ser adotada em uma prova de concurso público.

Também, deve obrigatoriamente respeitar o princípio da não cumulatividade, isto é, compensando-se em cada operação o montante devido com o cobrado nas anteriores.

Quanto especificamente a tributação das importações de bens e mercadorias, o ICMS é exigível mesmo que as operações se iniciem no exterior, consoante dispõe o art. 155, II, da CF/88. No que tange ao ICMS importação, o art. 155, §2º, IX, a, define que **cabe o imposto ao Estado onde estiver situado o domicílio ou estabelecimento do destinatário da mercadoria**, bem ou serviço, cuja redação foi dada pela Emenda Constitucional n. 33/2001, pouco importando estar o destinatário da mercadoria situado no mesmo ou em outro Estado. Logo, conclui-se que o ICMS caberá ao onde a operação mercantil se iniciou, cujo intuito é evitar a tributação duas vezes da mesma operação mercantil.

1. SUJEITOS ATIVO E PASSIVO

O art. 11 da Lei Kandir dispõe que:

> "Art. 11. O local da operação ou da prestação, para os efeitos da cobrança do imposto e definição do estabelecimento responsável, é:
>
> I – tratando-se de mercadoria ou bem: (...)
>
> *d)* importado do exterior, o do estabelecimento onde ocorrer a entrada física;
>
> *e)* importado do exterior, o do domicílio do adquirente, quando não estabelecido."

Portanto, há duas situações interessantes que o dispositivo apresenta: caberá ao Estado onde localizado o estabelecimento da ocorrência da entrada física do bem, logo, acaso uma mercadoria importada da Alemanha entre no Brasil por meio do Porto de Santos, localizado no Estado de São Paulo, entretanto o estabelecimento do importador se localiza em Brasília, o montante a título de ICMS caberá ao Distrito Federal. Esta posição é franqueada pelo Supremo Tribunal Federal (STF), por ocasião do julgamento do Recurso Extraordinario 268586, seguido pelo entendimento proferido no julgamento do ARE 835180, j. 19/04/2014.

O caso emblemático destacado menciona sobre a importação por um importador oculto, mas que se utilizou de terceiro domiciliado em unidade da federação diversa, onde diversas vantagens tributárias quanto ao ICMS eram concedidas, tratando-se de uma simulação. Neste caso, o ICMS caberia ao Estado onde estivesse domiciliado de fato o importador oculto e, não aquele onde estaria domiciliado o terceiro.

No caso de arrematação de bens apreendidos ou abandonados em uma importação, o ICMS será o único tributo a incidir, não havendo a incidência de nenhum tributo federal neste caso, cabendo o montante devido ao Estado onde ocorrer a arrematação do bem importado.

Já o **sujeito passivo**, será a pessoa física ou jurídica que importa mercadorias ou bens do exterior, qualquer que seja sua finalidade, nos termos do art. 155, §2°, IX, *a*, da CF/88, ainda que a pessoa não seja contribuinte habitual do referido imposto.

Vale a pena compreender que a **Súmula 660, do Supremo Tribunal Federal**, cujo teor da redação é distinta do texto constitucional, foi **publicada na vigência da EC 33/2001**, embora o entendimento do STF tenha se alinhado à Constituição Federal de 1988 por meio do julgamento do Recurso Extraordinário 439796/PR e também do Recurso Extraordinário 474267/RS. É de suma importância a leitura do entendimento firmado pelo Supremo Tribunal Federal, dado que já foi cobrado em várias provas de concurso público:

▸ **Importante:**

"EMENTA: CONSTITUCIONAL. TRIBUTÁRIO. IMPOSTO SOBRE CIRCULAÇÃO DE MERCADORIAS E SERVIÇOS. ICMS. IMPORTAÇÃO. PESSOA QUE NÃO SE DEDICA AO COMÉRCIO OU À PRESTAÇÃO DE SERVIÇOS DE COMUNICAÇÃO OU DE TRANSPORTE INTERESTADUAL OU INTERMUNICIPAL. "NÃO CONTRIBUINTE". VIGÊNCIA DA EMENDA CONSTITUCIONAL 33/2002. POSSIBILIDADE. REQUISITO DE VALIDADE. FLUXO DE POSITIVAÇÃO. EXERCÍCIO DA COMPETÊNCIA TRIBUTÁRIA. CRITÉRIOS PARA AFERIÇÃO. 1. Há competência constitucional para estender a incidência do ICMS à operação de importação de bem destinado a pessoa que não se dedica habitualmente ao comércio ou à prestação de serviços, após a vigência da EC 33/2001. 2. A incidência do ICMS sobre operação de importação de bem não viola, em princípio, a regra da vedação à cumulatividade (art. 155, § 2º, I da Constituição), pois se não houver acumulação da carga tributária, nada haveria a ser compensado. 3. Divergência entre as expressões "bem" e "mercadoria" (arts. 155, II e 155, §2, IX, a da Constituição). É constitucional a tributação das operações de circulação jurídica de bens amparadas pela importação. A operação de importação não descacteriza, tão-somente por si, a classificação do bem importado como mercadoria. Em sentido semelhante, a circunstância de o destinatário do bem não ser contribuinte habitual do tributo também não afeta a caracterização da operação de circulação de mercadoria. Ademais, a exoneração das operações de importação pode desequilibrar as relações pertinentes às operações internas com o mesmo tipo de bem, de modo a afetar os princípios da isonomia e da livre concorrência. 4. Existência e suficiência de legislação infraconstitucional para instituição do tributo (violação dos arts. 146, II e 155, XII, § 2º, i da Constituição). A validade da constituição do crédito tributário depende da existência de lei complementar de normas gerais (LC 114/2002) e de legislação local resultantes do exercício da competência tributária, contemporâneas à ocorrência do fato jurídico que se pretenda tributar.

5. Modificações da legislação federal ou local anteriores à EC 33/2001 não foram convalidadas, na medida em que inexistente o fenômeno da "constitucionalização superveniente" no sistema jurídico brasileiro. A ampliação da hipótese de incidência, da base de cálculo e da sujeição passiva da regra-matriz de incidência tributária realizada por lei anterior à EC 33/2001 e à LC 114/2002 não serve de fundamento de validade à tributação das operações de importação realizadas por empresas que não sejam comerciais ou prestadoras de serviços de comunicação ou de transporte intermunicipal ou interestadual. 6. A tributação somente será admissível se também respeitadas as regras da anterioridade, cuja observância se afere com base em cada legislação local que tenha modificado adequadamente a regra-matriz e que seja posterior à LC 114/2002. Recurso extraordinário interposto pelo Estado do Rio Grande do Sul conhecido e ao qual se nega provimento. Recurso extraordinário interposto por FF. Claudino ao qual se dá provimento. (STF, RE 474267/ RS, rel. Min. Joaquim Barbosa, plenário, j. 06/11/2013)."

2. FATO GERADOR

Qualquer que seja a finalidade, o ICMS incidirá sobre a entrada de bens ou mercadorias importados do exterior por pessoas físicas ou jurídicas, nos termos do art. 155, §2°, IX, *a*, da CF/88. Ademais, importante é conhecer a redação da atual **súmula vinculante n. 48,** muito cobrada nas provas de concurso:

> "Súmula vinculante nº 48 – Na entrada de mercadoria importada do exterior, é legítima a cobrança do ICMS por ocasião do desembaraço aduaneiro."

Entretanto, o próprio Supremo Tribunal Federal estipulou exceção quanto aos bens e mercadorias sujeitos aos contratos de *leasing,* cujo estudo é de extrema importância para compreensão do porquê da não incidêcia.

O ***leasing* financeiro** consiste pela presença de três indivíduos, havendo a possibilidade de três opções ao final do contrato, sendo que a compra do bem é uma opção dentro do contrato e o valor residual (previsto no art. 5° da Resolução 2.309/96-BACEN). Um exemplo é a aquisição de automóvel, intermediada por uma instituição financeira.

Já o ***leasing* operacional** consiste na presença de dois indivíduos, cujo arrendador é o próprio produtor do bem, havendo duas opções ao final do contrato, sendo que a compra do bem não está prevista no contrato (previsto no art. 6° da Resolução 2.309/96-BACEN). É muito comum a exiatência de *leasing* operacional na importação de aeronaves, no caso, a companhia aérea arrenda a aeronave da produtora, como no caso a AVIANCA que arrenda aeronaves da Airbus.

Quanto ao ***leasing back*** ou de retorno, o intuito é a promoção de capital de giro, através de um contrato de venda de bens cumulado com o contrato de leasing, no qual o proprietário vende os bens e os recebe de volta. Ou seja, o proprietário realiza um contrato de *leasing back*, cujo objeto é seu bem, com uma instituição financeira, a qual se tornará proprietária do bem, arrendando-o à indústria da qual o comprou.

Neste caso, interessante é o conhecimento do teor da redação da **Súmula 293, do STJ**:

> "Súmula 293, STJ: A cobrança antecipada do valor residual garantido (VRG) não descaracteriza o contrato de arrendamento mercantil."

Já quanto ao ***leasing* interno**, nos termos do art. 3º, VIII, Lei Kandir, o ICMS não incidirá sobre as operações de arrendamento mercantil, não compreendida à venda do bem ao arrendatário.

Por fim, em relação ao contrato de ***leasing* internacional**, consiste na seguinte situação: empresa situada no Brasil celebra contrato de leasing com um arrendador para trazer ao país um bem fabricado no exterior. Lembrando que o ICMS é imposto incidente sobre a circulação de mercadorias, a qual caracteriza a transferência da mercadoria de um proprietário a outro, portanto, não há circulação de mercadorias no caso do leasing operacional, já que não há possibilidade contratual da compra do bem, findo o contrato, não incidindo o ICMS. Se o *leasing* internacional consistir na modalidade de *leasing* financeiro, acaso a opção de compra não tiver sido exercida à época da importação, não incidirá o ICMS.

Vale destacar que o Supremo Tribunal Federal compreende que o ICMS não incidirá quando o bem não tiver sido importado para integrar o ativo fixo da empresa, por exemplo, havendo possibilidade de ser devolvido ao final do contrato. Entretanto, se, ao final do pacto, o bem for adquirido neste momento ocorrerá a incidência do tributo. É de suma importância conhecer detalhadamente o entendimento do Supremo Tribunal Federal para fins de prova objetiva e de segunda fase:

> "EMENTA: RECURSO EXTRAORDINÁRIO. CONSTITUCIONAL E TRIBUTÁRIO. ICMS. ENTRADA DE MERCADORIA IMPORTADA DO EXTERIOR. ART. 155, II, CF/88. OPERAÇÃO DE ARRENDAMENTO MERCANTIL INTERNACIONAL. NÃOINCIDÊNCIA. RECURSO EXTRAORDINÁRIO A QUE SE NEGA PROVIMENTO. 1. O ICMS tem fundamento no artigo 155, II, da CF/88, e incide sobre operações relativas à circulação de mercadorias e sobre prestações de serviços de transporte interestadual e intermunicipal e de comunicação, ainda que as operações e as prestações se iniciem no exterior. 2. A alínea "a" do inciso IX do § 2º do art. 155 da Constituição Federal, na redação da EC 33/2001, faz incidir o ICMS na entrada de bem ou mercadoria importados do exterior, somente se de fato houver

> circulação de mercadoria, caracterizada pela transferência do domínio (compra e venda). 3. Precedente: RE 461968, Rel. Min. EROS GRAU, Tribunal Pleno, julgado em 30/05/2007, Dje 23/08/2007, onde restou assentado que o imposto não é sobre a entrada de bem ou mercadoria importada, senão sobre essas entradas desde que elas sejam atinentes a operações relativas à circulação desses mesmos bens ou mercadorias. 4. Deveras, não incide o ICMS na operação de arrendamento mercantil internacional, salvo na hipótese de antecipação da opção de compra, quando configurada a transferência da titularidade do bem. Consectariamente, se não houver aquisição de mercadoria, mas mera posse decorrente do arrendamento, não se pode cogitar de circulação econômica. 5. In casu, nos termos do acórdão recorrido, o contrato de arrendamento mercantil internacional trata de bem suscetível de devolução, sem opção de compra. 6. Os conceitos de direito privado não podem ser desnaturados pelo direito tributário, na forma do art. 110 do CTN, à luz da interpretação conjunta do art. 146, III, combinado com o art. 155, inciso II e § 2º, IX, "a", da CF/88. 8. Recurso extraordinário a que se nega provimento. (STF, RE 540820/SP, rel. p/ acórdão Min. Luiz Fux, plenário, j. 11/09/2014)."

Há casos em que o **fato gerador** do referido imposto será considerado ocorrido no ato da entrega da mercadoria ou bem importados do exterior antes da ocorrência do desembaraço aduaneiro, devendo ser exigida pela autoridade competente, salvo disposição contrária, a comprovação do efetivo pagamento do imposto. A autoridade competente é a autoridade estadual, a qual no caso de isenção, suspensão e não incidência do tributo.

▸ Atenção

O desembaraço aduaneiro dependerá da comprovação do pagamento do valor referente ao ICMS importação.

Também, consoante o art. 803, §3º, do RA, em caso de arrematação de mercadorias abandonadas ou apreendidas, ocorrerá o fato gerador do ICMS e, conforme já mencionado anteriormente, consiste no único tributo incidente nestes casos.

Para resumir, a Lei Kandir as seguintes possibilidades da ocorrência do **fato gerador do ICMS na importação**:

> "Art. 12. Considera-se ocorrido o fato gerador do imposto no momento: (...)
>
> IX – do desembaraço aduaneiro de mercadorias ou bens importados do exterior. (...)

XI – da aquisição em licitação pública de mercadorias ou bens importados do exterior e apreendidos ou abandonados;

§ 3º. Na hipótese de entrega de mercadoria ou bem importados do exterior antes do desembaraço aduaneiro, considera-se ocorrido o fato gerador neste momento, devendo a autoridade responsável, salvo disposição em contrário, exigir a comprovação do pagamento do imposto."

3. ALÍQUOTAS E BASE DE CÁLCULO

O art. 13, da Lei Kandir, dispõe que a base de cálculo do ICMS nas importações é composta pela soma de sete parcelas:

Base de cálculo ICMS
Valor aduaneiro da mercadoria, incluindo o seguro e o frete internacionais;
Imposto de Importação (II);
Imposto sobre produtos industrializados (IPI);
Imposto sobre operações financeiras (IOF);
Impostos, taxas, contribuições e despesas aduaneiras, como o Adicional de Frete de Renovação da Marinha Mercante (AFRMM);
Juros, assim como os descontos concedidos sob condição;
ICMS.

O próprio valor do ICMS compõe sua base de cálculo, também conhecido como **ICMS "por dentro"**, embora haja crítica expressiva por parte da doutrina, corroborando para a aplicação duplicada da alíquota do ICMS, como aponta o nobre doutrinador, Roque Antonio Carrazza.

▸ Cuidado:

O art. 155, §2º. XI, CF/88 veda a inclusão do IPI quando a operação, realizada entre contribuintes e relativa a produto destinado à industrialização ou à comercialização, configure fato gerador dos dois impostos. Tal caso não ocorre nas importações, pois não ocorrem entre contribuintes do imposto sobre produtos industrializados.

4. ISENÇÕES E IMUNIDADES

No que tange às **imunidades**, por ser um imposto, aplicam-se todas as disposições estudadas na disciplina de Direito Tributário quanto ao assunto, cabendo o destaque da imunidade quanto às exportações.

Quanto às **isenções**, o art. 155, §2°, XII, *g*, CF/88 menciona que cabe à **lei complementar** a definição quanto a concessão de isenções, benefícios e incentivos fiscais em relação ao ICMS. A lei em comento é a Lei Complementar nº 24/75, a qual dispõe que somente poderão ser concedidas ou revogadas nos termos dos convênios celebrados e ratificados por Estados e Distrito Federal, no âmbito do Conselho Nacional de Política Fazendária (CONFAZ), cuja formação é de representantes estaduais e distritais, presidido por representantes do governo federal.

Nada impede que as isenções sejam concedidas por meio da República Federativa do Brasil em âmbito de um **Tratado Internacional**, isto é, não por meio da União, com isso, não há uma afronta ao princípio da vedação às isenções heterônomas (art. 151, III, CF/88). Um Tratado Internacional desta natureza, ao ser promulgado pelo Brasil deverá ser observado, nos termos do **art. 98, do Código Tributário Nacional (CTN).**

▸ **Importante:**

Segundo entendeu o STF no julgamento do RE n. 229.096, rel. Min. Carmen Lúcia, julgado em 16/08/2007: "A isenção de tributos estaduais prevista no Acordo Geral de Tarifas e Comércio para as mercadorias importadas dos países signatários, quando o similar nacional tiver o mesmo benefício, foi recepcionada pela CF/88. O art. 98 do CTN 'possui caráter nacional, com eficácia para a União, os Estados e os Municípios'(voto do eminente Ministro Ilmar Galvão). No direito internacional apenas a República Federativa do Brasil tem competência para firmar tratados (art. 52, §2°, CF/88), dela não dispondo a União, Estados-membros ou Municípios, O Presidente da República não subscreve tratados como chefe de Governo, mas como chefe de Estado, o que descaracteriza a existência de uma isenção heterônoma, vedada pelo art. 151, III, da Constituição."

5. PAGAMENTO DO IMPOSTO E CONTROLE PELA SECRETARIA DA RECEITA FEDERAL DO BRASIL

O pagamento, em regra, ocorrerá na forma de débito automático, assim como ocorre em relação aos demais tributos aduaneiros, conjuntamente com os tributos federais, desde que exista um convênio para tanto com a União.

Atenção:

Caberá à Receita Federal do Brasil, após verificado o pagamento, por meio de informações prestadas pelo importador, ou da dispensa do recolhimento do ICMS na importação, repassar os dados para a respectiva Secretaria Estadual da Fazenda. Após, será a autoridade fazendária estadual competente para verificar se o procedimento realizado pelo contribuinte ou a dispensa estava correto.

Nos termos do art. 52, da IN SRF nº 680/2006, a entrega da mercadoria importada ao importador somente será autorizada após a prestação de informações por parte do contribuinte. Logo, não caberá ao Fisco Federal entrar no mérito sobre a exigibilidade ou não do ICMS, cabendo à autoridade fazendária estadual, devendo, apenas, atuar de **forma formal**. Este tema é tão importante, uma vez que já foi cobrado em prova de concurso, que vale a pena saber o que consiste em **análise de mérito, o que é vedado ao Fisco Federal**:

Análise de mérito
Verificação do preenchimento de suporte fático de norma que aborde sobre a exigibilidade ou dispensa do recolhimento do ICMS;
Verificação de deliberação do Conselho Fazendário (CONFAZ) sobre incentivos e benefícios fiscais.

Vide a redação do art. 52, da IN SRF nº 680/2006, de extrema importância para fins de prova de concurso público:

> "Art. 52. O importador deverá apresentar, por meio de transação própria no Siscomex, declaração sobre o ICMS devido no desembaraço aduaneiro da mercadoria submetida a despacho de importação.
>
> § 1º A declaração de que trata o caput deverá ser efetivada após o registro da DI e constitui condição para a autorização de entrega da mercadoria desembaraçada ao importador.
>
> § 2º Na hipótese de exoneração do pagamento do ICMS, nos termos da legislação estadual aplicável, o importador deverá indicar essa condição na declaração.
>
> § 3º Entende-se por exoneração do pagamento do ICMS, referida no § 2º, qualquer hipótese de dispensa do recolhimento do imposto no momento do desembaraço da mercadoria, compreendendo os casos de exoneração, compensação, diferimento, sistema especial de pagamento, ou de qualquer outra situação estabelecida na respectiva legislação estadual.
>
> § 4º Os dados da declaração de que trata este artigo serão fornecidos pela SRF à Secretaria de Estado da Unidade da Federação indicada na

declaração, pelo importador, com base no respectivo convênio para intercâmbio de informações de interesse fiscal.

§ 5º O importador deverá apresentar o comprovante de pagamento do ICMS, ou documento de efeito equivalente, previamente ao desembaraço aduaneiro no despacho para consumo de bens anteriormente ingressados no País sob regime aduaneiro especial que já lhe tenham sido entregues."

> **▸ Importante:**
> Para retirar as mercadorias do recinto alfandegado, o importador deverá apresentar ao depositário o comprovante do recolhimento do ICMS ou, se for o caso, comprovante de exoneração do pagamento do imposto, exceto no caso de Unidade da Federação com a qual tenha sido celebrado o convênio referido no art. 53, da IN SRF nº 680/2006, para o pagamento mediante débito automático em conta bancária, por meio do Siscomex.

No mais, o Supremo Tribunal Federal, por ocasião do julgamento do Recurso Extraordinário 232248, entendeu que é lícita a retenção da mercadoria por lapso temporal que o pagamento não seja constatado. Também, **a exigência do ICMS à época do desembaraço aduaneiro, é constitucional**, conforme o entendimento do STF no julgamento do Recurso Extraordinário 216735.

> **▸ Importante:**
> "ICMS. MERCADORIA IMPORTADA DO EXTERIOR. FATO GERADOR. RECOLHIMENTO POR GUIA ESPECIAL. O Plenário desta Corte, ao julgar o RE 193.817, interpretando o disposto no artigo 155, § 2º, IX, a, da atual Constituição, firmou o entendimento de que é válida a cobrança do ICMS quando do recebimento pelo importador da mercadoria ou bem importados do exterior, bem como o de que "por isso, tornou-se incompatível com o novo sistema a norma do artigo 1º, II, do DL 406/68, que dispunha em sentido contrário, circunstância que legitimou a edição, pelos Estados e pelo Distrito Federal, em conjunto com a União, no exercício da competência prevista no art. 34, § 8º, do ADCT/88, de norma geral, de caráter provisório, sobre a matéria; e, por igual, a iniciativa do Estado do Rio de Janeiro (no caso é a Lei 6.374/89 do Estado de São Paulo), de dar-lhe consequência, por meio da lei indicada". Por outro lado, no que diz respeito à questão da guia especial para recolhimento do ICMS, também o Plenário deste Tribunal, ao julgar o RE 195.663, deu pela validade, no caso de mercadoria ou bem importados do exterior, do recolhimento do imposto mediante guia especial, rejeitando as alegações de que, com essa admissão, se violariam os princípios da isonomia e da não- cumulatividade, tendo a Segunda Turma, também quanto a essa questão, mesmo em se tratando de mercadoria oriunda do GATT, seguido

essa orientação. E, se o fato gerador do tributo nesse caso, por legítima escolha do Estado-membro, deixou de ser o momento da entrada da mercadoria no estabelecimento do importador para ser o do recebimento por ele de mercadoria importada do exterior, não há evidentemente ofensa ao princípio da capacidade contributiva, sob o fundamento de que o imposto está sendo exigido quando ainda inexistente o fato gerador. Recurso extraordinário da contribuinte não conhecido; e conhecido e provido o recurso extraordinário do Estado de São Paulo. (STF, RE 216735/SP, rel. Min. Moreira Alves, 1ª T., j. 30/04/2002)."

▸ Como esse assunto já foi cobrado em prova de concurso público?

Na prova de Auditor Fiscal da Receita Federal do Brasil/2012 – ESAF, a banca examinadora cobrou a seguinte questão:

Acerca do ICMS – importação, e o controle exercido pela Secretaria da Receita Federal do Brasil, assinale a opção correta:

a) Por ocasião do desembaraço aduaneiro, o Fisco Federal deverá se pronunciar sobre a exigibilidade ou não do ICMS;

b) De acordo com a Súmula n. 661do Supremo Tribunal Federal, na entrada de mercadoria importada do exterior, é legítima a cobrança do ICMS por ocasião do desembaraço aduaneiro;

c) A verificação efetuada pela autoridade federal no desembaraço aduaneiro é formal e de mérito, consistindo em se aferir o cumprimento da obrigação tributária de pagamento do ICMS mediante a apresentação do comprovante de recolhimento ou juntada do comprovante de dispensa do tributo, expedido pela Fazenda estadual;

d) Compete ao Fisco Federal analisar o preenchimento de suporte fático de norma que trate da exigibilidade ou da dispensa do ICMS;

e) Quando do desembaraço aduaneiro, o Fisco Federal não reconhecerá como forma de comprovação do pagamento do ICMS, isenções, incentivos e benefícios fiscais que tenham sido concedidos sem a devida deliberação dos Estados e do DF.

RESPOSTA: B

Capítulo 9

REGIMES ADUANEIROS ESPECIAIS

No Direito Aduaneiro brasileiro há três regimes aduaneiros aplicáveis: regime comum, regime especial e o regime aplicado em áreas especiais.

A regra é que o produto que ingressa no Brasil seja submetido ao regime comum de importação, pelo qual são cobrados tributos incidentes na importação, como já verificado em pontos anteriores, exceto em caso de exceção quanto a um benefício fiscal, como uma isenção, ou no caso de uma alíquota zero. Aqui, os produtos serão objeto de despacho para consumo.

Ao passo que os regimes aduaneiros especiais consistem naqueles que o crédito tributário terá sua exigibilidade suspensa. Um exemplo muito contumaz nas provas de concurso público é o regime aduaneiro de admissão temporária, através do qual os bens que ingressam em nosso país não serão sujeitos à incidência de tributos aduaneiros, desde que permaneçam por um determinado tempo e o importador cumpra os respectivos requisitos. Um exemplo muito comum é quanto aos automóveis expostos no salão do automóvel, os quais ingressam no país para exposições, bem como obras de arte e equipamentos para competições desportivas. O site da Receita Federal do Brasil lista 15 (quinze) tipos de regimes aduaneiros especiais e nesse capítulo serão abordados detalhadamente os mais importantes para as provas de concurso público. Importante salientar que os bens sujeitos a estes regimes aduaneiros são passíveis de despacho aduaneiro para admissão, conforme será estudado mais a frente.

1. REGIMES ADUANEIROS ESPECIAIS

Conforme já mencionado, os regimes aduaneiros especiais pressupõem a suspensão da exigibilidade do crédito tributário, dispondo, o regulamento aduaneiro, em seu art. 307, que o prazo de suspensão do pagamento será de até um ano, podendo ser prorrogado, por um período que **não supere cinco anos**, a critério da autoridade aduaneira. Embora, cada regime aduaneiro especial tenha seus prazos específicos. Até porque, em relação à mercadoria vinculada a contrato de prestação de serviço, o instrumento contratual que fixará o prazo, sendo prorrogável consoante este, nos termos do §3°, do art. 307, do RA, assim como os prazos fixados em acordos internacionais quanto ao regime aduaneiro especial de admissão temporária.

Por conta da **suspensão da exigibilidade**, conforme o art. 760, do regulamento aduaneiro, os tributos suspensos deverão ser **consignados em um termo de responsabilidade e garantia**, consistindo em um título representativo de direito líquido e certo da Fazenda Nacional, constando a assinatura do beneficiário do regime, o qual se comprometerá a utilizar a mercadoria nos termos da legislação respectiva. Vale conhecer a redação do art. 758, do regulamento aduaneiro:

> "Art. 758. O termo de responsabilidade é o documento no qual são constituídas obrigações fiscais cujo adimplemento fica suspenso pela aplicação dos regimes aduaneiros especiais.
>
> § 1° Serão ainda constituídas em termo de responsabilidade as obrigações tributárias relativas a mercadorias desembaraçadas na forma do § 4° do art. 121.
>
> § 2° As multas por eventual descumprimento do compromisso assumido no termo de responsabilidade não integram o crédito tributário nele constituído."

▸ Atenção!

Nos regimes de entreposto aduaneiro e de entreposto industrial sob controle informatizado não há a necessidade de firmar o termo de responsabilidade.

Caso o beneficiário **não cumpra o assumido no termo de responsabilidade**, será o **crédito tributário exigido**, com os **acréscimos legais cabíveis**. Nos termos do art. 766, do regulamento aduaneiro, os valores devidos a título de **multa e juros**, embora não estejam previstos no termo de responsabilidade, também serão exigidos, mas deverão constar em um auto de infração lavrado pela autoridade aduaneira competente, assim como os eventuais ajustes no cálculo dos tributos em questão, portanto, em caso de vislumbrado um erro e, em decorrência, valores complementares, estes deverão constar no auto de infração, **não havendo um termo de responsabilidade complementar.**

Em caso de inadimplemento das condições impostas pelo regime, o beneficiário será intimado para que no **prazo de dez dias**, venha a justificar formalmente o descumprimento, sendo avaliada, tal justificação, pela Receita Federal. Caso não acolha a justificativa do beneficiário, o **termo de responsabilidade será executado**.

Se o beneficiário tiver prestado alguma garantia, principalmente na forma de depósito em espécie, este será convertido em renda em favor da União, pressupondo a extinção do crédito tributário, consoante o art. 156, VI, do Código Tributário Nacional.

Por outro lado, se a garantia prestada for um **seguro aduaneiro ou fiança idônea**, o fiador ou a seguradora serão intimados juntamente com o beneficiário para que seja pago o valor correspondente aos créditos tributários suspensos no prazo de 30 dias, caso contrário, a Procuradoria da Fazenda Nacional procederá à cobrança. O seguro aduaneiro está contido na Circular SUSEP nº 477/2013, já a fiança poderá ser prestada tanto por pessoa física como por pessoa jurídica.

Inexistindo garantia, o beneficiário do regime será intimado a recolher os tributos consignados no termo de responsabilidade em até 30 dias, caso contrário, a Procuradoria da Fazenda Nacional inscreverá o débito em dívida ativa e realizará a cobrança nos termos da Lei de Execuções Fiscais (LEF).

A **regra** é que o termo de responsabilidade possua o valor dos créditos tributários da Fazenda Nacional expressos, entretanto, há casos em que não constam tais valores, como em relação aos carros que ingressam no Brasil para a competição do Grande Prêmio de Fórmula-1, no autódromo de interlagos, na cidade de São Paulo. Caso descumprido o termo de responsabilidade específico, o art. 765, do Regulamento Aduaneiro prevê que "o termo não formalizado por quantia certa será liquidado à vista dos elementos constantes do despacho aduaneiro a que estiver vinculado."

Ponto interessante é quanto à ocorrência do fato gerador do imposto de importação quanto aos regimes aduaneiros especiais. Recordando o já abordado despacho para consumo, o art. 73, I, do RA pressupõe que ocorrerá o **fato gerador** do referido imposto por ocasião do **despacho para consumo da declaração de importação.** No caso dos regimes aduaneiros especiais, o **registro da declaração de importação da mercadoria despachada para admissão** configura uma hipótese de **ocorrência do fato gerador**, uma vez que esta posição se enquadra com o art. 311, do regulamento aduaneiro, dado que diante do descumprimento do regime aduaneiro especial, a cobrança de tributos retroage à data do registro da declaração de admissão ou do registro de exportação. Vide:

> "Art. 311. No caso de descumprimento dos regimes aduaneiros especiais de que trata este Título, o beneficiário ficará sujeito ao pagamento dos tributos incidentes, com acréscimo de juros de mora e de multa, de mora ou de ofício, calculados da data do registro da declaração de admissão no regime ou do registro de exportação, sem prejuízo da aplicação de penalidades específicas."

▸ **Importante:**

Também, vale a pena destacar que uma mercadoria admitida em um determinado regime aduaneiro especial poderá migrar para outro sem que o prazo seja reiniciado, embora tal situação não se aplica aos insumos sujeitos ao *drawback* para o regime de admissão temporária, dado que este somente admite mercadorias sem cobertura cambial. No mais, o beneficiário poderá ser substituído. Interessante que se uma segunda empresa que venha a substituir o beneficiário originário no regime de admissão temporária descumprir os requisitos, o art. 314, do regulamento aduaneiro prevê que a Secretaria da Receita Federal do Brasil fica autorizada a estabelecer hipóteses em que, na substituição de beneficiário de regime aduaneiro suspensivo, o termo inicial para o cálculo de juros e multa de mora relativos aos tributos suspensos passe a ser a data da transferência da mercadoria.

2. TRÂNSITO ADUANEIRO

Trata-se de um regime aduaneiro especial que pressupõe o deslocamento de mercadorias de um ponto a outro do território nacional com suspensão da exigibilidade dos tributos aduaneiros.

Tal regime aduaneiro especial é iniciado no desembaraço para trânsito e finalizado quando a unidade de destino certifica a chegada da mercadoria.

▸ **Atenção!**

É com o despacho de trânsito aduaneiro, procedimento adotado pela Receita Federal do Brasil, que é verificado se a solicitação de trânsito aduaneiro pode ser deferida ou não. Esta solicitação é feita por meio do registro da declaração de trânsito aduaneiro no Siscomex Trânsito. O despacho em questão se inicia com o registro da declaração de trânsito aduaneiro e finaliza-se com o desembaraço para trânsito aduaneiro, sendo esta última situação o marco da permissão para o trânsito aduaneiro.

Após a entrega dos documentos pelo beneficiário à Receita Federal, a declaração de despacho para trânsito será parametrizada, podendo ser direcionada para **dois canais**, apenas: verde ou vermelho.

Pelo **canal verde**, a mercadoria destinada não sofrerá conferência aduaneira, pois trata-se de um canal automático quanto ao desembaraço. Ao passo que no **canal vermelho**, a conferência aduaneira consistirá no exame documental e na verificação da carga mediante a presença do beneficiário do regime e do transportador da mercadoria, nos termos do art. 322, do regulamento aduaneiro. No mais, caberá à autoridade aduaneira fixar a rota a ser seguida pelo transportador e o prazo de chegada à unidade de destino. A chegada da mercadoria é informada no sistema diretamente pela unidade de destino, nos termos da IN SRF n. 248/2002.

Após a conferência, a Receita Federal do Brasil poderá adotar medidas cautelares fiscais, como o acompanhamento do transporte por um veículo da própria RFB.

> Art. 333, § 1º, do RA. São cautelas fiscais:
>
> I – a lacração e a aplicação de outros dispositivos de segurança;
>
> II – o acompanhamento fiscal, que somente será determinado em casos especiais.

Por fim, a Receita Federal exige o preenchimento do termo de responsabilidade, para que o regime de transido aduaneiro seja concedido e, em regra, a prestação de uma garantia por parte do transportador da mercadoria.

Vale mencionar que somente empresas transportadoras habilitadas previamente, em regra, poderão realizar o transporte de mercadorias em operações de trânsito aduaneiro, tanto que estas que serão responsáveis pelo pagamento dos tributos em caso de extravio das mercadorias que estejam sob seu poder.

Entretanto, estarão **dispensados da habilitação os que demonstrem idoneidade**, nos termos do art. 323, do regulamento aduaneiro.

No caso de **extravio de mercadoria** por conta do transportador, será este quem responderá sozinho quanto aos tributos que deixarem de ser recolhidos pelo importador.

Nos termos do art. 318, do regulamento aduaneiro, o trânsito aduaneiro consiste em **sete modalidades**, embora possam ser **divididas em quatro grupos: trânsito de importação, trânsito de exportação, trânsito interno e trânsito internacional**. Vide:

> "Art. 318. São modalidades do regime de trânsito aduaneiro:
>
> Modalidades de trânsito aduaneiro:
>
> I – o transporte de mercadoria procedente do exterior, do ponto de descarga no território aduaneiro até o ponto onde deva ocorrer outro despacho;
>
> II – o transporte de mercadoria nacional ou nacionalizada, verificada ou despachada para exportação, do local de origem ao local de destino, para embarque ou para armazenamento em área alfandegada para posterior embarque;

> III – o transporte de mercadoria estrangeira despachada para reexportação, do local de origem ao local de destino, para embarque ou armazenamento em área alfandegada para posterior embarque;
>
> IV – o transporte de mercadoria estrangeira de um recinto alfandegado situado na zona secundária a outro;
>
> V – a passagem, pelo território aduaneiro, de mercadoria procedente do exterior e a ele destinada;
>
> VI – o transporte, pelo território aduaneiro, de mercadoria procedente do exterior, conduzida em veículo em viagem internacional até o ponto em que se verificar a descarga; e
>
> VII – o transporte, pelo território aduaneiro, de mercadoria estrangeira, nacional ou nacionalizada, verificada ou despachada para reexportação ou para exportação e conduzida em veículo com destino ao exterior.

Primeiramente, quanto ao **trânsito de importação**, a mercadoria ingressa no território aduaneiro pátrio por intermédio da zona primária e o beneficiário solicita seu transporte para outro ponto para que sofra o despacho aduaneiro e, durante o transporte, os tributos ficam com a exigibilidade suspensa.

Quanto ao **trânsito de exportação**, neste ocorrerá a antecipação do despacho aduaneiro. Uma possibilidade é o carregamento da mercadoria no próprio estabelecimento do exportador e, neste local, a Receita Federal proceder à conferência aduaneira da mercadoria, sendo transportada em regime de trânsito aduaneiro até a fronteira do Brasil com o país de onde é domiciliado o importador, verificando a regularidade do transporte.

O **trânsito interno** pressupõe a transferência da mercadoria de um recinto alfandegado para outro, muito comum dentre as mercadorias submetidas à importação em consignação de entreposto aduaneiro, as quais ficam em depósitos nestes recintos até serem despachadas para consumo. Logo, se depositadas em um recinto alfandegado e houver a necessidade de movimentá-las para um outro recinto alfandegado, será utilizado o regime de trânsito aduaneiro interno.

Já o **trânsito internacional**, consiste na mercadoria proveniente do exterior e também na que é destinada ao exterior, apenas, de passagem pelo Brasil. Logo, se o Brasil possuir acordos internacionais com outros países que se utilizam dos nossos portos, as mercadorias importadas por estes países chegarão ao porto de Santos, onde sofrerão despacho aduaneiro de trânsito, sendo lacradas, e transportadas até o país vizinho de destino, por exemplo, por meio de via terrestre, em regime aduaneiro de passagem, sendo concluído na fronteira brasileira pela aduana correspondente. Importante destacar que esta modalidade somente será aplica, nos termos do art. 326, do regulamento aduaneiro, à mercadoria declarada no conhecimento de carga para trânsito, ou no manifesto ou na declaração de efeito equivalente do veículo que a transportou até o local de origem, cujo intuito de tal exigência é de evitar fraudes.

Por fim, o **regime de trânsito aduaneiro** poderá ser interrompido nas seguintes situações:

a) ocorrência de eventos extraordinários que comprometam ou possam comprometer a segurança do veículo ou equipamento de transporte;

b) ocorrência de eventos que resultem ou possam resultar em avaria ou extravio da mercadoria;

c) ocorrência de eventos que impeçam ou possam impedir o prosseguimento do trânsito;

d) embargo ou impedimento oferecido por autoridade competente;

e) rompimento ou supressão de dispositivo de segurança; e

f) outras circunstâncias alheias à vontade do transportador, que justifiquem a medida.

Ocorrida a interrupção, o transportador deverá imediatamente comunicar o fato à unidade aduaneira jurisdicionante do local onde se encontrar o veículo, para a adoção das providências cabíveis.

No mais, a autoridade aduaneira poderá determinar a interrupção do trânsito, na área de sua jurisdição, em casos de denúncia, suspeita ou conveniência da fiscalização, mediante a adoção de quaisquer das seguintes providências, sem prejuízo de outras que entender necessárias:

a) verificação dos dispositivos de segurança e dos documentos referentes à carga;

b) vistoria das condições de segurança fiscal do veículo ou equipamento de transporte;

c) rompimento ou supressão de dispositivo de segurança do veículo, do recipiente ou dos volumes, para a verificação do conteúdo;

d) busca no veículo;

e) retenção do veículo, das mercadorias, ou de ambos; e

f) acompanhamento fiscal.

> **Atenção!**
> A Secretaria da Receita Federal do Brasil poderá admitir, em caráter extraordinário, a interrupção do trânsito aduaneiro na modalidade de passagem, em caso de conveniência do beneficiário, mediante o cumprimento dos limites e das condições que estabelecer.

3. REGIME ADUANEIRO DE ADMISSÃO TEMPORÁRIA

Por este regime especial, tem-se a permissão da **importação de bens que devam permanecer no Brasil por um lapso temporal, devendo retornar ao exterior.** Logo, haverá a suspensão no pagamento de tributos incidentes na importação, já que os bens não ficarão a título definitivo no país.

A **suspensão da exigibilidade dos créditos tributários** poderá ser **total ou parcial**, nos termos dos artigos 354 e 373, ambos do regulamento aduaneiro. Esta última ocorrerá quando o bem estiver destinado para uma utilização econômica.

> "Art. 373. Os bens admitidos temporariamente no País para utilização econômica ficam sujeitos ao pagamento dos impostos federais, da contribuição para o PIS/PASEP-Importação e da COFINS-Importação, proporcionalmente ao seu tempo de permanência no território aduaneiro, nos termos e condições estabelecidos nesta Seção.
>
> § 1º Para os efeitos do disposto nesta Seção, considera-se utilização econômica o emprego dos bens na prestação de serviços a terceiros ou na produção de outros bens destinados a venda.
>
> § 2º A proporcionalidade a que se refere o caput será obtida pela aplicação do percentual de um por cento, relativamente a cada mês compreendido no prazo de concessão do regime, sobre o montante dos tributos originalmente devidos.
>
> § 3º O crédito tributário correspondente à parcela dos tributos com suspensão do pagamento deverá ser constituído em termo de responsabilidade.
>
> § 4º Na hipótese do § 3º, será exigida garantia correspondente ao crédito constituído no termo de responsabilidade, na forma do art. 759, ressalvados os casos de expressa dispensa, estabelecidos em ato normativo da Secretaria da Receita Federal do Brasil."

O conceito de **utilização econômica** compreende a correlação do bem importado no emprego de prestações de serviços e produção de outros bens destinados à venda. Logo, se um bem é importado mediante o contrato de *leasing* operacional, conforme foi abordado no capítulo sobre ICMS na importação, serão cobrados tributos proporcionalmente ao tempo de permanência do bem, à razão de 1% ao mês do que seria devido, salvo se o tempo de permanência for igual ou superior a 100 meses. Tal regime comporta o **recolhimento parcial** com o intuito de evitar a **evasão fiscal**, crime contra a ordem tributária, uma vez que o importador, com o intuito de não recolher os tributos devidos, por meio de um contrato de *leasing* operacional, poderia muito bem importar o bem por meio do regime aduaneiro especial de admissão temporária, sem pagar os tributos, acaso houvesse a suspensão total da exigibilidade dos créditos tributários, ao passo que o importador que de fato adquire o bem, teria de quitar todos os tributos exigidos e, ambos, empregariam o bem importado na mesma finalidade: utilização econômica.

Logo, se um determinado bem foi importado por meio de admissão temporária com suspensão parcial de tributos por um período de 50 meses, incidirá 50% do que seria cobrado e o restante, **os demais 50%, ficariam consignados num termo de responsabilidade**. Acaso o bem **retorne para o estrangeiro antes do prazo**, caberá a **restituição do período não usufruído**.

> **Atenção!**
> Nos termos dos artigos 374 e 379, ambos do regulamento aduaneiro, o pagamento proporcional dos tributos somente é viável nos casos de leasing operacional, uma vez que os demais casos de leasing, como já estudado anteriormente, preveem a opção da aquisição do bem ao final do contrato, podendo, o bem, já ingressar no Brasil com esta finalidade, algo incompatível com a finalidade do regime aduaneiro especial de admissão temporária, ao passo que o leasing operacional não prevê tal possibilidade expressamente.

Também, há a modalidade de **regime aduaneiro especial de admissão temporária para aperfeiçoamento do ativo**, o qual contempla bens importados para a industrialização e posteriormente, serão devolvidos ao estrangeiro, nos termos do art. 380 e seguintes, do regulamento aduaneiro.

Os bens listados no art. 380, do regulamento aduaneiro, são necessários para as quatro formas de industrialização: beneficiamento, montagem, recondicionamento e condicionamento, mas também, a transformação, a qual está disposta expressamente no regulamento do IPI (RIPI – Decreto n. 7212/2010) e que também traz, em seu art. 4º, o conceito de cada atividade de industrialização.

3.1. Condições

Nos termos do art. 358, do regulamento aduaneiro a autoridade aduaneira deverá verificar se o indivíduo que solicita o regime aduaneiro especial cumpriu determinados requisitos, como a importação em caráter temporário, comprovada esta condição por qualquer meio julgado idôneo; imposição sem cobertura cambial e adequação dos bens à finalidade para a qual foram importados.

> **Atenção!**
> A necessidade da mercadoria não estar contemplada pela cobertura cambial significa que ela não está sendo comprada, adquirida.

Ademais, o regime será aplicável aos bens que a Receita Federal do Brasil dispor em ato normativo da Secretaria e os admitidos temporariamente ao amparo de Acordos Internacionais, os quais estarão sujeitos aos prazos neles previstos. Atualmente, é a IN RFB n. 1600/2015 que prevê o rol de bens sujeitos ao regime de admissão temporária que garante a suspensão total dos tributos, os quais deverão, posteriormente ao cumprimento de suas respectivas finalidades, ser reexportados.

3.2. Concessão do regime, prazo e extinção

O importador deverá solicitar a concessão do regime por meio do **requerimento de admissão temporária, previamente ao registro da declaração de importação**, sendo analisado no curso do despacho aduaneiro. Em regra, a análise será simplificada, dispensando a perícia do bem, entretanto, acaso haja a necessidade, outros órgãos serão chamados para se manifestarem sobre a concessão, como no caso da importação de um cavalo de corrida. No mais, o regime será iniciado por ocasião do desembaraço aduaneiro.

Como já mencionado anteriormente, o prazo deste regime dependerá da finalidade da importação, entretanto, a regra é que seja de seis meses prorrogáveis por mais seis meses, salvo no caso de admissão temporária para utilização econômica, cujo prazo estará em contrato de *leasing*, limitado há 100 meses, já na admissão temporária para aperfeiçoamento do ativo, o prazo previsto no contrato é o aplicável.

Quanto à extinção do regime, o art. 367, do regulamento aduaneiro, prevê que o importador deverá realizar a reexportação; entrega à Fazenda dos bens; livres de quaisquer despesas, dede que a autoridade aduaneira concorde em recebe-los; destruir às suas expensas; transferir para outro regime especial ou proceder ao despacho para consumo, se nacionalizados, alternativas que evitam que o termo de responsabilidade seja executado.

Vale destacar que caso o beneficiário **destrua o bem por culpa ou dolo**, o termo de responsabilidade, nos termos do art. 369, do RA, será executado, ao passo que se for acidentalmente destruído, haverá a redução proporcionalmente da garantia à avaria.

No caso do despacho para consumo, se vir a ocorrer, o pagamento de tributos é indispensável, ocorrendo o fato gerador do imposto de importação por ocasião do registro da DI para consumo.

Ademais, o art. 368, do regulamento aduaneiro prevê que a exportação de produto equivalente ao importado também tem o condão de extinguir o referido regime, desde que sejam determinados bens previstos no artigo.

Por fim, quanto ao termo de garantia, este será executado, caso o regime seja descumprido, conforme prevê o art. 369 do RA.

Em regra, a Receita Federal do Brasil exigirá do beneficiário uma garantia a ser prestada, podendo ser dispensada no caso da modalidade de suspensão total, assim como de aperfeiçoamento do ativo.

4. *DRAWBACK*

Consiste em um **incentivo às exportações**, criado através do Decreto – Lei n. 37/66, a partir da desoneração dos tributos incidentes nos insumos importados ou nacionais indispensáveis para a produção de produtos que serão exportados, assim, haveria uma diminuição do valor, corroborando para uma maior competitividade do bem produzido no Brasil no estrangeiro. O significado de *drawback* é **"arrastar de volta".** O art. 72, da Portaria Secex nº 23/2011 previa um rol de bens contemplados pelo ora estudado regime aduaneiro especial. No entanto, com a atual Portaria Secex nº44/2020, qualquer insumo vinculado à industrialização de produto que, posteriormente, será destinado à exportação, poderá ser contemplado pelo regime *drawback*. A Portaria Secex nº23/2011 previa o seguinte rol:

a) mercadoria para beneficiamento no País e posterior exportação;

b) matéria-prima, produto semielaborado ou acabado, utilizados na fabricação de mercadoria exportada, ou a exportar;

c) peça, parte, aparelho e máquina complementar de aparelho, de máquina, de veículo ou de equipamento exportado ou a exportar;

d) mercadoria destinada à embalagem, acondicionamento ou apresentação de produto exportado ou a exportar, desde que propicie, comprovadamente, uma agregação de valor ao produto final;

e) animais destinados ao abate e posterior exportação; e

f) matéria-prima e outros produtos que, embora não integrando o produto a exportar ou exportado, sejam utilizados em sua industrialização, em condições que justifiquem a concessão.

▸ **Atenção!**

Na data de 08 de junho de 2022, foi sancionada a Lei nº 14.366, pelo Presidente da República, a qual prorroga, por mais um ano, os prazos para que os exportadores brasileiros realizem operações de comércio internacional relacionadas aos regimes de *drawback*, isto é, a norma permite a concessão de isenção e suspensão de alguns tributos incidentes sobre materiais utilizados para a fabricação de mercadorias destinadas à exportação, conforme abordado anteriormente.

A mesma norma prevê a desoneração do Adicional ao Frete para a Renovação da Marinha Mercante (AFRMM), incidente sobre as importações de insumos no âmbito do regime de *drawback* isenção, a partir de 1º de janeiro de 2023.

▸ **Atenção**

Não é concedido o *drawback* para a importação de mercadoria utilizada na industrialização de produto destinado ao consumo na Zona Franca de Manaus e em áreas de livre comércio localizadas em território nacional.

O regime de *drawback* poderá ser concedido à empresa industrial ou comercial. Empresas industriais ou comerciais, detentoras de ato concessório, após realizarem a importação ou a aquisição no mercado interno, enviarão o respectivo insumo, por sua conta e ordem, a estabelecimento industrial para industrialização, sob encomenda, devendo a exportação do produto final ser realizada pela própria detentora do ato concessório de *drawback*.

▸ **Atenção**

Atualmente, o pedido de *drawback* poderá abranger produto destinado à exportação diretamente pela beneficiária (empresa industrial ou equiparada à industrial), bem como ao fornecimento no mercado interno a firmas industriais-exportadoras (*drawback* intermediário).

Conforme o entendimento do Superior Tribunal de Justiça (STJ), "O *drawback* constitui um regime aduaneiro especial, que pode apresentar-se em três modalidades – isenção, suspensão e restituição de tributos – e é classificado como incentivo à exportação, nos termos dos arts. 1º, I, da Lei nº 8.402/92 e 382, caput, do Decreto nº 6.759/09. O incentivo consubstancia-se na desoneração do processo de produção o que acaba tornando a subsequente mercadoria nacional mais competitiva no mercado global." (STJ REsp 1313705/PR).

▸ **Cuidado**

Entretanto, muitos confundem equivocadamente como um benefício fiscal. Não consiste em um benefício fiscal, uma vez que é afastada a exigência de exame de similaridade e à exigência do transporte dos insumos em navio de bandeira brasileira na modalidade *drawback* suspensão, nos termos do art. 7º, da Portaria Secex nº44/2020.

Há três modalidades do regime, tais quais: ***drawback* integrado suspensão, *drawback* integrado isenção e *drawback* restituição.** Os dois primeiros constam no art. 1º, da Portaria mencionada, são concedidas pela Subsecretaria de Operações de Comércio Exterior (Suext), vinculado à Secretaria de Comércio Exterior (Secex).

Primeiramente, quanto ao ***drawback* suspensão**, o sujeito que almeja deverá apresentar à Suext um plano de exportação, indicando quais insumos deseja empregar na produção do bem a ser exportado, isto é, insumos que serão adquiridos no mercado interno ou externo. Posteriormente, será analisado o plano de exportação apresentado e, caso viável, o órgão emitirá um documento concedendo o *drawback* ao solicitante, que poderá adquirir os insumos aprovados com **suspensão da exigibilidade do imposto de importação, do IPI, do PIS/PASEP, da COFINS, da COFINS – importação e do PIS/PASEP – importação.** Também, contempla o Adicional ao Frete para a Renovação da Marinha Mercante (ARFMM), por conta da Lei n. 10.893/2004 que dispõe sobre em seu art. 15.

Em relação ao **ICMS**, consoante já abordado em capítulo específico, uma isenção somente será constitucional se concedida por meio de convênio realizado no âmbito do Conselho Nacional de Política Fazendária (CONFAZ). Atualmente está em vigor o Convênio ICMS n. 27/1990, o qual dispõe sobre a concessão de isenção de ICMS nas importações do exterior sob o regime de "*drawback* integrado suspensão" e estabelece normas para o seu controle. Importante destacar que a isenção do ICMS somente se aplica à modalidade de *drawback* suspensão, não contemplando a modalidade *drawback* isenção, conforme entendimento do Superior Tribunal de Justiça no julgamento do REsp 39607/SP, cujo fundamento é a aplicação literal do benefício consoante disposto no art. 111 do CTN.

▸ Atenção

Não é na ocasião do desembaraço aduaneiro que o regime se inicia, diferentemente dos demais regimes, mas sim com a concessão pelo Suext. No mais, a concessão do regime poderá ser condicionada à prestação de garantia, limitada ao valor dos tributos suspensos de pagamento, a qual será reduzida à medida que forem comprovadas as exportações.

Interessante é a redação da nova Súmula do Superior Tribunal de Justiça (STF), sobre certidão negativa de débitos apresentada pelo sujeito que vislumbra à concessão do *drawback*: **Súmula 569 do STJ**: "Na importação, é indevida a exigência de nova certidão negativa de débito no desembaraço aduaneiro, se já apresentada a comprovação da quitação de tributos federais quando da concessão do benefício relativo ao regime de *drawback*". Logo, no momento em que formula o pedido, já se exige que o contribuinte apresente a certidão negativa de tributos federais.

Ocorre que, posteriormente, no momento em que a mercadoria chega ao Brasil e o importador vai realizar o desembaraço aduaneiro, o Governo exige novamente a apresentação da certidão negativa, algo muito corriqueiro na prática.

O Superior Tribunal de Justiça, contudo, entende que é **indevida a exigência da certidão negativa nestes dois momentos distintos**. Assim, "apresentada a certidão negativa, antes da concessão do benefício por operação *Drawback*, não é lícito condicionar-se à apresentação de novo certificado negativo no desembaraço aduaneiro da respectiva importação." (STJ. 1ª Turma. REsp 196.161/RS, Rel. Min. Humberto Gomes de Barros, j. 16/11/1999). Utiliza-se do argumento para que **a certidão negativa seja exigida somente uma vez** está no fato de que o *drawback* é uma operação única que, no entanto, se divide em três momentos distintos: a) quando a mercadoria ingressa no território nacional; b) quando a mercadoria, no País, sofre o beneficiamento; e c) quando a mercadoria beneficiada vai ser reexportada (REsp 240.322/RS). Portanto, o *drawback* é um ato complexo, que se forma a partir da conjugação dessas três fases, não sendo lícito exigir-se a certidão negativa em cada uma de suas etapas.

No mais, o art. 60 da Lei nº 9.069/95 dispõe que a comprovação, pelo contribuinte, da quitação de tributos federais deve ocorrer no momento da "concessão ou reconhecimento" de qualquer incentivo ou benefício fiscal. Dessa forma, a certidão é exigida em um momento ou no outro. Apesar de ser um incentivo às exportações, ao *drawback* é aplicável tal dispositivo em comento, no entendimento do Superior Tribunal de Justiça.

Após a concessão, o beneficiário terá **um ano para proceder a exportação**, salvo se os bens forem de capital de longo ciclo de fabricação, cujo prazo máximo será de cinco anos. O prazo de um ano poderá ser **prorrogado por uma vez** cujo prazo será o mesmo.

Na hipótese do não cumprimento integral do compromisso de exportação, nos termos do art. 37, da Portaria Secex nº 44/2020, a beneficiária do regime deverá informar os incidentes correspondentes no ato concessório:

- em relação às mercadorias importadas:
  - a) devolução ao exterior;
  - b) destruição, sob controle aduaneiro, às expensas do interessado;

c) destinação para consumo das mercadorias remanescentes, com o pagamento dos tributos suspensos e dos acréscimos legais;

d) entrega à Fazenda Nacional, livres de quaisquer despesas e ônus, desde que a autoridade aduaneira concorde em recebê-las; ou

e) transferência para outro regime aduaneiro especial, observadas as normas do referido regime; e

f) em relação às mercadorias adquiridos no mercado interno, o pagamento dos tributos suspensos e dos acréscimos legais, observada a legislação de cada tributo.

Quanto aos **insumos que não foram empregados na produção**, caso sejam destinados ao consumo, **incidirão os respectivos tributos** conjuntamente com os acréscimos legais, nos termos do art. 390, do regulamento aduaneiro, retroagindo à data do registro da declaração de importação.

Já o ***drawback* integrado isenção** permite que o adquirente dos insumos se beneficie do benefício em questão quanto à **isenção do imposto de importação e redução à alíquota de 0% do IPI, do PIS/PASEP, da COFINS, do PIS/PASEP – importação, da COFINS – importação** e do Adicional ao Frete para Renovação da Marinha Mercante (AFRMM). Lembrando que na data de 08 de junho de 2022, foi sancionada a Lei nº 14.366, pelo Presidente da República, norma prevê a desoneração do Adicional ao Frete para a Renovação da Marinha Mercante (AFRMM), incidente sobre as importações de insumos no âmbito do regime de *drawback* isenção, a partir de 1º de janeiro de 2023, havendo a possibilidade do adquirente **repor** itens de seu estoque se beneficiando desta facilidade. Logo, o beneficiário do *drawback* integrado isenção já havia adquirido bens, entretanto, sem o compromisso de exportação dos produtos produzidos com o emprego destes. Posteriormente, surge a oportunidade de exportá-los e a necessidade de repor os bens anteriormente adquiridos. Esta modalidade de *drawback* também será concedida pela Suext, mediante a juntada de notas fiscais ou outros documentos que comprovem a destinação das matérias-primas a serem empregadas na produção.

Por fim, há a modalidade ***drawback* restituição**, prevista no art. 397, do regulamento aduaneiro, cuja competência para concessão será da Secretaria da Receita Federal do Brasil, podendo abranger total ou parcialmente os tributos incidentes na importação de mercadoria exportada após beneficiamento ou utilizada na fabricação, complementação ou acondicionamento de outra exportada. Destaca-se que a restituição, nos termos do art. 398, do RA, poderá ser feita por meio de crédito fiscal, a ser utilizado em qualquer importação posterior, devendo ser solicitada a restituição num prazo de noventa dias contados da data do embarque, consoante IN SFR n. 81/1998.

Em relação às operações, a Portaria Secex nº 44/2020 destaca as as duas existentes:

Operações de *drawback*
***Drawback* para embarcação**: modalidade suspensão e isenção, para a construção naval, cujas embarcações serão destinadas ao mercado interno;
***Drawback* para o fornecimento no mercado interno**: modalidade suspensão, caracterizado pela importação de produtos intermediários, matérias-primas e componentes destinados à fabricação de equipamentos a serem destinados ao mercado interno por conta de licitação internacional, conforme o art. 5º, da Lei n, 8032/1990.

5. ENTREPOSTO ADUANEIRO NA IMPORTAÇÃO

É aplicável às **mercadorias que não serão utilizadas no país de forma imediata**, como as em consignação, como as peças sobressalentes para a manutenção de navios ou aeronaves estrangeiros, ocorrendo a suspensão da exigibilidade de créditos tributários, nos termos do art. 404, do regulamento aduaneiro.

> "Art. 404. O regime especial de entreposto aduaneiro na importação é o que permite a armazenagem de mercadoria estrangeira em recinto alfandegado de uso público, com suspensão do pagamento dos impostos federais, da contribuição para o PIS/PASEP-Importação e da COFINS-Importação incidentes na importação."

O regime permite, ainda, a permanência de mercadoria estrangeira em feira, congresso, mostra ou evento semelhante, realizado em recinto de uso privativo, previamente alfandegado para esse fim, cujo o alfandegamento do recinto será declarado por período que alcance não mais que os trinta dias anteriores e os trinta dias posteriores aos fixados para início e término do evento, prazos estes que poderão, excepcionalmente, ser acrescidos de até sessenta dias, nos casos de congresso, mostra ou evento semelhante, mediante justificativa; instalações portuárias de uso privativo misto; plataformas destinadas à pesquisa e lavra de jazidas de petróleo e gás natural em construção ou conversão no País, contratadas por empresas sediadas no exterior e; estaleiros navais ou em outras instalações industriais localizadas à beira-mar, destinadas à construção de estruturas marítimas, plataformas de petróleo e módulos para plataformas. Excluindo a primeira situação, as demais necessitam de autorização da Secretaria da Receita Federal do Brasil.

O art. 406, do regulamento aduaneiro traz expressamente os beneficiários deste regime aduaneiro especial:

a) promotor do evento;

b) o contratado pela empresa sediada no exterior;

c) consignatário da mercadoria entrepostada.

> ▸ **Atenção**
>
> É permitida a admissão no regime de mercadoria importada com ou sem cobertura cambial.

A mercadoria poderá permanecer no regime de entreposto aduaneiro na importação pelo **prazo de até um ano, prorrogável por período não superior, no total, a dois anos, contados da data do desembaraço aduaneiro de admissão**. Em situações especiais, poderá ser concedida nova prorrogação, respeitado o limite máximo de três anos. Na hipótese de a mercadoria permanecer em feira, congresso, mostra ou evento semelhante, o prazo de vigência será equivalente àquele estabelecido para o alfandegamento do recinto. Ao passo que nos casos referentes às plataformas destinadas à pesquisa e lavra de jazidas de petróleo e gás natural em construção ou conversão no País, contratadas por empresas sediadas no exterior e estaleiros navais ou em outras instalações industriais localizadas à beira-mar, destinadas à construção de estruturas marítimas, plataformas de petróleo e módulos para plataformas, o prazo será aquele estabelecido no contrato. Ocorrendo a rescisão de contrato ou sua não prorrogação por motivos alheios à vontade do beneficiário, a Secretaria da Receita Federal do Brasil poderá autorizar a permanência das mercadorias no regime até que haja formalização de novo contrato com empresa sediada no exterior, limitado ao prazo de até dois anos, contado da data de rescisão ou do termo final do prazo de vigência não prorrogado.

> ▸ **Atenção!**
>
> Na hipótese de a mercadoria permanecer em feira, congresso, mostra ou evento semelhante, o prazo de vigência será equivalente àquele estabelecido para o alfandegamento do recinto. Nas hipóteses referidas nos incisos III e IV do art. 405, do RA, o regime será concedido pelo prazo previsto no contrato, isto é, quando se tratar de plataformas destinadas à pesquisa e lavra de jazidas de petróleo e gás natural em construção ou conversão no País, contratadas por empresas sediadas no exterior; e estaleiros navais ou em outras instalações industriais localizadas à beira-mar, destinadas à construção de estruturas marítimas, plataformas de petróleo e módulos para plataformas.

Nos termos do art. 409, do regulamento aduaneiro, a mercadoria deverá ter uma das seguintes **destinações**, em **até quarenta e cinco dias do término do prazo de vigência do regime**, sob pena de ser considerada **abandonada**:

a) despacho para consumo, devendo as mercadorias admitidas no regime, importadas sem cobertura cambial, deverão ser nacionalizadas antes de efetuada a destinação e a destinação somente poderá ser efetuada pelo adquirente quando este adquirir as mercadorias entrepostadas diretamente do proprietário dos bens no exterior;

b) reexportação;

c) exportação, devendo as mercadorias admitidas no regime, importadas sem cobertura cambial, deverão ser nacionalizadas antes de efetuada a destinação, sendo que tal situação não se aplica a mercadorias admitidas no regime para permanência em feira, congresso, mostra ou evento semelhante;

d) transferência para outro regime aduaneiro especial ou aplicado em áreas especiais.

6. ENTREPOSTO ADUANEIRO NA EXPORTAÇÃO

Trata-se de um regime aduaneiro especial cujo objetivo principal é a **facilitação da logística das exportações brasileiras, permitindo a armazenagem de mercadoria destinada a exportação**, nos termos do art. 410 do RA.

O entreposto aduaneiro na exportação compreende as modalidades de regime **comum e extraordinário.**

Na modalidade de **regime comum**, permite-se a armazenagem de mercadorias em recinto de uso público, com suspensão do pagamento dos impostos federais, ao passo que na modalidade de regime extraordinário, permite-se a armazenagem de mercadorias em recinto de uso privativo, com direito a utilização dos benefícios fiscais previstos para incentivo à exportação, antes do seu efetivo embarque para o exterior, somente podendo ser outorgado a empresa comercial exportadora constituída, mediante autorização da Secretaria da Receita Federal do Brasil.

> **▸ Atenção**
> Na modalidade de regime comum, permite-se a armazenagem de mercadorias em recinto de uso público, com suspensão do pagamento dos impostos federais, logo não há suspensão do pagamento das contribuições para o PIS/PASEP- Importação e COFINS-Importação (art. 411, RA).

Quanto ao **prazo de permanência**, este decorre a partir do regime adotado. No caso do regime comum, o prazo de permanência das mercadorias é de 1 (um) ano, prorrogável por período não superior, no total, a 2 (dois) anos. Nada obsta que seja concedida nova prorrogação, respeitado o limite de 3 (três) anos.

No caso do regime extraordinário, a mercadoria poderá permanecer no regime de entreposto aduaneiro na exportação pelo **prazo de até 180 dias**. Em relação ao início da contagem de tais prazos, no regime comum começa a contar a partir da data da entrada da mercadoria na unidade de armazenagem, ao passo que no regime extraordinário, o início do prazo de concessão do regime extraordinário começa a contar a partir da data da saída da mercadoria do estabelecimento produtor-vendedor.

No que tange aos beneficiários deste regime aduaneiro, vale a pena saber:

Beneficiários do entreposto aduaneiro na exportação	
Regime extraordinário	Empresa comercial exportadora.
Regime comum	Pessoa jurídica que depositar, em recinto credenciado, mercadoria destinada ao mercado externo.

O art. 415 do RA traz as hipóteses de extinção do regime:

> Art. 415. Observado o prazo de permanência da mercadoria no regime, acrescido daquele a que se refere o inciso II do art. 642, deverá o beneficiário adotar uma das seguintes providências:
>
> I – iniciar o despacho de exportação;
>
> II – no caso de regime comum, reintegrá-la ao estoque do seu estabelecimento; ou
>
> III – em qualquer outro caso, pagar os tributos suspensos e ressarcir os benefícios fiscais acaso fruídos em razão da admissão da mercadoria no regime.

O art. 415, inciso I, RA, dispõe que o **regime será extinto** no momento em que tiver **início o despacho de exportação**, o qual deverá ter início até 45 dias após o prazo de concessão do regime de entreposto aduaneiro na exportação. Esta é a modalidade típica de extinção do regime. Acaso não ocorra o despacho para a exportação em tal lapso temporal, é sinal que a mercadoria não despertou o interesse em nenhum comprador fora do país. Por conta disso, outras situações ocorrerão.

No caso **de regime comum**, a mercadoria será reintegrada ao estoque do estabelecimento do beneficiário, sendo extinto o regime. Já no caso de **regime extraordinário**, a extinção do regime ocorrerá com o pagamento dos tributos suspensos, além do ressarcimento dos benefícios fiscais acaso fruídos, logo não há reintegração ao estoque, dado que as mercadorias passaram à posse da empresa comercial exportadora, diferentemente no que ocorre no regime comum.

A transferência da posse, isto é, o contrato de compra e venda realizado com a empresa comercial exportadora acarretou a suspensão de tributos, os quais deverão ser recolhidos para a extinção do regime.

6.1. Disposições comuns entre o regime de entreposto aduaneiro de importação e de exportação

Conforme dispõe a IN SRF 463/2004, os locais em que as mercadorias de ambos os regimes podem ficar armazenados resumem-se ao porto seco, portos e aeroportos alfandegados e instalações portuárias.

Já a IN SRF 241/2002 traz a operações que as mercadorias entrepostadas podem ser submetidas: exposição, demonstração, teste de funcionamento, industrialização e manutenção ou reparo.

Haverá a **dispensa do termo de responsabilidade e garantia** quanto aos tributos cuja exigibilidade estiver suspensa, já que a própria mercadoria será considerada como garantia, uma vez que estará sob controle da Receita Federal do Brasil.

Consoante a IN SRF 241/2002, não podem ser contempladas pelo regime as mercadorias cuja importação ou exportação esteja proibida, bem como as mercadorias usadas, salvo equipamentos e instrumentos de uso náutico ou aeronáutico, máquinas a serem consertadas, partes, peças e outros materiais de reposição, manutenção ou reparo de aeronaves e embarcações.

O depositário será responsável pelo pagamento dos tributos na ocorrência de avaria ou extravio de mercadoria submetida ao regime de entreposto aduaneiro.

7. REGIME DE ENTREPOSTO INDUSTRIAL SOB CONTROLE ADUANEIRO INFORMATIZADO (RECOF)

Por este regime aduaneiro especial é possível que a empresa importe, com ou sem cobertura cambial, e com **suspensão do pagamento de tributos**, sob controle aduaneiro informatizado, mercadorias que, depois de submetidas à operação de industrialização, sejam destinadas à exportação, consoante dispõe o art. 420, RA.

> "Art. 420. O regime de entreposto industrial sob controle aduaneiro informatizado – RECOF é o que permite a empresa importar, com ou sem cobertura cambial, e com suspensão do pagamento de tributos, sob controle aduaneiro informatizado, mercadorias que, depois de submetidas a operação de industrialização, sejam destinadas à exportação."

▸ Atenção

Por este regime, as aquisições de mercadorias no mercado interno por empresas habilitadas ao RECOF também se beneficiam da suspensão de tributos, consoante dispõe o art. 2º, da IN RFB nº 1.291/2012, desde que as mercadorias adquiridas sejam submetidas a operações de industrialização, sendo que o produto resultante não precisa ser necessariamente exportado:

"Art. 2º O Recof permite à empresa beneficiária importar ou adquirir no mercado interno, com suspensão do pagamento de tributos, mercadorias a serem submetidas a operações de industrialização de produtos destinados à exportação ou ao mercado interno."

Os produtos oriundos das operações de industrialização podem ser vendidos no mercado interno, sofrendo o despacho para consumo, desde que os tributos suspensos sejam recolhidos.

▸ Atenção

As importações realizadas pelas empresas habilitadas no RECOF recebem o tratamento de linha azul, isto é, são direcionadas ao canal verde, sendo desembaraçadas automaticamente.

Nos termos do art. 422, RA, caberá à Receita Federal do Brasil administrar o regime.

▸ Importante.

Não se pode confundir o RECOF com o *Drawback*, uma vez que este último é concedido pela Decex, a partir da apresentação de um plano de exportação pelo possível beneficiário, consoante já estudado anteriormente. Já o RECOF é muito usual para grandes indústrias que operam no comércio internacional, dispensando a apresentação de um plano de exportação a cada operação, ou seja, tem a finalidade de desburocratizar, por isso também é conhecido como "*drawback* de grandes proporções". Tanto que este regime é concedido para empresas cujo patrimônio líquido seja igual ou superior a 10 milhões de reais e que possuírem sistema informatizado de controle. Através da IN RFB 1612/2016, houve o aperfeiçoamento deste regime por meio do RECOF SPED, possibilitando a dispensa da utilização do regime informatizado específico de controle, sendo que os bens admitidos serão registrados, apena, nos livros contábeis digitais (SPED), além da dispensa do patrimônio líquido mínimo. No mais, no *drawback*, há obrigatoriedade de que ocorra a exportação, diferentemente no que ocorre no RECOF, consoante já mencionado anteriormente. A do RECOF é restritiva quanto à natureza das mercadorias a serem importadas, diferentemente no que ocorre no *drawback*, que não traz determinada limitação, desde que a mercadoria venha a ser utilizada no processo produtivo de um bem a ser exportado. Conforme já mencionado, a mercadoria importada por meio do RECOF é direcionada ao canal verde, diferentemente no caso da mercadoria importada pelo regime aduaneiro especial de *drawback*.

O art. 5º, da IN RFB 1291/2012, traz algumas peculiaridades quanto aos requisitos do RECOF, para que a empresa interessada habilite-se ao regime:

> I – cumprir os requisitos de regularidade fiscal perante a Fazenda Nacional, para o fornecimento de certidão conjunta, negativa ou positiva com efeitos de negativa, com informações da situação quanto aos tributos administrados pela RFB e quanto à Dívida Ativa da União (DAU), administrada pela Procuradoria-Geral da Fazenda Nacional (PGFN);
>
> II – possuir patrimônio líquido igual ou superior a R$ 10.000.000,00 (dez milhões de reais); (Redação dada pelo(a) Instrução Normativa RFB nº 1559, de 14 de abril de 2015)
>
> III – dispor de sistema informatizado de controle de entrada, estoque e saída de mercadorias, de registro e apuração de créditos tributários devidos, extintos ou com pagamento suspenso, integrado aos sistemas corporativos da empresa no País, que permita livre e permanente acesso da RFB;
>
> IV – possuir autorização para o exercício da atividade, expedida pela autoridade aeronáutica competente, se for o caso;
>
> V – não ter sido submetida ao regime especial de fiscalização de que trata o art. 33 da Lei nº 9.430, de 27 de dezembro de 1996, nos últimos três anos.

A manutenção da habilitação ao regime fica condicionada ao cumprimento pela empresa habilitada das obrigações dispostas no art. 6º da referida instrução normativa: exportar produtos industrializados resultantes dos processos mencionados no art. 2º no valor mínimo anual equivalente a 50% (cinquenta por cento) do valor total das mercadorias importadas ao amparo do regime, no mesmo período, e não inferior a 5 (cinco) milhões de dólares estadunidenses e aplicar anualmente, na produção dos bens que industrializar, pelo menos 80% (oitenta por cento) das mercadorias estrangeiras admitidas no regime.

A mercadoria admitida no RECOF poderá ser destinada à reexportação ou à destruição, consistindo em formas de extinção desse regime aduaneiro especial.

▸ Atenção

O prazo de suspensão dos tributos incidentes na importação será de até 1 (um) ano, prorrogável por igual período. Findo o prazo fixado para permanência da mercadoria no regime, serão exigidos, em relação ao estoque, os tributos suspensos, com os acréscimos legais cabíveis.

8. EXPORTAÇÃO TEMPORÁRIA

É o regime que permite a **saída temporária**, sendo considerado como oposto do regime de admissão temporária, de bens nacionais ou nacionalizados do território brasileiro. Por este regime, o imposto de exportação ficará suspenso, desde que a mercadoria regresse ao país em um prazo determinado no mesmo estado em que foi exportada, ou seja, não podendo haver industrialização no exterior, estando o valor do tributo consignado no termo de responsabilidade, dispensada a prestação de garantia. Ademais, não haverá tributação na reimportação no que tange ao IPI, AFRMM, II, PIS/PASEP – Importação e COFINS – importação.

O conceito está disposto no art. 431, RA:

> "Art. 431. O regime de exportação temporária é o que permite a saída, do País, com suspensão do pagamento do imposto de exportação, de mercadoria nacional ou nacionalizada, condicionada à reimportação em prazo determinado, no mesmo estado em que foi exportada."

Já no art. 432, RA, há disposição quanto os bens aos quais é aplicável o regime aduaneiro especial, devendo estar previstos em ato da Receita Federal do Brasil, como na IN RFB 1600/2015, além dos previstos em acordos internacionais.

No mais, **não será permitida a exportação temporária** de mercadorias cuja exportação definitiva esteja proibida, exceto nos casos em que haja autorização do órgão competente.

Quanto à concessão do regime poderá ser requerida pelo exportador à unidade que jurisdiciona o exportador, o porto seco de armazenagem, ou o porto, aeroporto ou ponto de fronteira de saída das mercadorias, sendo o registro de exportação, no SISCOMEX, constitui requisito para concessão do regime, exceto quanto aos veículos para uso de seu proprietário ou possuidor, quando saírem por seus próprios meios e os veículos de transporte comercial brasileiros, conduzindo carga ou passageiros.

Há a possibilidade da exportação temporária ser indeferida pela autoridade competente, desde que seja por decisão motivada. Assim, a saída da mercadoria será realizada de forma definitiva, nos termos do art. 436, § 1º, RA. Logo, ocorrendo o regresso da mercadoria objeto de exportação definitiva, haverá a necessidade do recolhimento tributário integral, já que se trata de mercadoria estrangeira. No regime aduaneiro especial de exportação temporária, o **retorno ao país de bens exportados temporariamente é hipótese de não-ocorrência do fato gerador do imposto de importação**, nos termos do art. 74, II, RA.

> **▸ Atenção**
>
> O exame do mérito de aplicação do regime exaure-se com a sua concessão, não cabendo mais discuti-lo quando da reimportação da mercadoria. Ou seja, se a autoridade aduaneira concedeu o regime de exportação temporária, não poderá rever este seu ato administrativo.

Em relação ao **prazo do regime** é de até 1 (um) ano, prorrogável por período não superior total a 2 (dois) anos. Ou seja, inicialmente serão de até 12 (doze) meses sendo prorrogável automaticamente. Havendo um contrato de prestação de serviço entre o exportador brasileiro e pessoa residente ou domiciliada no exterior, como por exemplo no caso de arrendamento mercantil, o regime de exportação temporária será concedido pelo prazo do contrato, prorrogável na mesma medida deste, conforme ocorre em outros regimes já abordados.

> **▸ Atenção**
>
> Deve-se ter cuidado para não confundir o regime aduaneiro especial de exportação temporária com a exportação em consignação, dado que são institutos distintos. Na exportação em consignação o tratamento administrativo especial, isto é, uma modalidade de exportação especial, que será concedido pela SECEX, cujo objetivo final é dos bens de serem vendidos no exterior. As mercadorias são enviadas ao exterior, devendo ser comprovado o ingresso de recursos ou o retorno das mercadorias ao Brasil dentro do prazo de 720 dias.

Quanto às hipóteses de extinção do regime, o art. 443 do regulamento aduaneiro dispõem que deverá ser adotada uma das seguintes providências:

a) reimportação;

b) exportação definitiva da mercadoria admitida no regime.

Ademais, nos termos do art. 444, do regulamento aduaneiro, "extingue ainda a aplicação do regime de exportação temporária de produto, parte, peça ou componente enviado ao exterior para substituição em decorrência de garantia ou para reparo, revisão, manutenção, renovação ou recondicionamento a importação de produto equivalente àquele submetido ao regime". No entanto, essa situação aplica-se exclusivamente aos seguintes bens:

a) partes, peças e componentes de aeronave, objeto da isenção;

b) produtos nacionais, ou suas partes e peças, remetidos ao exterior mediante exportação temporária, para substituição de outro anteriormente exportado definitivamente, que deva retornar ao País para reparo ou substituição, em virtude de defeito técnico que exija sua devolução.

Por fim, o art. 449, do regulamento aduaneiro traz a hipótese de **exportação temporária para aperfeiçoamento do passivo**, sendo o que permite a saída, do País, por tempo determinado, de mercadoria nacional ou nacionalizada, para ser submetida a operação de transformação, elaboração, beneficiamento ou montagem, no exterior, e a posterior reimportação, sob a forma do produto resultante, com pagamento dos tributos sobre o valor agregado.

Por este, **permite-se a saída, do País, desde que por tempo determinado**, de mercadoria nacional ou nacionalizada, para ser submetida a operação de transformação, elaboração, beneficiamento ou montagem, no exterior, sendo posteriormente destinada à reimportação, sob a forma do produto resultante, mediante o pagamento dos tributos sobre o valor agregado. Ocorrendo mero conserto, os tributos serão cobrados somente sobre os materiais empregados no processo, por ocasião da reimportação, consoante disposto no art. 456, RA.

Importante destacar uma **diferença pertinente entre o regime aduaneiro especial de admissão temporária para aperfeiçoamento do passivo e o de exportação temporária para aperfeiçoamento do passivo**. No primeiro, os bens submetidos não podem sofrer operações de transformação, ao passo que no segundo esta vedação não vigora.

Também é viável este regime no caso de saída do país de mercadoria nacional ou nacionalizada a ser submetida em processo de conserto, reparo ou restauração.

> **Atenção**
>
> No retorno ao país de bem submetido ao regime de exportação temporária para aperfeiçoamento passivo, ocorrerá o fato gerador do imposto de importação.

Por fim, o regime poderá ser extinto ocorrendo a reimportação da mercadoria, inclusive a que for resultante da industrialização sofrida, assim como a importação do produto equivalente, análoga aos casos de admissão temporária e exportação temporária e vislumbrando-se a transformação da exportação temporária em definitiva.

9. LOJA FRANCA

Também conhecida *como free shop*, a loja franca está localizada em **portos e aeroportos alfandegados, isto é, na zona primária**, observando a Portaria do MF nº 112/2008 alterada pela Portaria ME nº 258, de 27 de junho de 2020. Podem ser vendidas mercadorias nacionais ou estrangeiras a passageiro em viagem internacional, contra pagamento em moeda nacional ou estrangeira, consoante o art. 476, RA. O conceito de passageiro em viagem internacional deve ser interpretado de forma ampla, nos termos do §2º, do art. 2º, da IN RFB nº 2075, de 23 de março de 2022.

> **▸ Importante!**
>
> A IN SRF nº 863/2008 foi revogada pela IN RFB nº 2075, de 23 de março de 2022, a qual, atualmente, dispõe sobre o regime aduaneiro especial de loja franca.

> **▸ Atenção**
>
> As lojas francas, no termo do art. 15-A, do Decreto-lei nº 1.455/76, francas também poderão ser instaladas em sedes de Municípios caracterizados como cidades gêmeas de cidades estrangeiras na linha de fronteira do Brasil, a critério da autoridade competente. Esta previsão também está amparada pela Lei n. 12723/2012, regulamentada pela Portaria MF nº 307, de 21 de julho de 2014, alterada pela Portaria ME nº 15224, de 31 de dezembro de 2021. Vale destacar que essa norma dispõe sobre a aplicação do regime aduaneiro especial de loja franca em fronteira terrestre.

As mercadorias estrangeiras importadas diretamente pelos concessionários das lojas francas permanecerão com suspensão do pagamento de tributos até a sua venda, por conta da consignação. Deverá ser registrada a declaração de importação (DI) para fins cambiais.

No mais, os adquirentes poderão se beneficiar da isenção de tributos, desde que seja observado o **limite de US$1.000,00 (mil dólares norte-americanos) para cada passageiro, nos aeroportos** e o limite de US$ 500,00 (quinhentos dólares norte-americanos) para os *free shops* localizados nas fronteiras terrestres.

Acaso o limite não seja observado, haverá a **aplicação do regime de tributação especial, sendo que o imposto de importação incidirá com alíquota de 50% em face do excesso**, sendo que esse limite é cumulativo com o limite de isenções aplicável à bagagem.

Logo, além dos bens integrantes da bagagem do passageiro, que não sejam de uso ou consumo pessoal, limitado ao valor de US$ 500,00 (quinhentos dólares norte-americanos), também poderá adquirir mais US$1.000,00 (mil dólares norte-americanos) em mercadorias na loja franca após o desembarque no Brasil.

Portanto, se o passageiro adquirir em loja franca um bem antes de sua partida para o estrangeiro, esse produto comporá sua bagagem, recebendo o mesmo tratamento os bens adquiridos em lojas francas no exterior. Por exemplo, em uma viagem ao Chile, Tatiana adquiriu um perfume na loja franca do aeroporto internacional de Guarulhos. Na loja franca do aeroporto de Santiago, adquiriu cervejas chilenas e vinhos para seu irmão. Estes bens listados comporão o limite de isenção permitido na bagagem da passageira.

Em decorrência da aquisição pelos consumidores, a suspensão dos tributos no que concerne à consignação, será revertida em isenção, extinguindo o regime.

> **Atenção**
> Ocorrendo a venda de mercadorias importadas em loja franca, não ocorrerá despacho para consumo.

Além do limite, o qual pode ser extrapolado, há limitação quanto à quantidade para aquisição de mercadorias, conforme inciso III, do §3º do art. 40 da IN RFB nº 2075, de 23 de março de 2022, cuja leitura é imprescindível para fins de prova da Receita Federal do Brasil:

> "Art. 40, § 3º As vendas ocasionais estarão sujeitas aos seguintes limites e condições:
>
> I - valor mensal de até US$ 1.000,00 (mil dólares dos Estados Unidos da América), não cumulativo;
>
> II - quantidades que não evidenciem destinação comercial; e
>
> III - limitação quantitativa mensal para os seguintes produtos:
>
> a) 20 (vinte) litros de bebidas alcoólicas;
>
> b) 10 (dez) pacotes de cigarros; e
>
> c) 10 (dez) unidades de perfumes."

Além da aquisição das mercadorias, a reexportação de produtos importados e a exportação de produtos nacionais, bem como a destruição sob controle aduaneiro, transferência para outro regime aduaneiro especial ou aplicado em área especial e, por fim, o despacho para consumo, também colocam fim ao regime, art. 44, da IN RFB nº 2075, de 23 de março de 2022.

Importante mencionar que somente estarão aptos para explorar as lojas francas as **pessoas ou firmas habilitadas pela Secretaria da Receita Federal** nos termos do art. 5º, da IN RFB nº 2075, de 23 de março de 2022.

10. DEPÓSITO ESPECIAL

É um regime aduaneiro especial regulamentado pela IN SRF 386/2004, mas também previsto em alguns artigos do regulamento aduaneiro, como o art. 480 que dispõe quanto às espécies de bens que se submetem ao depósito especial.

Segundo o artigo em destaque, "o regime aduaneiro de depósito especial é o que permite a estocagem de partes, peças, componentes e materiais de reposição ou manutenção, com suspensão do pagamento dos impostos federais, da contribuição para o PIS/PASEP-Importação e da COFINS-Importação, para veículos, máquinas, equipamentos, aparelhos e instrumentos, estrangeiros, nacionalizados ou não, e nacionais em que tenham sido empregados partes, peças e componentes estrangeiros, nos casos definidos pelo Ministro de Estado da Fazenda".

Por conta da redação do parágrafo único, compreende-se que se trata de um rol exemplificativo, já que o Ministro de Estado da Economia poderá estabelecer a aplicação do regime a outros bens.

> **▸ Atenção**
> Serão admitidas no regime somente mercadorias importadas sem cobertura cambial, ressalvados os casos autorizados pelo Ministro de Estado da Economia.

O mais interessante do depósito especial é que, ao contrário do entreposto aduaneiro, por este **é viável que as mercadorias fiquem armazenadas em local não alfandegado**.

A autorização para operar no regime é de competência da **Secretaria da Receita Federal do Brasil**. Poderão habilitar-se a operar no regime as empresas que atendam aos termos, limites e condições estabelecidos em ato normativo pela Secretaria da Receita Federal do Brasil.

Quanto ao **prazo de permanência da mercadoria no regime** será de até cinco anos, contados da data do seu desembaraço para admissão, sendo facultado ao Ministro de Estado da Fazenda, em casos de interesse econômico relevante, autorizar a permanência da mercadoria no regime por prazo superior.

No que tange à extinção do regime, esta é semelhante ao entreposto aduaneiro. Vide o artigo do regulamento aduaneiro correspondente:

> Art. 485. Na vigência do regime, deverá ser adotada uma das seguintes providências, para extinção de sua aplicação:
>
> I – reexportação;

II – exportação, inclusive quando as mercadorias forem aplicadas em serviços de reparo ou manutenção de veículos, máquinas, aparelhos e equipamentos estrangeiros, de passagem pelo País;

III – transferência para outro regime aduaneiro especial ou aplicado em áreas especiais;

IV – despacho para consumo; ou

V – destruição, mediante autorização do consignante, às expensas do beneficiário do regime.

▸ Atenção

Em relação ao despacho para consumo de mercadoria admitida em depósito especial há uma peculiaridade. Este deverá ser efetuado pelo beneficiário até o dia 10 do mês seguinte ao da saída das mercadorias do estoque.

Para fazer jus à habilitação da Secretaria da Receita Federal do Brasil, pessoa jurídica precisa estar em dia com a **regularidade fiscal**, além de dispor de **sistema informatizado de controle de entrada, permanência e saída de mercadorias, de registro e apuração de créditos tributários devidos, extintos ou com exigibilidade suspensa**, integrado aos sistemas corporativos da empresa no País, com livre e permanente acesso da RFB. Também, o art. 2° da IN SRF n° 386/2004 traz requisitos a serem observados quanto ao exercício de determinadas atividades ou, na qualidade de subsidiária ou representante do fabricante estrangeiro, importar em consignação partes, peças, componentes e materiais de reposição ou manutenção para máquinas, equipamentos, aparelhos e instrumentos, estrangeiros, nacionalizados ou não, empregados em tais atividades, como: transporte; apoio à produção agrícola; construção e manutenção de rodovias, ferrovias, portos, aeroportos, barragens e serviços afins e; pesquisa, prospecção e exploração de recursos minerais.

11. DEPÓSITO AFIANÇADO

Este regime é bem semelhante ao anterior, entretanto é **destinado exclusivamente às empresas que atuem no transporte comercial internacional**, permitindo a estocagem, com suspensão do pagamento dos impostos federais, da contribuição para o PIS/PASEP- Importação e da COFINS-Importação, de materiais importados sem cobertura cambial, destinados à manutenção e ao reparo de embarcação ou de aeronave pertencentes à empresa autorizada a operar no transporte comercial internacional, e utilizadas nessa atividade.

A IN SRF 409/2004 alterada pela IN RFB nº 1964, de 07 de julho de 2020, dispõe sobre a regulamentação para instalação de depósitos afiançados de empresas aéreas, sendo a única norma sobre depósito afiançado existente atualmente.

No mais, **o prazo máximo**, assim como o do depósito especial, é de 5 (cinco) anos, contados da data do desembaraço aduaneiro para admissão.

> "Art. 488, RA. O regime aduaneiro especial de depósito afiançado é o que permite a estocagem, com suspensão do pagamento dos impostos federais, da contribuição para o PIS/PASEP-Importação e da COFINS-Importação, de materiais importados sem cobertura cambial, destinados à manutenção e ao reparo de embarcação ou de aeronave pertencentes a empresa autorizada a operar no transporte comercial internacional, e utilizadas nessa atividade."

12. DEPÓSITO ALFANDEGADO CERTIFICADO

O regime de depósito alfandegado certificado é o que permite considerar exportada, para todos os efeitos fiscais, creditícios e cambiais, a mercadoria nacional depositada em recinto alfandegado, vendida a pessoa sediada no exterior, mediante contrato de entrega no território nacional e à ordem do adquirente, nos termos do art. 493, do regulamento aduaneiro. Logo, tem por finalidade incentivar as exportações.

Interessante notar que há uma **exportação ficta**, isto é, a mercadoria é considerada exportada sem que tenha saído do território pátrio, sendo removida para o recinto correspondente.

> **▸ Atenção**
>
> Mediante autorização da Receita Federal do Brasil, o mencionado regime será operado em recinto alfandegado de uso público. Poderá, também, ser operado em instalação portuária de uso privativo misto, atendidas as condições estabelecidas pela Secretaria da Receita Federal do Brasil.

Nesta operação de remoção, concomitantemente serão processados o despacho de exportação da mercadoria, assim como o despacho de admissão da mercadoria no regime, através da emissão do conhecimento de depósito alfandegado (CDA) pelo depositário, iniciando a admissão da mercadoria no regime. **A data de emissão do conhecimento de depósito equivale à data de embarque ou de transposição de fronteira da mercadoria para efeitos fiscais.**

▸ **Atenção**

Logo após à admissão, a mercadoria é removida para área especial no recinto alfandegado.

Em relação ao **prazo**, será aquele determinado no conhecimento de depósito alfandegado, não podendo extrapolar o período de 1 (um) ano.

Quanto à extinção da aplicação do regime, o art. 497, RA, menciona que será feita mediante:

> I – a comprovação do efetivo embarque, ou da transposição da fronteira, da mercadoria destinada ao exterior;
>
> II – o despacho para consumo;
>
> III – a transferência para um dos seguintes regimes aduaneiros:
>
> *a) drawback;*
>
> *b)* admissão temporária, inclusive para as atividades de pesquisa e exploração de petróleo e seus derivados (REPETRO);
>
> *c)* loja franca;
>
> *d)* entreposto aduaneiro; ou
>
> *e)* RECOF.

13. DEPÓSITO FRANCO

O regime aduaneiro especial de depósito franco é o que permite, em recinto alfandegado, **a armazenagem de mercadoria estrangeira para atender ao fluxo comercial de países limítrofes com terceiros países**, conforme dispõe o art. 499, do regulamento aduaneiro, ou seja, **com os países que fazem fronteira com o Brasil, desde que haja um acordo internacional para tanto**.

Por exemplo, o Brasil e o Paraguai podem estabelecer um depósito franco entre ambos os países no Porto de Paranaguá, onde ficarão as mercadorias importadas pelo Paraguai com a suspensão da exigibilidade de tributos, sendo que posteriormente estas sofrerão um trânsito internacional, através do regime de trânsito aduaneiro na modalidade de passagem até território paraguaio.

Tais mercadorias estarão sujeitas, nos termos da IN SRF nº 38/2001, à fiscalização, quando fundadas suspeitas de falsa declaração de conteúdo pela autoridade brasileira competente e quando ultrapassarem os 90 dias.

14. REGIME ADUANEIRO ESPECIAL DE EXPORTAÇÃO E DE IMPORTAÇÃO DE BENS DESTINADOS ÀS ATIVIDADES DE PESQUISA E DE LAVRA DE JAZIDAS DE PETRÓLEO E DE GÁS NATURAL (REPETRO)

Trata-se de um regime destinado a **incentivar a produção nacional de bens destinados às atividades de pesquisa e lavra de jazidas de petróleo e de gás natural**, previstas na Lei nº 9.478/97, além, nos termos das Lei nº 12.276/2010 e a Lei nº 12.351/2010, que instituíram o regime de partilha e produção, as atividades de pesquisa, lavra, atividades, avaliação, desenvolvimento e produção no polígono do Pré-sal. No regulamento aduaneiro, é encontrado no art. 458.

Primeiramente, quanto ao **prazo**, este observará o **prazo de duração do contrato de concessão, autorização, cessão, partilha de produção ou relacionado à prestação de serviços**, sendo prorrogável quando prorrogável o contrato.

Será concedido pela Receita Federal do Brasil à pessoa jurídica habilitada pelo órgão, sendo que deverá ser detentora de concessão ou autorização para exercer as atividades de pesquisa e lavra de jazidas de petróleo e de gás natural; de cessão, nos termos da Lei nº 12.276/2010 ou pessoas jurídicas sujeiras ao regime de partilha de produção, nos termos da Lei nº 12.351/2010.

Terceiros, como pessoas jurídicas contratadas por meio de contrato de afretamento para operar embarcações, por exemplo, pelas detentoras dos contratos também poderão ser contempladas pelo regime.

Quanto ao **bens**, serão os contemplados em ato normativo da Receita Federal do Brasil, podendo contemplar máquinas e equipamentos sobressalentes, bem como ferramentas e aparelhos e a outras peças destinadas a garantir a operacionalidade dos bens constantes da relação elaborada pela RFB.

O regime funciona da seguinte forma: é realizada a importação sob o regime de *drawback* suspensão dos bens mencionados a serem empregados nas operações relativas à indústria petrolífera, firmando um compromisso de exportação. No entanto, ocorrerá uma exportação ficta, dado que o bem não sairá do território brasileiro, embora para todos os casos, será considerada como uma mercadoria exportada, podendo ser adquirida como se estivesse no estrangeiro a partir do pagamento em moeda nacional ou estrangeira de livre conversibilidade e mediante cláusula de entrega, sob controle aduaneiro, no território aduaneiro. Posteriormente, será aplicado à mercadoria o regime aduaneiro especial de admissão temporária.

> **Atenção**
>
> Em toda esta operação um tanto complexa não ocorreu recolhimento de tributos.

15. REGIME ADUANEIRO ESPECIAL DE IMPORTAÇÃO DE PETRÓLEO BRUTO E SEUS DERIVADOS (REPEX)

Nos termos do art. 463, do regulamento aduaneiro, o REPEX consiste em um regime aduaneiro de **importação de petróleo bruto e seus derivados**, com suspensão do pagamento dos impostos federais, da contribuição para o PIS/PASEP-Importação e da COFINS-Importação, para posterior exportação, no mesmo estado em que foram importados. Em troca, a empresa beneficiária do regime exporta petróleo bruto ou derivados, no mesmo estado em que foram importados. Logo, **a empresa importa, vende no mercado interno e, posteriormente, realiza uma exportação equivalente ao que importou.**

Somente pessoa habilitada pela Receita Federal do Brasil e que possua autorização da Agência Nacional do Petróleo, Gás Natural e Biocombustíveis para exercer as atividades de importação e de exportação dos produtos poderá ser admitida no regime, cabendo à Receita estipular quais bens podem ser compreendidos no regime.

Em relação ao **prazo**, será de 90 dias, **prorrogável uma única vez**, cujo **termo inicial** corresponderá à **data do desembaraço aduaneiro de admissão de mercadorias**.

▸ Atenção

Ocorrendo o descumprimento do prazo de vigência do regime, a ser visto, os tributos que se encontravam suspensos serão exigíveis, acrescidos das penalidades cabíveis e dos encargos legais.

A **extinção** do regime ocorrerá mediante exportação do produto importado ou exportação de produto nacional, em substituição ao importado, em igual quantidade e idêntica classificação fiscal, ou seja, ao equivalente.

16. REPORTO

Trata-se de um regime aduaneiro especial criado pela Lei nº 11.033/2004. Nos termos do art. 471, do regulamento aduaneiro "o regime tributário para incentivo à modernização e à ampliação da estrutura portuária – REPORTO é o que permite, na importação de máquinas, equipamentos, peças de reposição e outros bens, a suspensão do pagamento do imposto de importação, do imposto sobre produtos industrializados, da contribuição para o PIS/PASEP-Importação e da COFINS-Importação, quando importados diretamente pelos beneficiários do regime e destinados ao seu ativo imobilizado para utilização exclusiva em portos na execução de serviços de carga, descarga, movimentação de mercadorias e dragagem, e na execução de treinamento e formação de trabalhadores em Centros de Treinamento Profissional."

> **▸ Atenção!**
>
> Embora essa seja a redação apresentada pelo regulamento aduaneiro, o art. 5º da IN RFB nº 1370/13, dispõe que poderão ser importados, através do regime aduaneiro especial REPORTO, máquinas, equipamentos, peças de reposição e outros bens para utilização exclusiva na execução de serviços de carga, descarga, armazenagem e movimentação de mercadorias e produtos; sistemas suplementares de apoio operacional; proteção ambiental; sistemas de segurança e de monitoramento de fluxo de pessoas, mercadorias, produtos, veículos e embarcações; dragagens; e treinamento e formação de trabalhadores, inclusive na implantação de Centros de Treinamento Profissional.

Conclui-se que se trata de um **regime tributário**, corroborando para a suspensão do pagamento do II, do IPI, da contribuição para o PIS/PASEP-Importação e da COFINS-Importação. Em relação aos impostos, a isenção estará condicionada à comprovação, pelo beneficiário, da quitação de tributos e contribuições federais e à formalização de termo de responsabilidade em relação ao crédito tributário com pagamento suspenso.

Vale destacar que o Convênio ICMS nº 28/05 autoriza a concessão de isenção do ICMS relativo às importações realizadas no REPORTO. Um exemplo é o RICMS - Anexo I - Isenções - Artigo 116, do Estado de São Paulo:

> Artigo 116 (REPORTO - MODERNIZAÇÃO DE ZONAS PORTUÁRIAS) - Saídas internas de bens produzidos no país e desembaraço aduaneiro de bens relacionados nos Anexos Únicos dos Convênios ICMS-3/06, de 29 de março de 2006, e ICMS-28/05, de 1° de abril de 2005, destinados a integrar o ativo imobilizado de empresas beneficiadas pelo Regime Tributário para Incentivo à Modernização e à Ampliação da Estrutura Portuária - REPORTO, para utilização exclusiva em portos localizados em território paulista, na execução de serviços de carga, descarga e movimentação de mercadorias (Convênio ICMS-28/05 e Anexo Único com alteração do Convênio ICMS-99/05, cláusula primeira, e Convênio ICMS-3/06 e Anexo Único).(Redação dada ao artigo pelo Decreto 50.769, de 09-05-2006; DOE de 10-05-2006, efeitos a partir de 18-04-2006)
>
> § 1° - O benefício previsto neste artigo condiciona-se:
>
> 1 - a que o bem esteja integralmente desonerado dos tributos federais, em razão de suspensão, isenção ou alíquota zero, nos termos e condições da Lei federal n° 11.033/04, de 21 de dezembro de 2004;

2 - à efetiva utilização do bem na execução dos serviços referidos no "caput", pelo prazo mínimo de 5 (cinco) anos;

3 - ainda, no caso de desembaraço aduaneiro de bens:

a) que seja efetuado diretamente pelas empresas beneficiárias do REPORTO e que o bem seja destinado ao seu uso exclusivo;

b) à comprovação de inexistência de similar produzido no país, que deverá ser atestada por laudo emitido por entidade representativa do setor produtivo com abrangência em todo o território nacional ou por órgão federal especializado;

c) à que o desembarque e o desembaraço do bem sejam realizados em território paulista.

§ 2º - Não se exigirá o estorno do crédito do imposto relativo aos bens beneficiados com esta isenção.

§ 3º - Este benefício vigorará até 31 de dezembro de 2022. (Redação dada ao parágrafo pelo Decreto 65.254, de 15-10-2020, DOE 16-10-2020; em vigor em 1º de janeiro de 2021)

§ 4º - A isenção prevista neste artigo aplica-se conforme o disposto no item 2 do parágrafo único do artigo 8º deste regulamento. (Parágrafo acrescentado pelo Decreto 65.254, de 15-10-2020, DOE 16-10-2020; em vigor em 1º de janeiro de 2021)"

▸ Atenção

Quanto ao imposto de importação, somente contemplará bens que não possuam similar nacional, devendo a Secex apurar corretamente a inexistência.

A **suspensão do IPI e do II será convertida em isenção** após decorridos 5 (cinco) anos após a ocorrência do fato gerador de cada um, ao passo que em relação às contribuições mencionadas, a suspensão será convertida em alíquota zero após decorrido o mesmo lapso temporal.

O art. 472, do regulamento traz os possíveis beneficiários do regime:

a) o operador portuário, o concessionário de porto organizado, o arrendatário de instalação portuária de uso público e a empresa autorizada a explorar instalação portuária de uso privativo misto;

b) as empresas de dragagem, definidas na Lei no 11.610, de 12 de dezembro de 2007, os permissionários ou concessionários de recintos alfandegados de zona secundária e os Centros de Treinamento Profissional, conceituados no art. 32 da Lei no 8.630, de 1993;

c) os concessionários de transporte ferroviário.

Em que pese esses sejam os beneficiários contemplados pelo regulamento aduaneiro, as Leis nº 12.715/2012, nº 12.688/2012, nº 11.774/2008 acrescentaram outros à Lei nº 11.033/2004, sendo que, atualmente, o rol é mais amplo:

a) o operador portuário;

b) o concessionário de porto organizado;

c) o arrendatário de instalação portuária de uso público;

d) misto ou exclusivo, inclusive aquelas que operam com embarcações de *off-shore*;

e) as empresas de dragagem (pessoa jurídica que tenha por objeto a realização de obra ou serviço de dragagem com a utilização ou não de embarcação);

f) os recintos aduaneiros de zona secundária;

g) os centros de treinamento profissional de que trata o art. 16 da Lei nº 11.033/2004 com redação dada pela Lei nº 12.688/2012; e

h) os concessionários de transporte ferroviário.

Nada obsta que, mediante **autorização da Receita Federal do Brasil**, o beneficiário do REPORTO aliene a mercadoria a outrem, desde que haja recolhimento dos tributos com pagamento suspenso, acrescidos de juros e de multa de mora, salvo se ultrapassados os 5 (cinco) anos de duração do regime. Isto porque, consoante mencionado, a suspensão será transformada em isenção, quanto aos impostos, ou a alíquota, no que concerne às contribuições, convertida em zero.

Não obstante a importância deste regime aduaneiro especial para a modernização dos portos brasileiros, sua vigência estava limitada até a data de 31 de dezembro de 2020, conforme previsto pela Lei 13.169, de 6 de outubro de 2015.

Após muita pressão por parte de representantes do segmento portuário, o REPORTO foi prorrogado até 31 de dezembro de 2023, por conta da promulgação da Lei 14.301, de 7 de janeiro de 2022, mais conhecida como "BR DO MAR".

É de suma importância que o REPORTO seja mantido, uma vez que este benefício aduaneiro visa à implementar novos investimentos no setor portuário, proporcionando projetos de *Smart Ports*, que corroboram com a promoção de infraestrutura adequada, conforme os anseios dos sujeitos do Comércio Internacional, visando à evitar gargalos logísticos e, além de tudo, oferecendo um serviço público compatível com as normas da Agência Nacional de Transportes Aquaviários (Antaq).

17. REGIME ADUANEIRO ESPECIAL DE IMPORTAÇÃO DE INSUMOS DESTINADOS À INDUSTRIALIZAÇÃO POR ENCOMENDA DE PRODUTOS CLASSIFICADOS NAS POSIÇÕES 8701 A 8705 DA NCM (RECOM)

Não é um regime de muita importância para as provas de concurso, portanto, vale a pena estudar de forma mais superficial, no que tange aos aspectos principais. Primeiramente, vale destacar que há necessidade de habilitação pela Receita Federal do Brasil para concessão do regime.

> "Art. 427. O regime aduaneiro especial de importação de insumos destinados a industrialização por encomenda de produtos classificados nas posições 8701 a 8705 da Nomenclatura Comum do Mercosul – RECOM é o que permite a importação, sem cobertura cambial, de chassis, carroçarias, peças, partes, componentes e acessórios, com suspensão do pagamento do imposto sobre produtos industrializados, da contribuição para o PIS/PASEP-Importação e da COFINS- Importação.
>
> Parágrafo único. O regime será aplicado exclusivamente a importações realizadas por conta e ordem de pessoa jurídica encomendante domiciliada no exterior."

É destinado para a importação será de chassis, carroçarias, peças, partes, componentes e acessórios mediante suspensão do pagamento do **IPI e das contribuições para o PIS/PASEP-Importação e COFINS- Importação**, sem cobertura cambial, destinados à industrialização por encomenda dos produtos classificados nas posições 8701 a 8705 da NCM, isto é, veículos automóveis e tratores. No mais, o imposto de importação incidirá somente sobre os insumos importados empregados na industrialização dos veículos classificados nas posições 8701 a 8705.

> **▸ Atenção**
>
> O RECOM somente se aplica a importações realizadas por conta e ordem de pessoa jurídica encomendante domiciliada no exterior.

Conforme o art. 429, RA, os **produtos resultantes da industrialização por encomenda** quando destinados ao exterior, resolve-se a suspensão do pagamento do IPI, da contribuição para o PIS/PASEP-Importação e da COFINS--Importação incidentes na importação e na aquisição, no mercado interno, dos insumos neles empregados; ou quando destinados ao mercado interno, serão remetidos obrigatoriamente a empresa comercial atacadista, controlada, direta ou indiretamente, pela pessoa jurídica encomendante domiciliada no exterior, por conta e ordem desta, com suspensão do pagamento do IPI, da contribuição para o PIS/PASEP-Importação e da COFINS-Importação.

Capítulo **10**

REGIME ADUANEIRO APLICADO ÀS ÁREAS ESPECIAIS

1. ZONA FRANCA DE MANAUS (ZFM)

Consiste em um **regime aduaneiro**, cujo objetivo é de **incentivar o desenvolvimento regional de determinada área do Brasil**, criada pelo Decreto-Lei nº 288/67, o qual estabeleceu **incentivos fiscais** para implantar na Amazônia um polo industrial, comercial e agropecuário. Está prevista no art. 504, do regulamento aduaneiro.

> **▸ Importante:**
>
> É de suma importância conhecer o conceito e a natureza jurídica da Zona Franca de Manaus (ZFM), conforme o art. 504, do regulamento aduaneiro. Vide:
>
> Art. 504, do RA. A Zona Franca de Manaus é uma área de livre comércio de importação e de exportação e de incentivos fiscais especiais, estabelecida com a finalidade de criar no interior da Amazônia um centro industrial, comercial e agropecuário, dotado de condições econômicas que permitam seu desenvolvimento, em face dos fatores locais e da grande distância a que se encontram os centros consumidores de seus produtos.

> **▸ Atenção**
>
> Conforme já mencionado em capítulo anterior, o art. 40, do ADCT da CF/88 manteve a ZFM, cuja validade foi objeto de diversas emendas constitucionais, sendo a última editada em 2014, prorrogando sua existência até 2073 (EC 83/2014).

Em relação aos **benefícios fiscais** no que tange às importações de bens para a Zona Franca de Manaus não são cobrados o imposto de importação e o imposto sobre produtos industrializados, sendo que a entrada de mercadorias estrangeiras na Zona Franca de Manaus, destinadas a seu consumo interno, industrialização em qualquer grau, inclusive beneficiamento, agropecuária, pesca, instalação e operação de indústrias e serviços de qualquer natureza, bem como a estocagem para reexportação, será isenta destes impostos.

Vale destacar que as mercadorias ingressadas na Zona Franca de Manaus poderão ser posteriormente destinadas à exportação para o exterior, ainda que usadas, com a **manutenção da isenção dos tributos incidentes na importação**.

> **Atenção**
>
> A entrada das mercadorias a que se refere o caput do art. 505, do regulamento aduaneiro, será permitida somente em porto, aeroporto ou recinto alfandegados, na cidade de Manaus.

> **Importante:**
>
> A isenção fica condicionada à efetiva aplicação das mercadorias nas finalidades indicadas e ao cumprimento das demais condições e requisitos estabelecidos pelo Decreto-Lei nº 288, de 1967, e pela legislação complementar. Lembrando que os bens que ingressam na ZFM ao amparo de isenção tributária sofrerão despacho para admissão, ao passo que os bens que ingressam na ZFM sem o amparo de isenção tributária sofrerão despacho para consumo.

Vale mencionar que nem todas as mercadorias que ingressam na ZFM serão beneficiadas pela isenção, tais quais:

a) Armas e munições;

b) Fumo;

c) Bebidas alcoólicas;

d) Automóveis de passageiros;

e) produtos de perfumaria ou de toucador, e preparados e preparações cosméticas, salvo os classificados nas posições 3303 a 3307 da Nomenclatura Comum do Mercosul, se destinados, exclusivamente, a consumo interno na Zona Franca de Manaus ou quando produzidos com utilização de matérias-primas da fauna e da flora regionais, em conformidade com processo produtivo básico.

> **Atenção**
>
> Os produtos nacionais exportados para o exterior e, posteriormente, importados pela Zona Franca de Manaus, não gozarão dos benefícios.

Também, vale destacar que as exportações de mercadorias da ZFM para o exterior são isentas do imposto de exportação, nos termos do art. 515, do regulamento aduaneiro. Lembrando que o imposto de exportação existe, embora haja **desoneração** em relação à maioria dos produtos, aplicando-se **a alíquota 0%.**

Cabe mencionar que **mercadorias oriundas do território nacional destinadas à Zona Franca de Manaus** serão equiparadas a **exportações**, logo sobre estes haverá a **imunidade tributária** quanto ao PIS/PASEP, COFINS, IPI e o ICMS.

Outro ponto importante é o abordado pelo art. 509, do regulamento aduaneiro que prevê que em relação à **saída de mercadorias estrangeiras da ZFM para o restante do território nacional**, denominada de **internação**, corrobora para o **recolhimento dos tributos incidentes na importação**, embora haja **exceção** quanto à bagagem de viajantes; aos produtos industrializados com insumos estrangeiros e; para as mercadorias destinadas para as Áreas de Livre Comércio e algumas destinadas à Amazônia Ocidental.

Destaca-se que no que concerne à internação de produtos industrializados na ZFM com insumos estrangeiros, haverá o **recolhimento integral do imposto de importação** no que se refere, apenas, aos **insumos estrangeiros.** Entretanto, não se pode confundir que no que tange ao **IPI, haverá isenção total.** Tais benefícios são decorrentes do cumprimento do Processo Produtivo Básico (PPB), o qual consiste no conjunto mínimo de operações, no estabelecimento fabril, que caracteriza a efetiva industrialização de determinado produto. Vide:

> Art. 512, do RA. Os produtos industrializados na Zona Franca de Manaus, quando dela saírem para qualquer ponto do território aduaneiro, estarão sujeitos ao pagamento do imposto de importação relativo a matérias-primas, produtos intermediários, materiais secundários e de embalagem, componentes e outros insumos de origem estrangeira neles empregados, calculado o tributo mediante coeficiente de redução de sua alíquota ad valorem, desde que atendam a nível de industrialização local compatível com processo produtivo básico para produtos compreendidos na mesma posição e subposição da Nomenclatura Comum do Mercosul.

Quanto aos produtos que saem da ZFM com destino à Amazônia Ocidental, **não haverá recolhimento tributário** quanto aos produtos listados no art. 516 do regulamento aduaneiro.

▸ Atenção

A Amazônia Ocidental é constituída pelos Estados do Amazonas, do Acre, de Rondônia e de Roraima. Quanto ao despacho de importação dos bens relacionados no caput do artigo em destaque, poderá ser processado nas unidades aduaneiras de Manaus (AM), Porto Velho (RO), Boa Vista (RR) e Rio Branco (AC), ou em outros locais autorizados em ato normativo da Secretaria da Receita Federal do Brasil.

No mais, nada obsta que uma mercadoria que uma mercadoria oriunda da ZFM sair apenas temporariamente e regresse logo em seguida, não ocorrendo a sua internação, devendo ser preenchida a **Declaração de Saída Temporária**.

▸ Como esse assunto já foi cobrado em prova de concurso público?

Na prova de Auditor Fiscal da Receita Federal do Brasil/2002 – ESAF, a banca examinadora cobrou a seguinte questão:

A Zona Franca de Manaus é uma área de livre comércio de importação e de exportação e de incentivos fiscais especiais, estabelecida com a finalidade de criar no interior da Amazônia um centro industrial, comercial e agropecuário dotado de condições econômicas que permitam seu desenvolvimento, em face dos fatores locais e da grande distância a que se encontram os centros consumidores de seus produtos. (Dec. Lei 288/67, art.1º, artigo 389 do Dec.91.030/85 – Regulamento Aduaneiro). Em face do enunciado, assinale a opção correta.

a) A Zona Franca de Manaus visa ao desenvolvimento industrial, comercial e agropecuário da Amazônia, sendo definida como área de livre comércio. É, portanto, regime aduaneiro especial típico.

b) A Zona Franca de Manaus visa ao desenvolvimento industrial, comercial e agropecuário da Amazônia, sendo definida como área de livre comércio. É, portanto, regime aduaneiro aplicado em área especial.

c) A Zona Franca de Manaus visa ao desenvolvimento industrial, comercial e agropecuário da Amazônia, sendo definida como área de livre comércio. Por ser área de livre comércio não lhe corresponde qualquer regime aduaneiro especial típico ou aplicado em área especial.

d) A Zona Franca de Manaus visa ao desenvolvimento industrial, comercial e agropecuário da Amazônia, sendo definida como área de livre comércio. É, portanto, um regime aduaneiro comum.

e) A Zona Franca de Manaus visa ao desenvolvimento industrial, comercial e agropecuário da Amazônia, sendo definida como área de livre comércio. É, portanto, regime aduaneiro especial típico unicamente no que se refere ao trânsito de bens ingressados na Zona Franca e destinados a qualquer outro ponto do território aduaneiro.

RESPOSTA: B

▸ Como esse assunto já foi cobrado em prova de concurso público?

Na prova de Analista Tributário da Receita Federal do Brasil/2012 – ESAF, a banca examinadora cobrou a seguinte questão:

Sobre as disposições constitucionais relativas aos tributos incidentes sobre comércio exterior, e sobre a Zona Franca de Manaus, assinale a opção correta.

a) Ao dispor sobre o Imposto de Importação, o art. 153, I, da Constituição Federal, reza que compete à União instituir impostos sobre importação de bens estrangeiros.

b) O Imposto sobre Produtos Industrializados incide sobre mercadorias industrializadas destinadas ao exterior.

c) Com o objetivo de fomentar as exportações, a Constituição Federal atribui, excepcionalmente, aos Estados e ao Distrito Federal a competência para exonerar os contribuintes do Imposto de Exportação.

d) O art. 40 do Ato das Disposições Constitucionais Transitórias (ADCT), manteve a Zona Franca de Manaus, com suas características de área de livre comércio, de exportação e importação, e de incentivos fiscais, pelo prazo de vinte e cinco anos, a partir da promulgação da Constituição Federal.

e) O art. 92 do Ato das Disposições Constitucionais Transitórias, incluído pela Emenda Constitucional n. 42, de 19 de dezembro de 2003, acrescentou quinze anos ao prazo fixado no art. 40 do ADCT.

RESPOSTA: D

▸ Como esse assunto já foi cobrado em prova de concurso público?

Na prova de Auditor Fiscal da Receita Federal do Brasil/2003 – ESAF, a banca examinadora cobrou a seguinte questão:

A saída temporária de mercadorias da Zona Franca de Manaus, das Áreas de Livre Comércio e da Amazônia Ocidental e sua readmissão serão feitas com base em:

a) Declaração de Saída Temporária (DST)

b) Declaração Simplificada de Internação (DSI)

c) Demonstrativo do Coeficiente de Redução (DCR)

d) Declaração para Controle de Internação (DCI)

e) Declaração de Internação Temporária (DIT)

RESPOSTA: A

▸ **Como esse assunto já foi cobrado em prova de concurso público?**

Na prova de Analista Tributário da Receita Federal do Brasil/2012 – ESAF, a banca examinadora cobrou a seguinte questão:

Sobre os regimes aduaneiros aplicados em áreas especiais, é incorreto afirmar que:

a) a isenção do Imposto de Importação e do Imposto sobre Produtos Industrializados prevista no art. 30 do Decreto-Lei n. 288, de 28 de fevereiro de 1967, para a Zona Franca de Manaus, abrange também os automóveis de passageiros.

b) a exportação de mercadorias da Zona Franca de Manaus para o exterior, qualquer que seja sua origem, está isenta do Imposto de Exportação.

c) de acordo com o Decreto-Lei n. 291, de 28 de fevereiro de 1967, a Amazônia Ocidental é constituída pelos Estados do Amazonas, do Acre, de Rondônia e de Roraima.

d) a venda de mercadorias nacionais ou nacionalizadas, efetuada por empresas estabelecidas fora das Áreas de Livre Comércio de Boa Vista – ALCBV e de Bonfim – ALCB, de que trata a Lei n. 8.256, de 25 de novembro de 1991, para empresas ali estabelecidas, fica equiparada à exportação.

e) as áreas de livre comércio serão administradas pela Superintendência da Zona Franca de Manaus.

RESPOSTA: A

2. ZONA DE PROCESSAMENTO DE EXPORTAÇÕES (ZPES)

As ZPEs, também já mencionadas em capítulo anterior, possuem o **objetivo de reduzir desequilíbrios regionais, promovendo a difusão tecnológica e o desenvolvimento econômico do país** e fortalecimento do Balanço de Pagamentos, dado que são áreas de áreas de livre comércio de importação e de exportação, destinadas à instalação de empresas voltadas para a produção de bens a serem comercializados no exterior, sendo consideradas, **para efeito de controle aduaneiro, como zonas primárias**. Cabe ao Poder Executivo criá-las.

Para que uma Zona de Processamento de Exportação funcione, dependerá do **prévio alfandegamento da respectiva** área, devendo haver a relação quanto aos produtos a serem fabricados consoante a classificação na NCM, assegurando o tratamento dispensado às zonas pelo lapso temporal de até vinte anos, nos termos do art. 537, do RA, destacado a seguir.

Os benefícios fiscais estão dispostos no art. 535, do RA, desde que a pessoa jurídica que venha a se instalar na ZPE assuma o compromisso de auferir e manter, por ano- calendário, receita bruta decorrente de exportações de bens e serviços de **no mínimo 80% de sua receita bruta total**, nos termos do art. 536, do regulamento aduaneiro.

> **Importante:**
>
> Vale destacar que as importações efetuadas por empresa autorizada a operar em zonas de processamento de exportação serão efetuadas com suspensão do pagamento do imposto de importação, do imposto sobre produtos industrializados, da COFINS-Importação, da contribuição para o PIS/PASEP-Importação e do adicional ao frete para renovação da marinha mercante.

> **Atenção**
>
> Nas **aquisições no mercado interno**, também haverá suspensão da exigibilidade do PIS/PASEP, COFINS e do IPI.

É permitida a **aplicação de regimes aduaneiros suspensivos em zonas de processamento de exportação,** observados os termos, limites e condições do regime, nos termos do §4º, do art. 536, do RA. Logo, é viável que sejam aplicados os regimes aduaneiros especiais de **admissão temporária e de entreposto aduaneiro**, por exemplo, na ZPE.

> **Atenção**
>
> Os produtos industrializados em zona de processamento de exportação, quando vendidos para o mercado interno, estarão sujeitos ao pagamento do imposto de importação e do adicional ao frete para renovação da marinha mercante relativos a matérias-primas, produtos intermediários e materiais de embalagem de procedência estrangeira neles empregados, com acréscimo de juros e multa de mora. Embora, excepcionalmente, em casos devidamente autorizados pelo Conselho Nacional das Zonas de Processamento de Exportação, as matérias-primas, produtos intermediários e materiais de embalagem importados com a suspensão referida no art. 535 poderão ser revendidos no mercado interno.

Vale destacar a redação do art. 537 do RA:

> Art. 537. O ato que autorizar a instalação de empresa em zona de processamento de exportação relacionará os produtos a serem fabricados de acordo com a sua classificação na Nomenclatura Comum do Mercosul e assegurará o tratamento relativo a zonas de processamento de exportação pelo prazo de até vinte anos.
>
> § 1º Não serão autorizadas, em zona de processamento de exportação, a produção, a importação ou a exportação de:

I – armas ou explosivos de qualquer natureza, salvo com prévia autorização do Comando do Exército; e

II – material radioativo, salvo com prévia autorização da Comissão Nacional de Energia Nuclear.

3. ÁREAS DE LIVRE COMÉRCIO

São Áreas de Livre Comércio, **administradas pela Superintendência da Zona Franca de Manaus (SUFRAMA)**, considerados os perímetros urbanos dos municípios localizados na região Norte do país: Tabatinga (AM), Guajará-Mirim (RO), Boa Vista e Bonfim (RR), Macapá e Santana (AP) e Brasiléia, com extensão para o município de Epitaciolândia, e Cruzeiro do Sul (AC). Portanto, são regiões onde há a contemplação de regime aduaneiro especial, cuja finalidade é de promover o desenvolvimento de áreas fronteiriças específicas e de incrementar as relações bilaterais com os países vizinhos, segundo a política de integração latino-americana.

Os produtos que ingressam em tais regiões possuem **suspensão da exigibilidade do imposto de importação e do imposto sobre produtos industrializados**, a qual se **converte em isenção**, nos termos do art. 525, do RA, desde que produtos forem destinados a:

a) consumo e venda internos;

b) beneficiamento, em seu território, de pescado, recursos minerais e matérias-primas de origem agrícola ou florestal;

c) beneficiamento de pecuária, restrito às áreas de Boa Vista, Bonfim, Macapá, Santana, Brasiléia e Cruzeiro do Sul;

d) piscicultura;

e) agropecuária, salvo em relação à área de Guajará-Mirim;

f) agricultura, restrito à área de Guajará-Mirim;

g) instalação e operação de atividades de turismo e serviços de qualquer natureza;

h) estocagem para comercialização no mercado externo;

i) estocagem para comercialização ou emprego em outros pontos do País, restrito à área de Tabatinga;

j) atividades de construção e reparos navais, restritas às áreas de Guajará-Mirim e Tabatinga;

k) industrialização de produtos em seus territórios, restritas às áreas de Tabatinga, Brasiléia e Cruzeiro do Sul;

l) internação como bagagem acompanhada, observado o mesmo tratamento previsto na legislação aplicável à Zona Franca de Manaus.

▸ Atenção

Em regra, a venda de mercadorias nacionais ou nacionalizadas para as Áreas de Livre Comércio não é equiparada à exportação, salvo quanto às vendas de mercadorias nacionais ou nacionalizadas para empresas situadas nas áreas de livre comércio de Boa Vista e Bonfim, conforme a redação do art. 527 do regulamento aduaneiro.

Vale destacar que se ocorrer a destinação das a outros pontos do território aduaneiro, embora tenham sido importadas para as áreas de livre comércio, ocorrerá o **recolhimento integral dos tributos que haviam ficado com a exigibilidade suspensa.** Tal situação não ocorrerá acaso ocorram operações que venham a transferir mercadorias das Áreas de Livre Comércio para a Zona Franca de Manaus, assim como para Amazônia Ocidental e para outras Áreas de Livre Comércio.

4. AMAZÔNIA OCIDENTAL

É formada pelos Estados brasileiros do Amazonas, do Acre, de Rondônia e de Roraima, já mencionados anteriormente, criada pelo Decreto-Lei nº 356/1968.

Quanto ao regime fiscal, vide o art. 516, do regulamento aduaneiro:

> Art. 516. Os benefícios fiscais concedidos pelo Decreto-Lei no 288, de 1967, estendem-se às áreas pioneiras, zonas de fronteira e outras localidades da Amazônia Ocidental, quanto aos seguintes produtos de origem estrangeira, segundo pauta fixada pelos Ministros de Estado da Fazenda e do Desenvolvimento, Indústria e Comércio Exterior:
>
> I – motores marítimos de centro e de popa, seus acessórios e pertences, bem como outros utensílios empregados na atividade pesqueira, exceto explosivos e produtos utilizados em sua fabricação;
>
> II – máquinas, implementos e insumos utilizados na agricultura, na pecuária e nas atividades afins;
>
> III – máquinas para construção rodoviária;
>
> IV – máquinas, motores e acessórios para instalação industrial;
>
> V – materiais de construção;
>
> VI – produtos alimentares; e
>
> VII – medicamentos.

> **Atenção**
>
> Conforme já mencionado anteriormente, **não haverá recolhimento de tributos** quanto aos produtos expressos nos incisos deste artigo em destaque acima sair da Zona Franca de Manaus ou de outra Área de Livre Comércio com destino à Amazônia Ocidental.

Capítulo 11

INFRAÇÕES E PENALIDADES PREVISTAS NA LEGISLAÇÃO ADUANEIRA

1. INFRAÇÕES ADUANEIRAS

Nos termos do art. 673, do regulamento constitui infração toda **ação ou omissão, voluntária ou involuntária**, que importe inobservância, por parte de pessoa física ou jurídica, de norma estabelecida ou disciplinada neste Decreto ou em ato administrativo de caráter normativo destinado a completá-lo.

Interessante destacar que para ocorrerem, independem da vontade do agente, com isso, conclui-se que se trata de uma **responsabilidade objetiva**, salvo disposição expressa ao contrário. Neste mesmo sentir, também é o Código Tributário Nacional (CTN), em seu art. 136.

Há alguns julgados dos Tribunais Superiores sobre o tema que merecem comentários. Primeiramente, o entendimento proferido pelo Superior Tribunal de Justiça no julgamento do REsp 43067/SP. O Superior Tribunal de Justiça compreendeu não ter ocorrido violação ao art. 136, CTN por parte do Tribunal e do Juiz, quando excluíram a responsabilidade por aferirem a boa-fé objetiva.

No julgamento do REsp 494080/RJ, o STJ compreendeu ser devido o tributo, mas excluiu a imposição da multa, por compreender existir a boa-fé objetiva do agente, no caso concreto.

Já no REsp 1220414/SC, o STJ compreendeu, em matéria de direito aduaneiro, que o art. 136, CTN prevê sim a responsabilidade objetiva do sujeito, mas esta deverá ser interpretada com temperamentos. No caso concreto, não seria aplicada a pena de perdimento.

Quanto ao AgRg no REsp 1276692/RS, neste caso concreto, o STJ não qualificou a responsabilidade como objetiva, prevista no art. 136, CTN, entretanto avaliou o elemento subjetivo, caracterizando pela aplicabilidade da pena de perdimento, já que ocorreu a prática de simulação por parte do infrator, ou seja, este atuou com dolo.

Para fins de prova, importante conhecer o que dispõe o regulamento aduaneiro. O art. 674, do regulamento indica os indivíduos que respondem pelas infrações:

Respondem pela infração:	
a)	conjunta ou isoladamente, quem quer que, de qualquer forma, concorra para sua prática ou dela se beneficie;
b)	conjunta ou isoladamente, o proprietário e o consignatário do veículo, quanto à que decorra do exercício de atividade própria do veículo, ou de ação ou omissão de seus tripulantes;
c)	o comandante ou o condutor de veículo, nos casos do inciso II, quando o veículo proceder do exterior sem estar consignado a pessoa física ou jurídica estabelecida no ponto de destino;
d)	a pessoa física ou jurídica, em razão do despacho que promova, de qualquer mercadoria;
e)	conjunta ou isoladamente, o importador e o adquirente de mercadoria de procedência estrangeira, no caso de importação realizada por conta e ordem deste, por intermédio de pessoa jurídica importadora;
f)	conjunta ou isoladamente, o importador e o encomendante predeterminado que adquire mercadoria de procedência estrangeira de pessoa jurídica importadora.

2. PENALIDADES ADUANEIRAS

As penalidades aduaneiras estão dispostas no art. 675, no regulamento aduaneiro, sendo aplicadas separada ou cumulativamente.

Penalidades aduaneiras	
a)	Perdimento do veículo;
b)	Perdimento da mercadoria;
c)	Perdimento de moeda;
d)	Multa;
e)	Sanção administrativa.

Conforme o art. 676, do RA, a aplicação das penalidades a que se refere o art. 675 será proposta por **Auditor-Fiscal da Receita Federal do Brasil**, devendo a autoridade julgadora determinar a pena e a quantidade aplicáveis.

▸ Atenção

No caso de multas, a autoridade julgadora da primeira instância éa Delegacia Regional de Julgamento (DRJ), já a segunda instância compete ao Conselho Administrativo de Recursos Fiscais (CARF), nos termos do art. 25, do Decreto n. 70235/1972. Em relação à pena de perdimento, a autoridade julgadora é o Ministro da Fazenda, consoante o art. 774, §6º, do regulamento aduaneiro, podendo ser delegada. Em relação à outras penalidades, os artigos 782 e 783 do regulamento aduaneiro prevem diversas autoridades.

As infrações a que se aplique a **pena de perdimento** serão apuradas mediante processo fiscal, cuja peça inicial será o **auto de infração acompanhado de termo de apreensão** e, se for o caso, de termo de guarda fiscal, como será abordado adiante.

Após o preparo, o processo será submetido à decisão do Ministro de Estado da Fazenda, em instância única.

Importante mencionar que o art. 735, do regulamento aduaneiro dispõe sobre as sanções administrativas aplicáveis aos intervenientes nas operações de comércio exterior, como suspensão e advertência, competindo a aplicação por parte do titular da unidade da Secretaria da Receita Federal do Brasil responsável pela apuração da infração, nos casos de advertência ou suspensão ou à autoridade competente para habilitar ou autorizar a utilização de procedimento simplificado, de regime aduaneiro, ou o exercício de atividades relacionadas com o despacho aduaneiro, ou com a movimentação e armazenagem de mercadorias sob controle aduaneiro, e serviços conexos, nos casos de cancelamento ou cassação.

As **sanções administrativas** serão aplicadas mediante **processo administrativo** próprio, instaurado com a lavratura de auto de infração, acompanhado de termo de constatação de hipótese referida nos incisos I a III do caput do art. 735, do regulamento aduaneiro.

Feita a intimação, pessoal ou por edital, a não apresentação de impugnação pelo autuado no **prazo de 20 (vinte) dias** implica revelia, cabendo a imediata aplicação da sanção pela autoridade, nos termos do art. 782, do regulamento aduaneiro.

Acaso a intimação tenha sido realizada por meio de **edital**, considera-se feita a intimação e iniciada a contagem do prazo para impugnação, **15 (quinze) dias após a publicação do edital**. Apresentada a impugnação, a autoridade preparadora terá prazo de 15 (quinze) dias para remessa do processo a julgamento, podendo, tal prazo, ser prorrogado quando for necessária a realização de diligências ou perícias.

Da decisão que aplicar a sanção cabe **recurso**, a ser apresentado em **30 (trinta) dias**, à autoridade imediatamente superior, que o julgará em instância final administrativa.

▸ **Importante:**

O recurso mencionado terá efeito suspensivo.

Nos termos do art. 679, do regulamento, apurando-se, no mesmo processo, a prática de duas ou mais infrações diferentes, pela mesma pessoa física ou jurídica, aplicam-se cumulativamente, no grau correspondente, quando for o caso, as penalidades a elas cominadas. Em um mesmo processo, também, poderá vir a ser apurada a responsabilidade de duas ou mais pessoas, sendo imposta a cada uma delas a pena relativa à infração que houver cometido.

Interessante é destacar que no Direito Aduaneiro, assim como no Direito Tributário, caberá o benefício da denúncia espontânea da infração, acompanhada, se for o caso, do pagamento dos tributos dos acréscimos legais, excluirá a imposição da correspondente penalidade, conforme o art. 683, do RA, **salvo quanto à pena de perdimento**. Logo, somente serão excluídas as penalidades tributárias, por conta do previsto na Lei n. 12.350/2010.

Nos mesmos moldes da denúncia espotânea no Direito Tributário, embora com peculiaridades quanto à disciplina ora estudada, não se considera espontânea a **denúncia apresentada no curso do despacho aduaneiro, até o desembaraço da mercadoria**; ou após o início de qualquer outro procedimento fiscal, mediante ato de ofício, escrito, praticado por servidor competente, tendente a apurar a infração. Resta destacar que o referido artigo acima também traz não ser espontânea a denúncia feita após formalizada a entrada do veículo procedente do exterior, no caso de infração imputável ao transportador.

Outro ponto interessante é quanto ao art. 681, do regulamento aduaneiro que prevê que, por exemplo, acaso uma pessoa jurídica tenha sito autuada com a lavratura de um auto de infração quanto aos atos considerados como infrações, apresente impugnação na esfera administrativa no curso do processo administrativo fiscal e venha a ter uma decisão favorável – assim como se obtiver uma decisão favorável no processo de consulta à Receita Federal –, enquanto esta prevalecer, uma segunda autuação e lavratura de auto de infração quanto aos atos supervenientes que ensejam infrações idênticas às que foram objeto da primeira autuação, não poderá aplicar penalidades. Para tanto, a pessoa jurídica deverá estar cumprindo as obrigações acessórias e as principais, ou seja, não pode praticar novas infrações.

> **▸ Atenção**
>
> A pessoa jurídica deverá ser parte do processo administrativo fiscal, isto é, não se pode aproveitar de decisões favoráveis para outras pessoas jurídicas.

> Art. 681, do RA. Não será aplicada penalidade enquanto prevalecer o entendimento, a quem cumprir as obrigações acessória e principal, de acordo com:

I – interpretação fiscal constante de decisão de qualquer instância administrativa, proferida em processo de determinação e exigência de créditos tributários ou de consulta, em que o interessado seja parte; ou

II – interpretação fiscal constante de ato expedido pela Secretaria da Receita Federal do Brasil.

Situação interessante é a que traz o art. 682, do RA, que não caberá lançamento de multa de ofício na constituição do crédito tributário destinada a prevenir a decadência, relativo aos tributos de competência da União, cuja exigibilidade houver sido suspensa por concessão de medida liminar em mandado de segurança, ou por concessão de medida liminar ou de tutela antecipada, em outras espécies de ação judicial. Esta determinação só é viável acaso a decisão judicial que tenha concedido a medida liminar seja anterior ao início de qualquer fiscalização pela aduana, caso contrário, se a autoridade aduaneira vir a realizar fiscalização e somente após o sujeito passivo consiga uma decisão judicial favorável que venha a suspender a exigibilidade do crédito tributário, poderá lavrar a multa de ofício, conforme o parágrafo único do dispositivo ora analisado. Lembrando que mesmo que haja tal desicão judicial favorável que suspensa a exigibilidade do crédito tributário, a autoridade aduaneira deve proceder ao lançamento tributário para evitar a decadência do direito da Fazenda Pública em constituir o crédito tributário, conforme o art. 173, I, do regulamento aduaneiro.

Em regra, a aplicação da penalidade tributária, e seu cumprimento, não impedem a cobrança dos tributos devidos nem prejudicam a aplicação das penas cominadas para o mesmo fato pela legislação criminal e especial, salvo disposição de lei em contrário. Entretanto, **o adimplemento do débito tributário, a qualquer momento, até mesmo após o trânsito em julgado da sentença penal condenatória, é causa de extinção da punibilidade do acusado. Neste sentir é o Superior Tribunal de Justiça (STJ), no julgamento do HC 362478/SP, rel. Min. Jorge Mussi j. 20.09.2017**.

2.1. Pena de perdimento

A pena de perdimento está prevista nos artigos 688, quanto a veículos, arts. 689 a 699, em relação à mercadorias e moeda, nos artigo 700, ambos do regulamento aduaneiro.

> **▸ Importante**
>
> A natureza jurídica da pena de perdimento é de caráter repressivo condenatória por ser uma sanção decorrente da prática de um ato ilícito causando um dano ao erário, não necessariamente à tributação, visando à proteção dos interesses da Administração Pública no que se refere aos atos de importação.

2.1.1. Pena de perdimento em relação a veículos

Em relação aos veículos, cabe destacar que quando o **transportador é dono da mercadoria transportada**, não se pode alegar desconhecimento do que está transportando, desta feita, o art. 688, V, do RA, prevê a **pena de perdimento das mercadorias e também do veículo.**

Também, há a possibilidade de ser aplicada a pena de perdimento ao veículo durante ao regime de trânsito aduaneiro que esteja transitando por rota diferente da inicialmente permitida sem motivo justificado, conforme o art. 688, VI, do RA.

No inciso VII, do art. 688, do regulamento aduaneiro, o veículo rodoviário sofrerá o perdimento em caso de estar transportando mercadorias sujeitas à pena de perdimento e sem a devida identificação do proprietário. Tal situação é muito contumaz em relação aos ônibus provenientes do Paraguai. Além da pena de perdimento, nos termos do art. 731, do RA, também será aplicada multa de R$15.000,00 ao transportador, podendo chegar em R$30.000,00 em caso de agravantes. Em decorrência desta situação, o veículo será retido pela aduana, devendo o transportador pagar a multa em 45 dias. Caso contrário, o veículo será **considerado abandonado e aplicada a pena de perdimento** (art. 688, VII, RA).

▸ Atenção!

O Superior Tribunal de Justiça tem entendimento no sentir de que a responsabilidade e a má fé do proprietário do veículo na prática do ilícito é determinante para aplicação da pena de perdimento, uma vez que o art. 688, § 2º, do regulamento aduaneiro dispõe que para efeitos de aplicação do perdimento do veículo na situação ora analisada, deverá ser demonstrada, em procedimento regular, a responsabilidade do proprietário do veículo na prática do ilícito.Vide:

ADMINISTRATIVO. INFRAÇÃO.VEÍCULO TRANSPORTADOR E MERCADORIA APREENDIDA.PENA DE PERDIMENTO DO VEÍCULO. PROCESSO ADMINISTRATIVO. NECESSIDADE.

1. A Segunda Turma firmou o entendimento de que não cabe a aplicação da pena de perdimento de veículo quando não forem devidamente comprovadas, mediante regular processo administrativo, a responsabilidade e a má-fé de seu proprietário na prática do ilícito.
2. Agravo Regimental não provido.

(AgRg no REsp 1295754 DF 2011/0285835-4, Rel.: Min. Herman Benjamin, Órgão Julgador: 2ª Turma, Pub. DJe 12/04/2012)

▸ Atenção

Outra situação é quanto à aplicação da pena de perdimento ao veículo objeto de contrato de leasing. O Superior Tribunal de Justiça compreendeu que é possível quando há cláusula expressa de aquisição do bem ao final do contrato. Vide:

ADMINISTRATIVO – PENA DE PERDIMENTO DE VEÍCULO – TRANSPORTE IRREGULAR DE MERCADORIAS – POSSIBILIDADE – VEÍCULO ADQUIRIDO EM CONTRATO DE LEASING.

1. Não se aplica a Súmula n. 7/STJ, quando a matéria a ser decidida é exclusivamente de direito.
2. A pena de perdimento de veículo por transporte irregular de mercadoria pode atingir os veículos adquiridos em contrato de leasing, quando há cláusula de aquisição ao final do contrato.
3. A pena de perdimento não altera a obrigação do arrendatário do veículo, que continua vinculado ao contrato.
4. Admitir que veículo objeto de leasing não possa ser alvo da pena de perdimento seria verdadeiro salvo-conduto para a prática de ilícitos fiscais.
5. Recurso especial conhecido em parte e, nessa parte, não provido.

(REsp 1153767 PR 2009/0164600-7, Rel.: Min. Eliana Calmon, Órgão Julgador: 2ª Turma, Publ.: DJe 26/08/2010)

É indispensável conhecer as hipóteses que ensejam a aplicação da pena de perdimento por configurarem dano ao Erário, consoante o art. 688, do regulamento aduaneiro:

a) quando o veículo transportador estiver em situação ilegal, quanto às normas que o habilitem a exercer a navegação ou o transporte internacional correspondente à sua espécie;
b) quando o veículo transportador efetuar operação de descarga de mercadoria estrangeira ou de carga de mercadoria nacional ou nacionalizada, fora do porto, do aeroporto ou de outro local para isso habilitado;
c) quando a embarcação atracar a navio ou quando qualquer veículo, na zona primária, se colocar nas proximidades de outro, um deles procedente do exterior ou a ele destinado, de modo a tornar possível o transbordo de pessoa ou de carga, sem observância das normas legais e regulamentares;
d) quando a embarcação navegar dentro do porto, sem trazer escrito, em tipo destacado e em local visível do casco, seu nome de registro;
e) quando o veículo conduzir mercadoria sujeita a perdimento, se pertencente ao responsável por infração punível com essa penalidade;
f) quando o veículo terrestre utilizado no trânsito de mercadoria estrangeira for desviado de sua rota legal sem motivo justificado;
g) quando o veículo for considerado abandonado pelo decurso do prazo de 45 (quarenta e cinco) dias da aplicação da multa prevista no art. 731, do

regulamento aduaneiro, ou da ciência da decisão que julgou improcedente a impugnação.

Nos casos mencionados nas letras *b, c* e *f*, aplica-se, **cumulativamente** ao perdimento do veículo o perdimento da mercadoria. Para efeitos de aplicação do perdimento do veículo, na hipótese da letra *e*, deverá ser demonstrada, em procedimento regular, a responsabilidade do proprietário do veículo na prática do ilícito. Por fim, para configurar o disposto na letra *f*, a não-chegada do veículo ao local de destino configura desvio de rota legal e extravio, para fins de aplicação das penalidades, cabendo, neste caso, ao titular da unidade de destino comunicará o fato à autoridade policial competente, para efeito de apuração do crime de contrabando ou de descaminho.

2.1.2. Pena de perdimento em relação às mercadorias

Tal situação está prevista nos artigos 689 a 697 do regulamento aduaneiro, sendo o ponto mais cobrado nas provas da Receita Federal do Brasil

O art. 689 traz as **hipóteses de pena de perdimento**. Embora seja um dispositivo longo, **sua leitura se faz extremamente necessária**, principalmente para fins de prova de concurso público, por isso, está em destaque:

> Art. 689. Aplica-se a pena de perdimento da mercadoria nas seguintes hipóteses, por configurarem dano ao Erário:
>
> I – em operação de carga ou já carregada em qualquer veículo, ou dele descarregada ou em descarga, sem ordem, despacho ou licença, por escrito, da autoridade aduaneira, ou sem o cumprimento de outra formalidade essencial estabelecida em texto normativo;
>
> II – incluída em listas de sobressalentes e de provisões de bordo quando em desacordo, quantitativo ou qualitativo, com as necessidades do serviço, do custeio do veículo e da manutenção de sua tripulação e de seus passageiros;
>
> III – oculta, a bordo do veículo ou na zona primária, qualquer que seja o processo utilizado;
>
> IV – existente a bordo do veículo, sem registro em manifesto, em documento de efeito equivalente ou em outras declarações;
>
> V – nacional ou nacionalizada, em grande quantidade ou de vultoso valor, encontrada na zona de vigilância aduaneira, em circunstâncias que tornem evidente destinar-se a exportação clandestina;
>
> VI – estrangeira ou nacional, na importação ou na exportação, se qualquer documento necessário ao seu embarque ou desembaraço tiver sido falsificado ou adulterado;

VII – nas condições do inciso VI, possuída a qualquer título ou para qualquer fim;

VIII – estrangeira, que apresente característica essencial falsificada ou adulterada, que impeça ou dificulte sua identificação, ainda que a falsificação ou a adulteração não influa no seu tratamento tributário ou cambial;

IX – estrangeira, encontrada ao abandono, desacompanhada de prova do pagamento dos tributos aduaneiros;

X – estrangeira, exposta à venda, depositada ou em circulação comercial no País, se não for feita prova de sua importação regular;

XI – estrangeira, já desembaraçada e cujos tributos aduaneiros tenham sido pagos apenas em parte, mediante artifício doloso;

XII – estrangeira, chegada ao País com falsa declaração de conteúdo;

XIII – transferida a terceiro, sem o pagamento dos tributos aduaneiros e de outros gravames, quando desembaraçada com a isenção referida nos arts. 142, 143, 162, 163 e 187;

XIV – encontrada em poder de pessoa física ou jurídica não habilitada, tratando-se de papel com linha ou marca d'água, inclusive aparas;

XV – constante de remessa postal internacional com falsa declaração de conteúdo;

XVI – fracionada em duas ou mais remessas postais ou encomendas aéreas internacionais visando a iludir, no todo ou em parte, o pagamento dos tributos aduaneiros ou quaisquer normas estabelecidas para o controle das importações ou, ainda, a beneficiar-se de regime de tributação simplificada;

XVII – estrangeira, em trânsito no território aduaneiro, quando o veículo terrestre que a conduzir for desviado de sua rota legal, sem motivo justificado;

XVIII – estrangeira, acondicionada sob fundo falso, ou de qualquer modo oculta;

XIX – estrangeira, atentatória à moral, aos bons costumes, à saúde ou à ordem públicas;

XX – importada ao desamparo de licença de importação ou documento de efeito equivalente, quando a sua emissão estiver vedada ou suspensa, na forma da legislação específica;

XXI – importada e que for considerada abandonada pelo decurso do prazo de permanência em recinto alfandegado, nas hipóteses referidas no art. 642; e

XXII – estrangeira ou nacional, na importação ou na exportação, na hipótese de ocultação do sujeito passivo, do real vendedor, comprador ou de responsável pela operação, mediante fraude ou simulação, inclusive a interposição fraudulenta de terceiros.

Alguns pontos do artigo merecem comentários, pois praticamente todas são autoexplicativas, bastando a leitura atenta do dispositivo em destaque.

No primeiro caso escolhido, quanto ao inciso XI, "estrangeira, já desembaraçada e cujos tributos aduaneiros tenham sido pagos apenas em parte, mediante artifício doloso", acaso **o recolhimento dos tributos tenha sido a menor de forma dolosa**, sendo tal situação conhecida pela autoridade competência **após o desembaraço aduaneiro**, será aplicada nesta situação a **pena de perdimento.**

▸ Cuidado

Entretanto, tal situação não ocorrerá acaso seja detectado o recolhimento a menos dolosamente no curso do despacho aduaneiro, devendo a autoridade aduaneira arbitrar o valor aduaneiro. Em decorrência desta situação, no inciso VI do art. 689, do regulamento aduaneiro, temos que se o pagamento dos tributos for a menos por conta do uso de documento falso, também será aplicada a pena de perdimento.

O inciso V do artigo em destaque, compreende-se que serão sujeitas à pena de perdimento as mercadorias em **grande quantidade ou de valor exacerbado encontradas em zona de vigilância aduaneira**, as quais pressupõem m maior controle sobre bens, pessoas, animais e veículos em regiões de fácil prática dos crimes de contrabando e descaminho. Isso decorre por conta da evidente possibilidade da destinação de tais mercadorias à exportação clandestina.

Quanto às mercadorias **isentas do recolhimento de tributos**, o inciso XIII dispõe que serão sujeitas à pena de perdimento em caso de transferidas a terceiro, sem o pagamento dos tributos aduaneiros e de outros gravames, quando desembaraçada com a isenção. Esta situação evidencia-se no que concerne às **isenções subjetivas**, devendo o importador recolher previamente os tributos antes de proceder à transferência a outrem.

▸ Importante:

Caso são seja realizado o recolhimento, será aplicada a pena de perdimento.

O inciso XVI traz a situação de mercadoria "fracionada em duas ou mais remessas postais ou encomendas aéreas internacionais visando a iludir, no todo ou em parte, o pagamento dos tributos aduaneiros ou quaisquer normas estabelecidas para o controle das importações ou, ainda, a beneficiar-se de regime de tributação simplificada". Esta possibilidade que enseja a aplicação da pena de perdimento se concretiza com **a simples intenção daquele importador que visa à fraudar a legislação aduaneira**, uma vez que o regime de tributação simplificada é possível para bens cujo valor seja igual ou inferior a US$3.000,00. Portanto, ao **fracionar as remessas postais**, estaria caracterizada a **fraude**, já que haveria a nítida intenção do importador em importar produtos cujo valor seria abaixo do limite em várias vezes.

No inciso XX do art. 689, há a possibilidade da aplicação da pena de perdimento em caso de bem que **não tenha obtido a licença de importação previamente ao embarque**, dado que sua emissão é vedada ou temporariamente suspensa. Diferentemente da obtenção da mesma, ainda que intempestivamente, sendo aplicável, neste caso, o art. 706, I, do RA, o qual prevê aplicação de **multa de 30% do valor aduaneiro.**

O inciso XXI, do art. 689 do regulamento aduaneiro prevê a aplicação da pena de perdimento quanto à mercadoria importada e que for considerada **abandonada pelo decurso do prazo de permanência em recinto alfandegado**, nas hipóteses referidas no art. 642. Neste caso, a **mercadoria abandonada** configurará **dano ao erário.** Importante a leitura deste dispositivo mencionado, de forma sistematizada para fins de compreensão:

Prazos
• **90 (noventa) dias**: a) da sua descarga; e b) do recebimento do aviso de chegada da remessa postal internacional sujeita ao regime de importação comum;
• **45 (quarenta e cinco) dias**: a) após esgotar-se o prazo de sua permanência em regime de entreposto aduaneiro; b) após esgotar-se o prazo de 75 (setenta e cinco) dias, contados da data de entrada da mercadoria no recinto, de sua permanência em recinto alfandegado de zona secundária; c) da sua chegada ao País, trazida do exterior como bagagem, acompanhada ou desacompanhada; e
• **60 (sessenta) dias**: da notificação a que se refere o art. 640, do RA: "Art. 640. O titular da unidade da Secretaria da Receita Federal do Brasil notificará o interessado para, no prazo de sessenta dias, promover o despacho da mercadoria, fazendo prova de propriedade ou de posse, sob pena de ser considerada abandonada."

▸ Atenção

No caso de bem ingressar no país sem ser considerado como bagagem, aplicam-se os prazos de 90 (noventa) dias contados da sua descarga ou de 45 (quarenta e cinco) dias, após esgotar-se o prazo de 75 (setenta e cinco) dias, contados da data de entrada da mercadoria no recinto, de sua permanência em recinto alfandegado de zona secundária, conforme o caso, segundo dispõe o §3º, do art. 642, do regulamento aduaneiro. No caso de bagagem de viajante saindo da Zona Franca de Manaus para qualquer outro ponto do território aduaneiro, o prazo de 45 (quarenta e cinco) dias será contado da data de embarque do viajante.

Além dos casos mencionados acima, considera-se também **abandonada** a mercadoria que permaneça em recinto alfandegado, e cujo despacho de importação:

Outras hipóteses de mercadoria abandonada
• não seja iniciado ou retomado no prazo de trinta dias da ciência: a) da relevação da pena de perdimento aplicada; ou b) do reconhecimento do direito de iniciar ou de retomar o despacho;
• tenha seu curso interrompido durante sessenta dias, por ação ou por omissão do importador.

Interessante destacar que o art. 644, do RA, também prevê hipóteses de abandono de mercadoria, embora nestas situações expressas, **não se configura dano ao erário, sujeitando-se tão somente a declaração de abandono por parte da autoridade aduaneira.**

No caput do art. 644, do regulamento aduaneiro, tem-se que serão **declarados abandonados** os bens que permanecerem em recinto alfandegado sem que o seu despacho de importação seja iniciado em **90 (noventa) dias**:

a) da descarga, quando importados por órgãos da administração pública direta, de qualquer nível, ou suas autarquias, missões diplomáticas, repartições consulares ou representações de organismos internacionais, ou por seus funcionários, peritos, técnicos e consultores, estrangeiros;

b) do recebimento do aviso de chegada da remessa postal sujeita ao regime de tributação simplificada, quando caída em refugo e com instruções do remetente de não-devolução ao exterior.

Ainda, conforme o §1º, do art. 644, do regulamento aduaneiro, serão também declarados abandonados os bens:

a) adquiridos em licitação e que não forem retirados no prazo de trinta dias da data de sua aquisição;

b) ingressados no recinto alfandegado, ao amparo do regime de que trata o art. 102-A, decorrido o prazo de trinta dias:

- de sua permanência no recinto, sem que tenha sido iniciado o respectivo despacho aduaneiro; ou
- da interrupção do curso do despacho, por ação ou por omissão do habilitado;

c) na hipótese a que se refere o § 10 do art. 367, se não for efetuado o pagamento da multa exigida no prazo de trinta dias da interrupção do curso do despacho de reexportação.

> "Art. 367, do RA. Na vigência do regime, deverá ser adotada, com relação aos bens, uma das seguintes providências, para liberação da garantia e baixa do termo de responsabilidade:
>
> §10 Quando exigível multa, o despacho de reexportação deverá ser interrompido, formalizando-se a correspondente exigência."

Outro artigo importante que traz uma hipótese de pena de perdimento é o art. 696, do regulamento aduaneiro o qual pressupõe que acaso ocorra a saída da mercadoria sem autorização da autoridade aduaneira da Zona Franca de Manaus para o restante do território aduaneiro, configura-se crime de contrabando, sendo aplicável a pena de perdimento.

Há outras hipóteses de aplicação de pena de perdimento previstas nos artigos correlatos. Portanto, indispensável é a leitura de tais artigos para fins de prova, sendo que neste ponto do material o principal foi abordado.

Quanto à jurisprudência envolvendo a pena de perdimento, destaca-se entendimento do Superior Tribunal de Justiça, do ano de 2017:

▸ Importante

O erro culposo na classificação aduaneira de mercadorias importadas e devidamente declaradas ao fisco não se equipara à declaração falsa de conteúdo e, portanto, não legitima a imposição da pena de perdimento. STJ. 1ª Turma. REsp 1.316.269-SP, Rel. Min. Gurgel de Faria, julgado em 6/4/2017.

Neste caso analisado pelo Superior Tribunal de Justiça, deve-se analisar o art. 105, do regulamento aduaneiro, que prevê ser aplicável a pena de perdimento à mercadoria "XII – estrangeira, chegada ao país com falsa declaração de conteúdo."

Tal **falsa declaração de conteúdo** pressupõe que o importador tenha agido com **dolo**, sendo apta a aplicação da pena de perdimento. Entretanto, se for um **erro por parte do importador**, isto é, **não houve má-fé de sua parte no ato de indicação do produto em sua classificação, não há o porquê, neste caso, ser aplicada a pena de perdimento.**

Isso porque, a declaração falsa é aquela prestada pelo importador com o intuito de iludir a fiscalização e pagar tributo menor do que seria devido, ensejando o perdimento. Ao passo que a declaração indevida consiste na informação prestada de forma incorreta em virtude de mero erro culposo, devendo ser aplicada uma penalidade pecuniária, no caso, a multa, mas não a pena de perdimento.

2.1.3. Pena de perdimento de moeda

Está previsto no art. 700, do regulamento aduaneiro. Primeiramente, destaca-se a possibilidade mais comum de aplicação da pena de perdimento de moeda: quando o indivíduo ingressa no país com um **montante superior a R$10.000,00 ou o equivalente em moeda estrangeira, será perdido o montante que exceder tal quantia.**

Acaso o montante ingresse no país sem ser portado pelo viajante, nos termos do §3°, do regulamento aduaneiro, haverá a perda na totalidade, isto, acaso o dinheiro seja enviado via postal ou esteja dentro da carga trazida pelo viajante.

Uma exceção é quanto à possibilidade da quantia que exceder o montante mencionado esteja declarada na Declaração Eletrônica de Bens do Viajante (e-DBV), devendo ser entregue no despacho de bagagemacompanhada, nos termos da IN RFB n. 1385/2010. Neste caso, não será aplicada a pena de perdimento.

Outra situação que não demandará a aplicação da pena de perdimento é quanto à importação por instituições autorizadas a realizar operações cambinárias importarem moedas estrangeiras para comercializar no mercado interno, desde que observada a legislação específica.

2.2. Aplicação da pena de perdimento

Os artigos 774 ao 780 do regulamento aduaneiro adotam o processo de aplicação da pena de perdimento.

Primeiramente, as infrações que ensejam a aplicação do perdimento serão apuradas mediante **processo fiscal**, cuja peça inicial será o auto de infração acompanhado de termo de apreensão e, se for o caso, de termo de guarda fiscal, o qual consiste no recibo emitido por quem estará incumbido de cuidar do bem, uma vez que estará sob sua custódia.

Feita a intimação, pessoal ou por edital, a não apresentação de impugnação no prazo de vinte dias implica revelia. Considera-se feita a intimação e iniciada a contagem do prazo para impugnação quinze dias após a publicação do edital, se este for o meio utilizado. A revelia do autuado, declarada pela autoridade preparadora, implica o envio do processo à autoridade competente, para imediata aplicação da pena de perdimento, ficando a mercadoria correspondente disponível para destinação.

Apresentada a impugnação, a autoridade preparadora terá o prazo de quinze dias para remessa do processo a julgamento, podendo tal prazo, ser prorrogado quando houver necessidade de diligência ou perícia.

Após o preparo, o processo será submetido à decisão do Ministro de Estado da Fazenda, em instância única, podendo ser delegada tal competência. Esta regra de competência para julgar é quanto ao perdimento de mercadorias e veículos. Em relação ao perdimento de moeda, a autoridade julgadora é o Secretário da Receita Federal, nos termos do art. 777, do regulamento aduaneiro.

Interessante é a leiturado art. 774:

> § 8º As infrações mencionadas no inciso XXI do art. 689, quando referentes a mercadorias de valor inferior a US$ 500,00 (quinhentos dólares dos Estados Unidos da América), e no inciso IX do mesmo artigo serão apuradas em procedimento simplificado, no qual:
>
> I – as mercadorias serão relacionadas pela unidade da Secretaria da Receita Federal do Brasil com jurisdição sobre o local de depósito, devendo a relação ser afixada em edital na referida unidade por vinte dias; e
>
> II – decorrido o prazo a que se refere o inciso I:
>
> *a)* sem manifestação por parte de qualquer interessado, serão declaradas abandonadas e estarão disponíveis para destinação, dispensada a formalidade a que se refere o caput, observado o disposto nos arts. 803 a 806; ou
>
> *b)* com manifestação contrária de interessado, será adotado o procedimento previsto no caput e nos §§ 1º a 6º deste artigo.

▸ Atenção

O Ministro de Estado da Fazenda poderá aumentar em até duas vezes o limite estabelecido no § 8º. Tal parágrafo não é aplicado na hipótese de mercadorias de importação proibida.

Em caso de **mercadorias não encontradas para fins de retenção**, o processo de perdimento será extinto, sendo instaurado outro processo para aplicação de multa equivalente ao valor da mercadoria. No caso de importação, a multa será equivalente ao valor aduaneiro, ao passo que na exportação, a nota fiscal.

2.3. Multas

Em caso de **não adimplemento dos tributos que faziam jus à isenção tributária subjetiva**, por ocasião da transferência de bens, bem como, sem autorização da autoridade competente, conforme o art. 702, III, *a*, do RA, caberá **multa de 50% do valor do imposto que incidiria.**

Quanto ao **extravio**, os responsáveis responderão pelos tributos respectivos, além da incidência da **multa de 50% sobre o valor do imposto de importação** (art. 702, III, *c*). Nos termos do art. 703, do RA, a multa será de 100% sobre a diferença entre o valor declarado e o arbitrado, em caso de arbitramento pela autoridade competente.

Ensejará a aplicacão de **multa de 30% em caso de embarque de mercadoria no estrangeiro desprovida de licença de importação.**

Conforme o art. 725, do RA, em caso de lavratura de auto de infração pela autoridade aduaneira competente, para cobrança de tributos que deveriam ter sido recolhidos, haverá **a incidência da multa de 75% sobre o valor dos respectivos tributos**, podendo ser agravada:

> Art. 725. Nos casos de lançamentos de ofício, relativos a operações de importação ou de exportação, serão aplicadas as seguintes multas, calculadas sobre a totalidade ou a diferença dos impostos ou contribuições de que trata este Decreto:
>
> I – de setenta e cinco por cento, nos casos de falta de pagamento, de falta de declaração e nos de declaração inexata, excetuada a hipótese do inciso II; e
>
> II – de cento e cinqüenta por cento, independentemente de outras penalidades administrativas ou criminais cabíveis, nos casos previstos nos arts. 71, 72 e 73 da Lei nº 4.502, de 1964.
>
> Parágrafo único. As multas a que se referem os incisos I e II passarão a ser de cento e doze inteiros e cinco décimos por cento e de duzentos e vinte e cinco por cento, respectivamente, nos casos de não atendimento pelo sujeito passivo, no prazo marcado, de intimação para:
>
> I – prestar esclarecimentos;
>
> II – apresentar a documentação técnica referida no § 1º do art. 19; ou
>
> III – apresentar os arquivos ou sistemas de que trata o § 2º do art. 19.

2.4. Procedimento de fiscalização de combate às fraudes aduaneiras (FCF)

Uma das inovações que a pandemia da Covid-19 trouxe ao Direito Aduaneiro é a previsão de um Procedimento de fiscalização de combate às fraudes aduaneiras (FCF) mais amplo, a partir da IN RFB nº 1986, de 29 de outubro de 2020.

Por esse procedimento, poderá ser apreendida ou retida a mercadoria no curso da fiscalização, caso sejam verificados indícios de acometimento de fraude que sejam passíveis de aplicação de pena de perdimento, nos termos do art. 6º, da ora estudada IN RFB, podendo ocorrer no momento da instauração ou no curso do procedimento.

Vale mencionar que o procedimento poderá ser instaurado por Auditor-Fiscal da Receita Federal do Brasil, mediante ciência ao interveniente fiscalizado do termo que caracteriza o seu início:

a) antes de as mercadorias serem submetidas a despacho aduaneiro;

b) depois do início do despacho aduaneiro e antes de as mercadorias serem desembaraçadas; ou

c) depois de as mercadorias serem desembaraçadas, observado o prazo decadencial.

No que concerne à **retenção de mercadorias** poderá ser realizada:

- antes de serem submetidas a despacho aduaneiro;
- depois do início do despacho aduaneiro e antes de serem desembaraçadas; ou
- depois de serem desembaraçadas, observado o prazo decadencial.

Algo interessante que a norma prevê é que a retenção das mercadorias interrompe a contagem do prazo para efeitos de caracterização de abandono, que recomeçará quando formalizado, pelo Auditor-Fiscal da Receita Federal do Brasil responsável pela execução do Procedimento de Fiscalização de Combate às Fraudes Aduaneiras, que estão afastados os indícios de infração punível com a pena de perdimento que motivaram a retenção.

As mercadorias ficarão retidas pelo prazo máximo de 60 (sessenta) dias, contado da ciência do respectivo Termo de Retenção, prorrogável por 60 (sessenta) dias em situações justificadas.

Nada impede que as mercadorias retidas sejam ser desembaraçadas ou entregues antes do término do Procedimento de Fiscalização de Combate às Fraudes Aduaneiras mediante prestação de garantia, conforme disposto no art. 12.

Importante saber que o Plenário do Supremo Tribunal Federal (STF), no julgamento do Recurso Extraordinário 1090591, com repercussão geral reconhecida

(Tema 1042), decidiu que é constitucional da retenção para condicionar o desembaraço aduaneiro de bens importados ao pagamento de diferença fiscal arbitrada por autoridade sobre o valor da mercadoria. Inclusive, foi aprovada a seguinte tese: "É constitucional vincular o despacho aduaneiro ao recolhimento de diferença tributária apurada mediante arbitramento da autoridade fiscal".

Já quanto à **apreensão de mercadorias**, o art. 20 dispõe que o Auditor-Fiscal da Receita Federal do Brasil responsável pela execução do Procedimento de Fiscalização de Combate às Fraudes Aduaneiras poderá apreender mercadorias, importadas ou em exportação, sempre que houver elementos que permitam, de forma inequívoca e imediata, a caracterização da infração punível com a pena de perdimento, não sendo aplicadas, nesse caso, as disposições quanto à retenção.

Bibliografia

ATALIBA, Geraldo. Hipótese de Incidência Tributária. 6ª ed., 16ª tiragem. Editora Malheiros: São Paulo, 2016.

BALEEIRO, Aliomar. Direito Tributário Brasileiro. Atualizada por Misabel Abreu Machado Derzi. 13ª ed., Rio de Janeiro: Forense, 2015.

BARRETO, Paulo Ayres. Contribuições: regime jurídico, destinação e controle. São Paulo: Noeses, 2006.

CARRAZZA, Roque Antonio. Curso de Direito Constitucional Tributário. 32ª ed., rev., ampl. E atual. São Paulo: Malheiros, 2019.

________. ICMS. 17ª ed., rev., ampl., São Paulo: Malheiros, 2015.

CARVALHO, Paulo de Barros. Direito Tributário: Linguagem e Método. 6ª ed. São Paulo: Noeses, 2015.

CARVALHO, Paulo de Barros; MARTINS, Ives Gandra da Silva. Guerra Fiscal: Reflexões Sobre a Concessão de Benefícios No Âmbito do ICMS"; São Paulo: Editora Noeses, 2012.

COÊLHO, Sacha Calmon Navarro. Curso de Direito Tributário Brasileiro. 15ª ed., rev., atual., Rio de Janeiro: Forense, 2016.

COSTA, Regina Helena. Curso de Direito Tributário: Constituição e Código Tributário Nacional.7ª ed. rev. e atual. Editora Saraiva: São Paulo, 2017.

DERZI, Misabel Machado, e COÊLHO, Sacha Calmon Navarro. Direito Tributário Aplicado: Estudos e Pareceres. Belo Horizonte: Del Rey, 1997.

DI PIETRO, Maria Sylvia Zanella. Direito Administrativo, 21 ed. São Paulo: Atlas, 2008.

HARADA, Kiyoshi. ICMS: doutrina e prática. 1ª ed. São Paulo: Editora Atlas, 2017.

JARDIM, Eduardo Marcial Ferreira. Curso de Direito Tributário. São Paulo: Noeses. 2013.

MACHADO, Hugo de Brito. Curso de Direito Tributário. 27ª ed., São Paulo: Malheiros, 2006.

________. Curso de direito tributário. 31º ed. São Paulo: Malheiros, 2010.

MAZZUOLLI, Valério de Oliveira. Curso de Direito Internacional Público. 11ª ed., Rio de Janeiro: Forense, 2018.

MELO, José Eduardo Soares de. Contribuições Sociais no Sistema Tributário. 7ª ed., rev., atual. e amp. São Paulo: Malheiros, 2018.

SCARANELLO, Tatiana. Diálogos sobre o Direito Tributário. Salvador: Editora Juspodivm, 2020.

SCHOUERI, Luis Eduardo. Direito Tributário, 9ª ed. São Paulo: Saraiva Educação, 2019.

SEGUNDO, Hugo de Brito Machado. IBS pode corrigir ou amplificar problemas da tributação indireta no Brasil. Consultor Jurídico, 2019. Disponível em: <https://www.conjur.com.br/2019-jul-31/consultor-tributario-ibs-corrigir-ou-amplificar-problemas-tributacao-indireta>. Acesso em 17 de nov. de 2019.

________. Manual de Direito Tributário. 9ª ed. ref. atual e ampl., São Paulo: Atlas, 2017.

________. Processo Tributário. 11ª ed. São Paulo: Atlas, 2019.

EDITORA JusPODIVM
www.editorajuspodivm.com.br

Impressão e Acabamento
PlenaPrint
Indústria Gráfica